经治财法

The Study on the Improvement of
Chinese System of Judicial Review on
International Commercial Arbitration

中国国际商事仲裁司法审查制度完善研究

朱科 著

法律出版社
LAW PRESS·CHINA

序

随着经济全球化的深入发展,国际商事交往日益频繁,商事争议不可避免。国际商事仲裁是解决国际商事争议最普遍采用的方式,而法院对国际商事仲裁进行司法审查(以下简称仲裁司法审查),是世界各国普遍坚持的一项基本原则。它通过对仲裁监督违法、匡正错误、协助采取临时措施和执行仲裁裁决等,来维护仲裁裁决的正当性,增强人们对仲裁公平解决争议的信心,保障和促进仲裁健康、顺利发展和仲裁解决商事争议功能的充分发挥,进而为国家扩大对外开放、发展对外贸易服务。

无论是国际商事仲裁还是仲裁司法审查,仲裁法都是基本的法律依据。《中华人民共和国仲裁法》(以下简称《仲裁法》)制定于 1994 年。该法制定时,虽然吸收了《联合国承认及执行外国仲裁裁决公约》(又称《纽约公约》)、《联合国国际贸易法委员会国际商事仲裁示范法》的一些精神,借鉴了一些国家的仲裁立法,但当时我国提出"建立社会主义市场经济体制"还不久(1992 年提出"建立社会主义市场经济体制"),世界贸易组织(World Trade Organization,WTO)还远未加入(我国 2001 年加入 WTO),因而该法难免受到时代的局限,已经远不能适应 20 多年后我国进一步扩大对外开放和国际商事贸易的需要,不能适应"一带一路"发展战略的需要,与当今世界范围国际商事仲裁和仲裁司法审查的发展趋势相比就更显滞后。虽然,最高人民法院于 2005 年制定的《关于适用〈中华人民共和国仲裁法〉若干问题的解释》对《仲裁法》中的一系列问题作出了尽量使其适应新形势的解释,全国人大常委会2012年修订的《中华人民共和国民事诉讼法》也对《仲裁法》的某些内容作了修改。但由于《仲裁法》的基本原则、基本内容、基本精神没有改,因而可能会制约我国国际商事仲裁业的发展,制约仲裁为对外贸易和经济建设服务作用的充分发挥。因此,研究我国国际商事仲裁司法审查制度的完善,很有必要。

朱科博士的《中国国际商事仲裁司法审查制度完善研究》一书,就是在这样的大背景下撰写的。她结合在最高人民法院从事的本职工作,利用在职攻读博士学位的机会,针对国际商事仲裁司法审查中遇到的仲裁法律制度和司法审查体制、机制与新形势不相适应的问题,围绕"中国国际商事仲裁司法审查制度的完善"这一专题,做了十分系统、深入的研究。该书论述了国际商事仲裁司法审查与仲裁的关系及国际商事仲裁司法审查的必要性、性质、功能、基本原则、标准等一系列基本理论,分析了我国国际商事仲裁司法审查制度的现状、问题,以及当今国际商事仲裁和仲裁司法审查的发展大趋势,提出了完善我国国际商事仲裁司法审查制度的总体思路、基本原则和应正确处理的若干重大关系,并对我国国际商事仲裁协议、仲裁程序、仲裁裁决司法审查制度的完善,以及法院对国际商事仲裁进行司法审查体制、机制的完善,提出了颇有价值的建议,是专门研究我国国际商事仲裁司法审查制度完善的一本力著。

该书有以下特点:

一是理论联系实际。既注重深化理论研究特别是仲裁司法审查基本理论的研究,又突出问题意识,利用自己在实务部门工作、比较了解仲裁司法审查实务的优势,针对仲裁司法审查制度中存在的突出问题,研究提出完善建议,并尽量使所提出的完善建议切实可行。

二是立足本国与借鉴外国相统一。既立足我国国情、我国当前所处发展阶段和仲裁业发展的实际来谋划完善建议;又面向世界,根据国际商事仲裁在世界范围具有"流通性"这一特点,借鉴世界各国仲裁法律制度的有益经验,使自己提出的完善建议符合我国实际和国际大趋势。如对于临时仲裁问题,作者没有照搬学界多数学者主张的全面施行临时仲裁的观点,而是提出了分步走的方案:第一步,对海事纠纷和在“自贸区”注册的商事主体间发生的商事纠纷允许临时仲裁,以此作为试点,待取得试点经验后,再走第二步,即全面放开临时仲裁。又如,仲裁裁决国籍确定标准,作者明确提出改现行的仲裁机构地标准为仲裁地标准,同时提出先在自贸区进行试点。再如,对于仲裁司法审查标准问题,不少学者主张对国内仲裁和国际仲裁的司法审查实行同一标准(实行单轨制),以统一仲裁法制;但作者认为世界上不少国家包括一些仲裁发达国家实行的是双轨制,而我国仲裁历史不长、经验欠缺,不宜仓促并轨,可以采取渐进式修法、逐步并轨的方法。

三是注重理论创新。本书的主题是“国际商事仲裁司法审查制度的完善”,但作者没有就“完善”写“完善”,而是先从研究国际商事仲裁司法审查的基本理论,即国际商事仲裁司法审查与国际商事仲裁的关系及国际商事仲裁司法审查的必要性、性质、功能、基本原则、标准等一系列基本理论问题入手。以往的国际商事仲裁的论著,大多重视对仲裁基本理论和制度的论述,但疏于对仲裁司法审查基本理论的研究,故对仲裁司法审查与仲裁的关系、仲裁司法审查的性质、功能、基本原则、标准等问题,前人基本没有涉及。本书对这些问题都作了开创性的研究,初步构建了仲裁司法审查的理论体系。又如,书中提出的关于仲裁司法审查与司法审判区别的观点,仲裁司法审查所形成的两种关系、所形成的两种构造的观点,当事人异议权默示放弃的观点,仲裁司法审查有关体制、机制的观点,成为国际仲裁强国所取决的五个方面因素的观点,都具有很强的创新性,读后都颇感新意。

四是注重论证。全文论述了国际商事仲裁司法审查中 4 个方面 26 项具体制度的完善,对这 26 个问题,都围绕为什么要完善、怎样完善、为什么要如此完善等方面,理论和实践相结合,进行了较为充分的阐述和论证。如关于将最高人民法院规定的内部请示报告制度改为有限上诉制度方面,笔者在充分肯定内部请示报告制度作用的同时，阐述了该制度4个方面缺陷和将该制度改为有限上诉制度的3条理由，提出了有限上诉制度设计的4点意见，并对制度修改后如何保证国际商事仲裁司法审查案件的质量提出了4点建议。可以说，注重观点的论证，是本书的一个重要特色。

该书既有总论，又有分论；既有“完善”的总体目标要求，又有各项具体制度完善的对策建议。全书布局合理，结构、体系完整，思路清晰，符合学术规范，语言精练、流畅。

本书由于研究范围涉及国内、国际两大地域，立法、司法及仲裁几大领域，法律制度涉及国际条约、外国法、我国法律及港、澳、台地区相关规定。研究内容涉及20多项制度、体制和机制，可谓涉及面广、内容丰富、法律关系复杂，研究难度确实较大，因而有些问题尚需更为深入的研究，有些观点也还可以进一步斟酌。但是，瑕不掩瑜，相信此书的出版，对于国际商事仲裁人员、司法人员和立法人员都有重要参考价值，对于我国国际商事仲裁司法审查制度的修改完善必将发挥积极的作用。

自2015年4月起，我在最高人民法院涉外商事海事审判庭（民四庭）挂职副庭长，朱科博士就在该庭工作。在共同工作中，我与该庭同志结下了深厚友谊。这次朱科博士请我为该书作序，我深感荣幸、欣然同意。在认真阅读全书后，作此文为序。学位有涯、学习无涯。希望她日后在完成繁重工作任务之余，能一如既往地坚持学习法学理论、追踪学术前沿、研究本职业务、破解实践难题，取得工作、研究双丰收，并有更多的研究成果问世！

是为序。

刘敬东*

2018年2月18日

---

* 中国社科院国际法所国际经济法室主任、研究员、中国法学会WTO法研究会副会长。

目　录

Contents

绪　言

一、研究背景和意义

国际商事仲裁是国际商事纠纷解决中最普遍采用的方式,法院对国际商事仲裁进行司法审查(以下简称仲裁司法审查)是国际商事仲裁的重要保障。我国自 1986 年加入《联合国承认及执行外国仲裁裁决公约》(以下简称《纽约公约》),特别是 1995 年《中华人民共和国仲裁法》(以下简称《仲裁法》)实施以来,国际商事仲裁司法审查制度呈现较快发展、不断完善的良好势头。主要体现在:国际商事仲裁法律体系已经形成,仲裁司法审查体制机制基本创立,仲裁和司法审查的机构、队伍具备相当规模,相关理论研究蓬勃发展,仲裁与仲裁司法审查成绩巨大。据统计,2015 年全国 244 家仲裁机构共受理仲裁案件 13 万多件,案件标的总额 4000 多亿元(人民币)。其中,受理涉外和涉港澳台仲裁案件 2085 件,比上一年分别增加 20%、55% 和 16.81%,[①]从而为及时解决商事纠纷,改善我国贸易投资环境,保障贸易投资活动的顺利开展,促进我国对外开放和经济发展,作出了积极贡献。

但是,我国商事仲裁特别是国际商事仲裁和仲裁司法审查工作,与我国

---

① 参见中国仲裁法学研究会:《中国国际商事仲裁年度报告》(2015),第 8 页。

在世界经济贸易中的地位很不相称：一是我国已是世界第二大经济体和第一大外贸国，进出口总额在国内生产总值(GDP)中的比重占36.3%，但我国国际商事仲裁在全球国际商事仲裁大格局中所占份额少。国际商事仲裁案件数仅占全国商事仲裁案件总数的1.52%，且在国际商事仲裁案件中，多数为涉港澳台的案件(占62.75%)，涉外的仅占37.25%。[①] 二是全国仲裁机构受理的仲裁案件数仅占全国法院一审受理的商事案件数的4.1%；[②]全国法院审结的涉外(含涉港澳台)商事仲裁案件数仅占涉外商事案件总数的2.98%。[③] 这说明，国内大多数当事人还不愿意选择以仲裁方式解决纠纷，而愿意寻求法院审判；国外的许多当事人也不愿意选择中国仲裁机构仲裁，不愿意由中国法院进行仲裁司法审查。三是我国仲裁机构多而不强，高端人才较少，除少数仲裁机构外，国际竞争力较弱，在国际上影响力不够、话语权不足，尚未深度融入全球仲裁治理体系。

造成上述问题的原因是多方面的，但国际商事仲裁司法审查制度不够完善是重要原因。我国仲裁法颁布于1994年，它“开创了新型的国内仲裁体制，肯定了我国涉外仲裁在长期实践中积累的经验，奠定了中国特色社会主义市场经济仲裁法律制度的基础”，[④]但囿于当时的思想观念和客观条件，该法也存在历史局限性，它与20年以后我国进一步扩大对外开放、进一步融入国际经济体系的新形势，与全球商事仲裁发展的新趋势不相适应。在这20多年间，虽然最高人民法院于2005年制定的《关于适用〈中华人民共和国仲裁法〉若干问题的解释》(以下简称《仲裁法解释》)对《仲裁法》的某些内

① 这是2014年的数据，参见中国仲裁法学研究会《中国国际商事仲裁年度报告》(2014)，第14页。

② 据中国仲裁法学研究会《中国国际商事仲裁年度报告》，2015年全国仲裁机构受理仲裁案件136,924件。2015年全国法院审结一审商事案件334.7万件，参见《最高人民法院工作报告》(2016)，法律出版社2016年版，第4页。

③ 据中国仲裁法学研究会《中国国际商事仲裁年度报告》，2015年全国法院审结各类涉外仲裁案件181件。2015年全国法院审结涉外商事案件6079件，参见《最高人民法院工作报告》(2016)，法律出版社2016年版，第4页。

④ 万季飞：《在纪念仲裁法颁布十周年座谈会上的讲话》，载《中国仲裁与司法》2004年第5期。

容作了尽量使其适应新形势的解释,2012 年修订的《中华人民共和国民事诉讼法》(以下简称《民事诉讼法》)又对仲裁的某些内容作了修改,但仲裁法的立法理念、基本制度未作修改,国际商事仲裁司法审查制度与新形势不相适应的问题仍较突出。如果想要把我国建设成国际商事仲裁强国和国际商事仲裁中心,就必须完善我国的国际商事仲裁司法审查制度。

研究我国国际商事仲裁司法审查制度的完善,对于修改、完善我国国际商事仲裁司法审查法律制度和仲裁司法审查的体制、机制,促进我国仲裁业的繁荣发展,实现把我国建设成为国际商事仲裁强国和国际商事仲裁中心的目标,进一步改善我国商贸投资环境,提升我国的软实力和国际竞争力,无疑具有重要意义。

二、研究思路

本书论述了国际商事仲裁司法审查的基本理论,分析了我国国际商事仲裁司法审查制度的现状和问题,提出了完善我国国际商事仲裁司法审查制度的总体思路和基本原则。同时,对我国国际商事仲裁协议、仲裁程序、仲裁裁决司法审查法律制度的完善,以及法院对仲裁司法审查体制、机制的完善提出了建议。

本书采章节制,共 6 章 27 节,其中第一、二章是总论部分,第三章至第六章是分论部分,共对国际商事仲裁司法审查 4 个方面制度中的 15 项法律制度和 11 项体制、机制的完善作了研究。

第一章是"国际商事仲裁司法审查的基本理论",共 6 节,论述国际商事仲裁的概念、特点和优势,国际商事仲裁司法审查与国际商事仲裁的关系,国际商事仲裁司法审查的必要性、性质、功能、基本原则和标准。这些内容都是仲裁司法审查的基本理论,通过论述这些内容,为分论各章奠定理论基础。

第二章是"我国国际商事仲裁司法审查制度的问题和完善思路",共 3

节，主要分析我国国际商事仲裁司法审查制度的现状和问题，阐明当代世界范围国际商事仲裁与司法审查的发展趋势，提出完善我国国际商事仲裁司法审查制度的总体要求、基本原则和应正确理解和处理的6个关系，回答了我国国际商事仲裁司法审查制度为什么要完善、朝什么方向完善、怎样完善的问题。它为分论各章论述仲裁司法审查各项具体制度的完善提出了总的要求，并开启了分论各章。

第三章至第六章是分论部分，阐述我国国际商事仲裁司法审查各项具体制度的完善。其中第三章是“仲裁协议司法审查制度的完善”，第四章是“仲裁程序司法审查制度的完善”，第五章是“仲裁裁决司法审查制度的完善”，第六章是“仲裁司法审查体制机制的完善”。第三、四、五章完善的是国际商事仲裁的法律制度，其目的是为我国国际商事仲裁司法审查制度提供“良法”。第六章完善的是仲裁司法审查的体制机制，其目的是为我国国际商事仲裁司法审查提供“善治”。通过“良法”和“善治”的有机结合，为建成国际商事仲裁强国和国际商事仲裁中心提供良好的制度保障。

三、研究范围

本书以“中国国际商事仲裁司法审查制度完善研究”为题，研究的重点是“完善”，研究的范围主要是两大方面：

1. 作为仲裁司法审查法律依据的国际商事仲裁法律制度的完善。“国际商事仲裁司法审查制度的完善”决不仅指法院自身对仲裁司法审查审查制度的完善，它首先应当包括作为司法审查法律依据的仲裁法律制度的完善。因为仲裁是仲裁司法审查的对象，仲裁法律制度是仲裁司法审查的法律依据，法院对仲裁的司法审查，是依据仲裁法律制度进行的。因此，凡是作为司法审查法律依据的仲裁法律制度中需要完善的内容，都是本文研究的范围。易言之，本文研究的不是仲裁法律制度的全部，而是国际商事仲裁法律制度中作为仲裁司法审查法律依据的那部分法律制度。作为仲裁司法审查法律依据的仲裁法律制度,其内容主要包括授权法院司法审查的法律制度、规定司法审查标准的法律制度、规定司法审查内容、范围和种类的法律制度、规定司法审查以何国法律为依据的法律制度、规定司法审查程序的法律制度等。① 由于作为仲裁司法审查依据的法律制度就是规范仲裁司法审查的法律制度,因而它也就是仲裁司法审查的法律制度。对这些法律制度中需要修改完善的内容,都是本书研究的范围。根据仲裁程序和节点,参考仲裁法学界对仲裁法律制度的通常划分方法,本书对这一部分内容分"仲裁协议司法审查制度的完善""仲裁程序司法审查制度的完善""仲裁裁决司法审查制度的完善"这三部分来论述。

这里需要说明的是,根据我国《民事诉讼法》的规定,外国仲裁裁决的承认和执行适用的是我国缔结或者参加的国际条约,而本书讨论的是我国国际商事仲裁司法审查制度的完善,不涉及国际公约如何完善的问题。因此,尽管《纽约公约》是我国法院承认和执行外国仲裁裁决最重要的法律依据,但并不属于本书研究"完善"的范围。

2. 法院自身对仲裁进行司法审查的体制、机制的完善。② 要完善仲裁司法审查制度,除了完善作为司法审查法律依据的仲裁法律制度外,还要完善法院自身用于国际商事仲裁司法审查的体制、机制。因为"徒法不足以自行","良法"还需要"善治"。法院依据国际商事仲裁法律制度,对国际商事仲裁进行司法审查,有赖于一套先进、完善的体制、机制才能有效运作,从而充分发挥国际商事仲裁司法审查的职能作用,并取得好的效果。因此,对不

① 本书第一章第二节"国际商事仲裁司法审查概述"还将对此作进一步阐述。

② "体制""机制"与上文的"制度"这三者是既相互联系又相区别的概念。"制度"是指"在一定历史条件下形成的政治、经济、文化等方面的体系",又指"要求大家遵守的办事规程或行动准则"。"体制"是指"国家、国家机关、企业、事业单位等的组织制度"。"机制"是指"一个工作系统的组织或部分之间相互作用的过程和方式"。参见中国社会科学院语言研究所词典编辑室编:《现代汉语词典》,商务印书馆2005年版,第628页、第1343页、第1756页。"制度"概念有大有小,本文"国际商事司法审查制度"中的"制度"是一个较大的概念,它可以包括作为司法审查依据的国际商事仲裁法律制度、法院对仲裁进行司法审查的体制、机制及某些具体制度(如仲裁司法审查办案制度)。

符合新形势要求的司法审查体制、机制也要予以修改完善。本书对该部分内容分“仲裁司法审查办案制度的完善”“仲裁司法审查工作机制的完善”“仲裁司法审查管理体制的完善”这三个方面来论述。

第一章　国际商事仲裁司法审查的基本理论

国际商事仲裁是解决国际贸易争端"最普遍采用的方式",①而国际商事仲裁司法审查是国际商事仲裁的重要保障。本章旨在对国际商事仲裁司法审查的基本理论加以论述,以便为后续各章特别是"分论"各章奠定理论基础。

第一节　国际商事仲裁概述

国际商事仲裁是国际商事仲裁司法审查的对象。要对国际商事仲裁进行正确的司法审查,并对完善我国国际商事仲裁司法审查制度提出意见建议,首先要阐明国际商事仲裁中的若干基本问题。

一、国际商事仲裁的概念

只要有人类存在的地方,就会有争议或纠纷,有争议就要寻求解决。解

① 陈安主编:《国际经济法》,北京大学出版社2001年版,第504页;Nigel Blackaby et al., *Redfern and Hunter on International Arbitration*, 6th ed., Oxford University Press, 2015, p.1。

决争议的方式既有暴力的，也有和平的。暴力的方式如战争、决斗及其他武力冲突；和平的方式主要有协商、调解、谈判、仲裁、诉讼。因此，仲裁是以和平方式解决争议的一种机制，它是指"发生争议的双方当事人，根据其在争议发生前或争议发生后所达成的协议，自愿将该争议提交中立的第三者进行裁决的争议解决制度和方式"。[①]

国际商事仲裁是仲裁中的一个亚类，它以国际商事领域的争议为仲裁对象。由于各国对"国际"和"商事"有不同的理解和界定标准，至今尚没有一个统一的概念，故有必要分别加以阐述。

（一）关于"国际"

许多国家把国际仲裁与国内仲裁严格加以区分，"在仲裁法发展比较完备的国家里，一般都准许国际仲裁中的当事人享有较国内仲裁中的当事人更多的自由权"。[②] 同时，国际商事仲裁往往涉及外国，法律关系比国内仲裁更为复杂，故区分国际仲裁与国内仲裁具有重要意义。

各国认定商事仲裁是否属于"国际"商事仲裁的标准主要有三种：

1. 以当事人是否具有实质性连结因素为标准。所谓"实质性连结因素"，是指当事人的国籍、住所或居所、法人注册地、公司管理地等。如果仲裁双方当事人的上述因素在不同国家，所进行的仲裁即为国际仲裁。[③] 如《关于国际商事仲裁的欧洲公约》第1条第1款规定，公约适用于旨在解决自然人或法人之间所进行的国际贸易所引起的争端的仲裁协议，并且在达成协议时，该自然人或法人在不同的缔约国内有其惯常的居住地或所在地。

2. 以争议的内容为标准。如果提交仲裁的争议内容涉及"国际商事利

---

① 江伟主编：《仲裁法》，中国人民大学出版社2012年版，第12页。

② 韩德培主编：《国际私法》，高等教育出版社2000年版，第485页。

③ 同上。

益”,该仲裁即为国际商事仲裁。如根据国际商会仲裁院(成立于 1923 年,隶属于国际商会,总部设在法国巴黎)修改后的仲裁规则,即使争议的双方当事人具有同一国籍,只要争议含有涉外因素,该争议便属国际争议,对争议的仲裁便是国际仲裁。①

3. 复合标准。这是对上述实质连结因素标准和争议内容标准加以综合而提出的标准。如 1985 年《联合国国际贸易法委员会国际商事仲裁示范法》(以下简称《示范法》)第 1 条第 3 款,将营业地位于不同的国家,或者仲裁协议确定的仲裁地、商事关系义务的主要部分将要履行的任何地点,或争议的客体具有最密切联系的地点,位于双方当事人营业地共同所在的国家之外,或者双方当事人已明示约定仲裁协议的客体与一个以上的国家有联系,定义为“国际”。②

在我国,根据《民事诉讼法》、最高人民法院《关于执行中国加入的〈承认及执行外国仲裁裁决公约〉的通知》(以下简称《最高法院执行纽约公约通知》)和我国加入的《纽约公约》等规定,国际商事仲裁中的国际,包括“外国仲裁”、涉外仲裁和港澳台仲裁这三部分。

关于外国仲裁,根据我国《民事诉讼法》第 273 条、第 274 条、第 280 条、第 283 条等规定,我国是以“中华人民共和国涉外仲裁机构作出的裁决”和“国外仲裁机构的裁决”的表述来区分本国仲裁裁决与外国仲裁裁决的,可见我国国内仲裁机构所作的仲裁裁决为中国裁决,国外仲裁机构所作的仲裁裁决为外国裁决。因此,外国仲裁是指国外仲裁机构所作的仲裁。同时,我国加入《纽约公约》时所作的关于我国“只在互惠的基础上对另一缔约国领土内作出的仲裁裁决的承认和执行适用该公约”的声明,③暗含了外国仲裁裁决还应具备“在外国领土内作出”这一条件。据此,严格地说,外国仲裁

---

① 参见韩德培:《国际私法》,高等教育出版社 2000 年版,第 486 页。

② 同上。

③ 全国人民代表大会常务委员会《关于我国加入〈承认及执行外国仲裁裁决公约〉的决定》第 1 项。

是指国外仲裁机构在外国领土内所作的仲裁。国外仲裁机构在中国领土内所作的裁决，既不是中国裁决，也不被认为是外国裁决，因而被称为非内国裁决。

涉外仲裁，是指国内仲裁机构所作的具有涉外因素的仲裁，①这里的"涉外因素"，根据最高人民法院《关于适用〈中华人民共和国民事诉讼法〉若干问题的解释》(以下简称《民事诉讼法解释》)第522条的规定，它包括以下五个方面：(1)当事人一方或者双方是外国人、无国籍人、外国企业或者组织的；(2)当事人一方或双方经常居住地在中华人民共和国领域外的；(3)标的物在中华人民共和国领域外的；(4)产生、变更或者消灭民事法律关系的法律事实发生在中华人民共和国领域外的；(5)可以认定为涉外民事关系的其他情形。据此，具有该五个方面涉外因素之一的仲裁，为"具有涉外因素的仲裁"。此外，对于我国仲裁机构所作的具有涉及香港特别行政区、澳门特别行政区、台湾地区因素的仲裁(以下简称涉港、澳、台仲裁)，均比照涉外仲裁处理。这是由于该三地虽均为我国领土，但均实行与内地不同的政治制度和法律制度，因而对涉及该三地的仲裁不能与内地仲裁同样对待。但是，该三地又非外国，而"涉外仲裁"中的"外"是指外国，故涉港澳台的仲裁"比照"涉外仲裁处理。

港、澳、台仲裁，是指在我国香港特别行政区及我国澳门特别行政区、台湾地区分别依照该三地法律进行的仲裁。这里需要说明的是，"涉港、澳、台仲裁"与"港、澳、台仲裁"是两个不同的概念。如前所述，前者是指我国内地仲裁机构所作的具有港、澳、台因素的仲裁，对其比照涉外仲裁处理，审查涉港、澳、台仲裁裁决，适用的是我国《仲裁法》和《民事诉讼法》等法律。而港、澳、台仲裁是指在港、澳、台三地进行的仲裁，审查港、澳、台仲裁裁决，分别适用《关于内地与香港特别行政区相互执行仲裁裁决的安排》(以下简称《香

① 严格而言，是指中国内地仲裁机构所作的具有涉外因素的仲裁。

港安排》)、《关于香港仲裁裁决在内地执行的有关问题的通知》、《关于内地与澳门特别行政区相互认可和执行仲裁裁决的安排》(以下简称《澳门安排》)、《关于认可和执行台湾地区仲裁裁决的规定》(以下简称《台湾规定》)。

(二)关于"商事"

对国际商事仲裁中的"商事"作出界定,不仅可以将商事仲裁与国际公法上以国家为主体、用于解决国家领土、边界等争端的国际仲裁,以及个人间非商事纠纷的仲裁区分开来,而且可以为商事仲裁设定可仲裁的范围和承认执行外国裁决的范围。但在国际条约中,未对国际商事仲裁中的"商事"作出界定,如涉及国际商事仲裁裁决执行的《日内瓦仲裁条款议定书》和《纽约公约》,都没有明确规定"商事"的含义,只是将授权各成员国在其国内法中自行界定商事概念。①如《纽约公约》第1条第3款规定,任何缔约国可以声明,本国只对根据本国法律属于商事的法律关系——无论是否合同关系——所引起的争议适用本公约。联合国《示范法》正文也未对"商事"作出界定,但该法第1条第1款的注释,对"商事"作出了解释,要求"'商事'一词应给以广泛的解释以包含所有商事性质的争议",并对其具体范围作出了明确的规定。目前,在各国国内立法中,不少国家直接采纳了上述解释,一些国家在上述解释的基础上作了进一步扩大,还有少数国家对其范围作了较多限制。②

在我国,《仲裁法》先从正面规定:"平等主体的公民、法人和其他组织之间发生的合同纠纷和其他财产权益纠纷,可以仲裁";③又从反面规定婚姻、

---

① 参见陈治东:《国际商事仲裁法》,法律出版社1998年版,第17页。

② 参见宋家法:《国际商事仲裁司法审查制度研究》,武汉大学2014年博士学位论文,第11~12页。

③ 《仲裁法》第2条。

收养、监护、扶养、继承纠纷,依法应当由行政机关处理的行政争议不能仲裁。[①] 可以认为,这是对"商事"范围的一种界定。我国在加入《纽约公约》时所作的商事保留声明,将商事争议的范围限定为"按照我国法律属于契约性和非契约性商事法律关系所引起的争议"。[②] 至于"契约性和非契约性商事法律关系"的范围,《最高人民法院执行纽约公约通知》作出了明确具体的规定:所谓"契约性和非契约性商事法律关系",具体是指由于合同、侵权或者根据有关法律规定而产生的经济上的权利义务关系,例如,货物买卖、财产租赁、工程承包、加工承揽、技术转让、合资经营、合作经营、勘探开发自然资源、保险、信贷、劳务、代理、咨询服务和海上、民用航空、铁路、公路的客货运输以及产品责任、环境污染、海上事故和所有权争议等,但不包括外国投资者与东道国政府之间的争端。因此,"我国关于'商事'的解释也是一种比较广义的解释。"[③]

可见,国际商事仲裁有特定的范围。由于本文研究的都是国际商事仲裁而非其他仲裁,为了简化表述,笔者在有些地方将其略写为"国际仲裁"或"仲裁"。故在本文中,如无特别说明,"国际仲裁"或"仲裁"指的就是国际商事仲裁;"仲裁司法审查"指的就是国际商事仲裁司法审查。

二、国际商事仲裁的特点

研究国际商事仲裁的特点,有利于认清国际商事仲裁相较于其他纠纷解决机制的优势和不足,进而为证明国际商事仲裁司法审查的必要性和司法审查应把握的原则提供根据。

参考有关论著,国际商事仲裁具有自愿性、国际性、专业性、灵活性、便

---

① 《仲裁法》第3条。

② 全国人民代表大会常务委员会《关于我国加入〈承认及执行外国仲裁裁决公约〉的决定》第2项。

③ 韩德培:《国际私法》,高等教育出版社2000年版,第488页。

捷性、经济性、保密性、独立性等特点，[①]现分别予以简要阐述。

1. 自愿性。自愿性是国际商事仲裁最为突出的特点。商事仲裁以当事人自愿为前提，当事人是否将纠纷提交仲裁、提交谁仲裁、在哪里仲裁、仲裁庭组成人员为何产生、仲裁适用何种程序规则和实体法等，均由当事人自愿协商确定。因此，商事仲裁是最能体现当事人意思自治原则的一种纠纷解决方式；当事人意思自治原则已经成为商事仲裁的一项基本原则。

2. 国际性。具体表现在四个方面：当事人实质性的连结因素或争议的内容具有国际性；仲裁庭仲裁人员的组成具有国际性；适用的程序规则和实体法律具有国际性；裁决的承认和执行具有国际性。

3. 专业性。仲裁庭的仲裁员一般是法律、经贸、科技、建筑、金融等方面的专家，他们了解有关行业的特点和规律，具有较高的专业水准和能力，这有利于提升仲裁的专业权威性。如我国《仲裁法》就对仲裁员所应具有的专业领域、职称等级、资格年限等作了明确的规定。该法第 13 条规定，仲裁员必须从事仲裁、律师工作或曾任审判员满 8 年，或者从事法律研究、教学工作并具有高级职称，或者具有法律专业知识、从事经济贸易等专业工作并具有高级职称或者具有同等专业水平。还要求各仲裁机构都应备有分专业的、由专家组成的仲裁员名册供当事人选择。该法第 67 条还规定："涉外仲裁委员会可以从具有法律、经济贸易、科学技术等专门知识的外籍人士中聘任仲裁员。"

4. 灵活性。仲裁在程序上不像诉讼那样法定化和统一化。比如，当事人除了如前所述的在仲裁机构、仲裁员、仲裁地点、法律适用等方面均可自主协商约定外，在仲裁程序、文书格式甚至裁决书的内容和形式等方面都享有较大的自主权；仲裁不像诉讼那样实行地域管辖和级别管辖；仲裁当事人

---

① 参见江伟主编：《仲裁法》，中国人民大学出版社 2012 年版，第 12～15 页；黄进、宋连斌、徐前权：《仲裁法学》，中国政法大学出版社 2008 年版，第 12～13 页；韩德培主编：《国际私法》，高等教育出版社 2000 年版，第 490～491 页。

委托的代理人也必不具有本国律师的身份。

5. 便捷性。除了前述的仲裁程序可以自行协商约定，从而避免烦琐的程式外，国际商事仲裁的便捷性还体现在以下两个方面：一是仲裁所建立的相对超越国界的治理空间，有利于纠纷的便捷解决。因为国际商事纠纷的解决必然会遇到国界和不同法律制度的羁绊，而仲裁制度使当事人可以超越地域和国界，自由选择仲裁机构、仲裁庭组成人员、仲裁程序和法律适用，“部分地实现了对分割的、属地国家法治的超越，从而构建出了相对封闭的、内部一致的解纷空间。这种一致性使当事人和争议的解决可以在相当程度上免受法律分裂之苦，在诸法域之上拟制出如同内国商事仲裁一般的基础”。① 二是仲裁所实行的一裁终局制，有利于当事人之间纠纷的迅速解决。

6. 保密性。一是仲裁以不公开审理为原则。如我国《仲裁法》第 40 条规定：“仲裁不公开进行，当事人协议公开的，可以公开进行，但涉及国家秘密的除外。”这与“以公开为原则、以不公开为例外”的诉讼形成明显区别。二是各国法律和仲裁规则都对仲裁员、当事人、仲裁参与人规定了对仲裁事项的保密义务。

7. 经济性。一是仲裁的便捷性有利于节省费用；二是仲裁不像诉讼那样多审级收费，故其费用一般低于诉讼；三是仲裁的自愿性和保密性使当事人之间的关系和商业网络不因仲裁受到大的影响，商业秘密也不因仲裁而暴露，从而最大可能地降低商事纠纷对商业资源、商业机会和商业利益造成的消极影响。

8. 独立性。“仲裁依法独立进行，不受行政机关、社会团体和个人的干涉”。② 其要义：一是仲裁机构独立。“仲裁机构独立于行政机关，仲裁机构之间亦无隶属关系”。③ 二是仲裁庭依法独立仲裁。即使仲裁机构也无权要

① 郑夏：《国际商事仲裁合意限度研究》，西南政法大学 2015 年博士学位论文，第 31 页。

② 《仲裁法》第 8 条。

③ 黄进、送连斌、徐前权：《仲裁法学》，中国政法大学出版社 2008 年版，第 13 页。

求仲裁庭应当如何裁决，因为仲裁庭行使的是仲裁权，仲裁机构行使的是仲裁事务管理权。这里需要特别指出的是，法院虽然有权依法对仲裁实施审查，但无权干涉仲裁权的行使，所有仲裁案件都必须由仲裁庭依法独立作出裁决。

三、国际商事仲裁的优势

协商、调解、谈判、仲裁、诉讼这几种以和平的方式解决纠纷的机制，都有其内在的逻辑和机理、有其优势和劣势，他们相辅相成、优势互补，在解决纠纷中发挥各自独特的作用。对于负责仲裁司法审查的法官而言，由于长期浸淫在诉讼审判之中，往往容易以诉讼的思维、理念、方式和标准来衡量和评价仲裁，更多地看到仲裁的劣势，忽略仲裁的优势，从而影响对司法审查权的正确把握，故认清仲裁相对于诉讼的优势十分必要。至于仲裁相对于诉讼的劣势，本书将在下一节“国际商事仲裁司法审查概述”中论及。

仲裁相对于诉讼的优势，主要表现在以下五个方面。

（一）仲裁更利于裁决得到履行和执行

无论是仲裁还是诉讼，履行和执行裁决或裁判是纠纷作出公断后权利人的权利得以实现的关键，而仲裁裁决比诉讼裁判更利于得到履行和执行。首先，仲裁是双方当事人基于共同的意愿选择的，而诉讼一方当事人则是基于被迫和无奈应诉的，因此当事人对仲裁裁决的接受度、履行裁决的自觉性一般都会高于诉讼裁判。其次，《纽约公约》使仲裁具有最大限度的国际可执行性。目前，世界上已有150多个国家加入该公约，这等于在全球范围内编织了一张相互执行仲裁裁决的巨大网络。正如全国人大常委会副委员长万鄂湘当年所言：“与诉讼相比，仲裁真正无可争议的优势在于仲裁裁决根据《纽约公约》在几乎全球范围内的可执行性。”①《纽约公约》也因此成为一部成功的国际立法，是执行情况良好的国际公约之一。而这种最大限度的国际可执行性，又反过来倒逼负有履行义务的一方当事人自动履行仲裁裁决，因为对败诉方而言，与其被强制执行，不如自觉履行，这不仅可以免去不必要的强制执行费用，且不至于伤害与对方当事人的感情。据国际商会仲裁院统计，有 90% 以上的裁决由败诉方自觉履行。②

(二)仲裁更利于当事人信任和放心

公正与效率是仲裁和诉讼共同追求的价值目标。公正既需要某些客观的衡量标准，又需要双方当事人内心的信任，这种内心的信任是构成仲裁裁决或诉讼裁判公正性和权威性的重要方面，而仲裁比诉讼更利于当事人信任和放心。

首先，当事人对仲裁所享有的较大的控制权更利于当事人信任和放心。在仲裁中，当事人享有较大的控制权，其中对仲裁程序的启动有完全的控制权，当事人不仅有权选择仲裁作为纠纷解决途径，而且可以不受地域、级别乃至国度限制地选择仲裁机构、决定仲裁庭的组成、控制仲裁的范围；对仲裁的过程，当事人也可通过选择仲裁程序来进行一定的控制。③ 控制权越大，出意外的风险就越小。当事人对仲裁程序的启动和仲裁过程的这种控制，使当事人觉得仲裁在自己的掌控之中，这不仅有利于增强当事人对仲裁程序的认同感和踏实感，而且有利于增强对仲裁裁决公正性的期待和信心。相比之下，诉讼程序的启动只需要单方自愿，无须另一方同意，当事人对诉讼有关事项几乎没有什么选择的权利。例如，当事人一般无权选择案件的管辖地，也无权选择法官、无权选择诉讼程序，相反，公权力的作用范围和强

① 万鄂湘：《〈纽约公约〉在中国的司法实践》，载《法律适用》2009 年第 3 期。

② 参见赵健：《国际商事仲裁的司法监督》，法律出版社 2000 年版，第 149 页。

③ 参见江伟主编：《仲裁法》，中国人民大学出版社 2012 年版，第 2 ~3 页。

度却很大。因此，只要选择诉讼，当事人就只能“听天由命”地把案件的命运全部交给不是自己选择的法官，特别是在国际商事交易中，当事人分属不同的国家，对对方当事人所属或所在国家很容易产生不信任感和恐惧感，“即使是将争议提交到第三国法院，当事人也将面临生疏的语言、陌生的程序以及不甚明了的司法观点等困窘”。[①] 因此，在诉讼中当事人的信任感和放心度以及对裁判结果公正性的信心，显然比不上仲裁。

其次，仲裁庭的中立性更利于当事人信任和放心。纠纷裁断者的中立性，是使纠纷公正解决的必要前提。应当肯定，仲裁庭和合议庭都是中立的，但对国际商事纠纷而言，仲裁庭比法院的合议庭更能体现其中立性。因为如果采取诉讼方式，法官只能来自法院地国，他很可能对争议中的外国当事人具有地域、文化等方面的倾向性。外方当事人也难免对合议庭是否有地方保护主义存在疑虑。但在仲裁中，这种倾向性可以得到消解，因为“仲裁庭可以在与双方均无任何联系的国家组建；仲裁员可以从不同国家选任，可具有不同国籍，仲裁庭能因此不受任何国家的直接影响”。[②]

最后，仲裁的专业性更利于当事人信任和放心。如前所述，专业性是仲裁的特点之一，仲裁的专业性有利于体现裁决的专业权威性，保证裁决的质量，也有利于获得当事人的信任。而在诉讼中，审判案件的法官只是从事纠纷解决的法律专业人员，往往长于法律而短于专业。尽管在诉讼中法官可以就专业问题提请专家鉴定，也可以请专家就案件的专门性问题进行说明，但法官据此对案件所形成的认识和判断很难如同自己精通该专业那样准确、深刻，且提请鉴定和听取专家意见又需要付出成本和时间。

（三）仲裁更利于当事人节省时间、费用，并得到较好的服务

仲裁所具有的灵活性、便捷性、经济性的特点，无疑比诉讼更利于节省

---

① 赵健：《国际商事仲裁的司法监督》，法律出版社 2000 年版，第 10 页。

② 郑夏：《国籍商事仲裁合意限度研究》，西南政法大学 2015 年博士学位论文，第 21 页。

当事人的时间和费用。同时，与诉讼相比，仲裁还有亲民的优点，因为仲裁员的收入直接来源于当事人，而仲裁市场又充满激烈的竞争，仲裁机构和仲裁员要想有稳定的案源，并在市场上占有一定的份额，就必须具有公正的品格、娴熟的专业技能、良好的声誉和热情周到的服务，并以“十年磨一剑”的决心和毅力打造自己的品牌。反之，如果行为不公、专业不熟、案件质量不高、服务不周、态度不佳，当事人就会“用脚投票”，导致仲裁机构和仲裁员在市场竞争中失败。而在法院，案件的管辖由法律规定而不由当事人选择，法官的薪酬来源于财政而不是来源于当事人。虽然法官的等级、声誉和工资与其道德良知、专业水平、办案质量、司法作风密切相关，但与案源的多寡及当事人的评价并不存在如仲裁般直接的联系。因此，一般而言，仲裁比诉讼能为当事人提供更好的服务，这里的服务不仅指服务的态度，而且包括服务的质量包括仲裁裁决的质量。当事人将纠纷提交仲裁，其实质就是花钱购买一项能使纠纷得到公正合理解决的服务。

（四）仲裁更利于维护当事人双方的情感、声誉和商业秘密

首先，仲裁比诉讼更利于维系当事人双方间的情感和关系。仲裁和诉讼都是和平地解决商事纠纷的方式，但诉讼的方式大多对抗多于合作：一方起诉，另一方不得不应诉。且双方的意见、观点往往对立，针锋相对地进行激烈的攻防，加之法庭审理以公开为原则，这种对抗容易使当事人撕破脸皮，致使双方关系恶化。中国向有“厌讼”的心理，即使是在西方法律传统中，诉讼也被视为一种“负价值”，是“一种两败俱伤的做法”，“会吞噬时间、金钱、安逸和朋友”。[①] 而在仲裁中，双方固然存在对抗，但合作因素较多，因为他们大多在纠纷发生前，就在自愿的前提下共同约定日后如发生纠纷则提交仲

① 汪祖兴：《仲裁程序理念与特征探究——兼及我国仲裁程序"公正—效率"结构性迷失及其矫正》，载韩健、林一飞主编：《商事仲裁法律报告》（第1卷），中信出版社2005年版，第54～65页；范愉：《非诉讼纠纷解决机制研究》，中国人民大学出版社2000年版，第26页。

裁。在仲裁程序启动后,还可就仲裁的有关事项进行协商,而且仲裁是在保密的状态下进行,这些因素都有利于缓解、疏导当事人之间的对抗情绪,有助于达成和解,[①]因此仲裁比诉讼更利于维系双方的情感和关系,而在商贸活动中,商业网络是重要的资源,维系住了双方的情感和关系就维系住了商业资源。

其次,仲裁比诉讼更利于维护双方的声誉,保守双方的秘密。商业信誉和商业秘密是商品经济的根基,也是商人的生命,若官司缠身、纠纷甚多,难免会影响企业的声誉和商业信誉。如果采取诉讼方式,开庭前法院对公开审理的案件要公告当事人姓名、案由和开庭的时间、地点,审理要公开进行,为接受监督、提高公信力,裁判文书还要上网公开,这些都会对商人的商业信誉造成影响。而如果采取仲裁方式,由于程序灵活且不公开审理,因此比诉讼更利于维护商人的声誉。当然,对于涉及商业秘密的案件,诉讼中可以申请不公开审理,法官、律师及诉讼参与人都有保密义务,故与仲裁无太大差别。但是,由于诉讼对证据的要求较高,审查较严,其庭审需经调查、辩论程序(简易程序除外),涉及的诉讼参与人往往多于仲裁,故泄密的机会和可能性会大于仲裁。

(五)仲裁更利于减轻纳税人负担,减少政府风险

仲裁和诉讼是解决纠纷的两个重要方式,当事人选择了仲裁,就减轻了法院的负担。仲裁的费用由仲裁当事人承担,而诉讼的费用来源于国家财政,归根结底来源于纳税人,故仲裁有利于缓解法院的压力,减轻纳税人负担。同时,仲裁利用民间力量裁断纠纷,化解商事冲突,可以避免政府(国家公权力机关)陷入矛盾的旋涡,从而减少政府面临的矛盾和风险。特别是在我国当前"三转"(社会转型、体制转轨、发展方式转变)并存、社会矛盾多发的时期,充分发挥仲裁在解决商事纠纷、维护社会和谐稳定、促进对外经济发展中的优势和作用,就更显必要。

---

① 参见江伟主编:《仲裁法》,中国人民大学出版社2012年版,第7页。

上述五个方面,前四个方面是从当事人角度来分析的,第五个方面是从政府角度来分析的。正因为仲裁具有这些优势,它"已经成为从事国际商事交易的当事人解决他们之间争议的首要选择的方法。"①

这里需要说明的是,仲裁相对于诉讼既具有上述优势,也具有诸多劣势。由于此处研究的是仲裁的优势,故对其劣势未予阐述(在后文阐述)。同时,仲裁相对于诉讼的上述优势,是就一般情况在总体上而言的,而就具体个案而言,因各个案件的情况、境遇各有不同,承办案件的仲裁员或法官的素质、能力、水平也存在明显差异,故不乏在上述方面存在仲裁不如诉讼的实例。但是,我们既不能因总体上的优势而对相反的个案实例视而不见,又不能因存在相反的个案实例而否定总体上的优势。

第二节　国际商事仲裁司法审查概述

本节旨在对国际商事仲裁司法审查的若干基本问题加以阐述。

一、国际商事仲裁司法审查的概念

"司法审查"中的"审查",是个常用词,如审查图纸、审查方案、审查账目等,根据词典解释,"审查"是"检查核对是否正确、妥当"。② 可见,审查所体现的是审查主体与审查对象之间的关系,是主体检查、核对对象的行为及结果是否正确、妥当的活动。而"司法审查是现代法治国家普遍采用的一项重要法律制度"。③ 由于各国政治制度、司法制度、法律文化不同,各国司法审

① 赵秀文主编:《国际商事仲裁法》,中国人民大学出版社 2014 年版,第 15 页。

② 中国社会科学院语言研究所词典编辑室编:《现代汉语词典》,商务印书馆 2005 年版,第 1214 页。

③ 任鸣:《曹建明在司法审查比较研究国际研讨会上提出:完善中国司法审查制度》,载《人民法院报》2000 年 11 月 24 日,第 1 版。

查的主体、范围、任务、依据、手段、程序不尽相同。在英美法国家,其是指司法机关对立法机关和行政机关行使公权力行为合宪性、合法性进行审查的法律制度。在我国,是指司法机关通过对行政机关等机构行使权力活动的合法性、妥当性进行审查,对其中合法、妥当的予以认可支持、违法不当的予以监督纠正的一项法律制度。它体现的是国家司法权对国家行政权等权力所进行的监督制约,其目的在于保障公民、法人及其他组织的合法权益,维护社会的公平正义。

由于仲裁权是一种权力(后文论及),且权力的行使直接关涉当事人的权益,因而也被列入司法审查的对象。国际商事仲裁司法审查,就是指法院依据法律规定,通过审查国际商事仲裁活动的合法性、妥当性,对合法、妥当的予以认可支持,违法不当的予以规制纠正的司法活动。各国法律在规定国际商事仲裁制度的同时,均规定内国法院有权在不同程度上、以不同的方式参与到国际商事仲裁的各个环节中对其进行审查,并对审查范围、方式及法律后果等作出规定。对于国际商事仲裁中的这一项制度,学界存在多种不同的表述,如"司法审查""司法监督""司法干预""司法介入""司法支持与监督""司法监督与协助"等。由于"司法审查"一词蕴含着司法权制衡其他权力、纠正违法不当行为的制度功能和价值,而且相比其他表述来说是更能体现司法对仲裁施加影响的中性词汇,加之我国司法实践中也都采用"司法审查"的概念,[①]因此本书采用"司法审查"的表述展开对该制度的研究。

① 我国最高人民法院法院颁布的司法解释及地方法院出台的指导意见均采用了"司法审查"的表述。如最高人民法院于2013年颁布的《关于正确审理仲裁司法审查案件有关问题的通知》(法〔2013〕194号)、2015年颁布的《关于对上海市高级人民法院等就涉及中国国际经济贸易仲裁委员会及其原分会等仲裁机构所作仲裁裁决司法审查案件请示问题的批复》(法释〔2015〕15号)、上海市第二中级人民法院于2014年公开发布的《关于适用〈中国(上海)自由贸易试验区仲裁规则〉仲裁案件司法审查和执行的若干意见》、江苏省高级人民法院于2007年公开发布的《关于审理民商事仲裁司法审查案件若干问题的意见》、天津市高级人民法院于2017年公开发布的《关于涉外、涉港澳台商事仲裁司法审查案件的审理指南》等。

二、仲裁司法审查与仲裁的关系

仲裁司法审查与仲裁的关系非常紧密,可以从以下四个方面来说明:

1. 仲裁是仲裁司法审查的对象,仲裁司法审查是仲裁的重要保障。法院对商事仲裁进行司法审查,是各国普遍坚持的一项基本原则。一方面,仲裁司法审查是以仲裁为工作对象的,故仲裁司法审查与仲裁是审查与被审查的关系。另一方面,仲裁司法审查又是仲裁的重要保障,它通过法院对仲裁的规制和支持,即对仲裁监督违法、匡正失误、协助采取临时措施和执行仲裁裁决等,保障仲裁裁决的正当性和仲裁的健康、顺利发展。因此,仲裁司法审查与仲裁又是保障与被保障的关系。

2. 仲裁法律制度是仲裁司法审查的法律依据。法院对仲裁的司法审查,是依据仲裁法律制度进行的。作为司法审查依据的仲裁法律制度,主要包括以下几个方面:(1)授权法院司法审查的法律制度。如规定法院有权根据当事人一方的请求,审查决定仲裁协议是否有效、仲裁裁决是否予以撤销、是否予以承认和执行的法律制度。(2)规定司法审查标准的法律制度。如我国《仲裁法》第 16 条至第 18 条规定的作为仲裁协议是否有效审查标准的法律制度;《仲裁法》第 70 条、《民事诉讼法》第 260 条(现第 274 条)规定的作为对涉外仲裁裁决是否予以撤销或执行的审查标准的法律制度。我国加入的《纽约公约》规定的作为对外国仲裁裁决是否予以承认和执行衡量标准的法律制度。(3)规定司法审查内容、范围和种类的法律制度。如规定对仲裁协议、仲裁程序、仲裁裁决进行司法审查的法律制度;规定对本国裁决可以进行撤销审查、对外国裁决可以进行承认和执行审查的法律制度。(4)规定司法审查以何国法律为依据进行审查的法律制度。如确定仲裁协议效力准据法的法律制度;确定仲裁裁决国籍确定标准并进而决定是以本国法律还是国际公约对其进行审查的法律制度。(5)规定司法审查程序的法律制度。如《纽约公约》规定的当事人申请承认和执行仲裁裁决应向有关国家法院提供哪些文件的法律制度,我国《仲裁法》第 60 条关于人民法院审理申请撤销仲裁裁决案件的期限的法律制度等。可见,并非所有的仲裁法律制度都是仲裁司法审查的依据,只有那些用以规范仲裁司法审查的仲裁法律制度,才是仲裁司法审查的依据。而这些作为仲裁司法审查依据(用以规范仲裁司法审查)的法律制度,既是仲裁法律制度的重要组成部分,又构成了仲裁司法审查法律制度。

3. 仲裁司法审查法律制度,是仲裁法律制度的重要组成部分。我国国际商事仲裁法律制度主要见之于国内有关立法、我国加入的有关国际公约和条约、最高人民法院制定的有关司法解释之中(具体内容将在第二章第一节阐述)。这些仲裁法律制度,一般是从仲裁当事人、仲裁庭、法院这三个方面来规定的。就需要司法审查的仲裁案件而言,司法审查是仲裁的必经环节,其中在仲裁程序开始时和仲裁程序中,仲裁与司法审查可能互相交错;在仲裁裁决作出后,司法审查往往可能紧随其后。因此,在仲裁法律制度中,包含了大量与司法审查有关的内容。以我国《仲裁法》为例,该法律共八章,除第八章"附则"外,其他七章都与司法审查有关,其中有六章与司法审查关系密切。也就是说,仲裁司法审查法律制度的相关内容规定在仲裁法律制度中,是仲裁法律制度中重要的、不可或缺的组成部分。

4. 仲裁司法审查制度,包括仲裁法律制度中作为仲裁司法审查依据的那部分法律制度和法院对仲裁进行司法审查的体制、机制这两部分内容。前已述及,在仲裁法律制度中作为仲裁司法审查依据的那部分法律制度,就是仲裁法律制度中用以规范仲裁司法审查的那部分法律制度,[①]因此也可以说,仲裁司法审查制度包括仲裁法律制度中用于规范仲裁司法审查的法律制度和法院对仲裁进行司法审查的体制、机制。

① 本书"绪言"的"研究范围"中已对此加以阐述。

三、国际商事仲裁司法审查的必要性

各国法律之所以都规定法院有权对国际商事仲裁进行司法审查,并以此作为国际商事仲裁的一项基本原则,是因为国际商事仲裁存在法院对其进行审查的必要性。虽然一些学者主张仲裁高度自治,质疑司法对仲裁进行审查的必要性,如20世纪80年代提出的仲裁非内国化理论,①但是,各国立法及司法实践对仲裁司法审查的必要性均持肯定的立场。法院之所以要对仲裁进行司法审查,是由仲裁本身的特性决定的。

(一)司法审查是对仲裁权进行监督制约的需要

仲裁权是双方当事人在协商一致的基础上赋予仲裁庭的,也为国家法律所认可,因而被认为是当事人和国家的双重授权。但仲裁权究竟是“权力”还是“权利”,法学界存在不同认识。一种观点认为:“仲裁权是指在法律授权的范围内,经双方当事人协议授权的仲裁庭,对所提交的当事人之间的争议作出公正裁决的权力。”②另一种观点认为:“仲裁权是指仲裁主体对争议双方当事人议定由其裁决的某些民商事纠纷,以第三者的身份依法作出公断的权利。”③后一种观点之所以认为仲裁权是“权利”而不是“权力”,主要是认为权力只能因国家公权力机关享有,而仲裁由双方当事人赋予而非国家赋予,作为公民个人无法产生权力并将其赋予仲裁庭。然而,汪祖兴更赞同仲裁权是权力的观点,他认为:“权利是一种自由和资格,它无法直接影响他人;权力则是一种力量,其意旨在于不同主体之间的命令服从关系。仲裁权首先并非仲裁庭的自由,它的产生源于国家授权和当事人授权的双重

① 非内国化理论是指,当事人或仲裁庭可以自由选择所适用的仲裁程序法,仲裁裁决的效力不必依据仲裁地国法律的赋予,国际商事仲裁裁决在申请强制执行之前,可以不受任何国家法律的约束和国家法院的监督。

② 乔欣:《仲裁权研究——仲裁程序公正与权利保障》,法律出版社2001年版,第15页。

③ 谭兵主编:《中国仲裁制度研究》,法律出版社1995年版,第140页。

肯定,法律和契约在设定仲裁权相应权限的时候也赋予了其必须履行的、不容许擅自放弃的职责,这恰好是权利内涵无法包容的维度。在相对的视角上,仲裁权却具有了权力的本色,即仲裁权可以影响他人的权利义务,在这一意义上,仲裁权与司法权并无本质之差异。"①笔者完全赞同该观点,因为仲裁是契约性和司法性的综合,仲裁庭的仲裁权来源于当事人和国家法律的双重授权,而不仅仅来源于当事人,因而具有权力的某些属性。当然,它与公权力机关的权力又有诸多区别,如没有对世权、没有强制力等。

仲裁权既然是一种权力,就需要对其进行监督制约。因为"一切有权力的人都易滥用权力,这是一条万古不易的经验。有权力的人使用权力一直到遇到有界限的地方才休止"②"不受监督的权力必然导致腐败"。作为权力,仲裁权自然也存在被滥用、误用的可能和风险:如仲裁协议被错误理解,仲裁事项不属于仲裁协议的范围或仲裁机构无权仲裁;如仲裁庭的组成或仲裁程序与仲裁规则不符;如一方当事人没有得到指定仲裁员或进行仲裁程序的通知,因而未能陈述意见等。特别是在市场经济大潮中,仲裁权充满诱惑,拥有仲裁权的仲裁员容易成为当事人重点腐蚀的对象,因而出现索贿受贿、徇私舞弊、枉法裁决等现象。故对仲裁进行监督很有必要,这种监督包括仲裁机构内部监督、行业监督、司法监督、社会监督等。其中由法院对仲裁实行司法审查是重要一环,具有"以权力制约权力"的特点,通过监督及时匡正仲裁权行使中的偏差和错误,以"维护法律的尊严,维护当事人的合法权益",③维护仲裁裁决的正当性和公信力,并进而警示和督促广大仲裁人员依法谨慎用权。

---

① 汪祖兴:《中国仲裁制度的境遇及改革要略》,法律出版社2010年版,第244页。

② [法]孟德斯鸠:《论法的精神》(上),张雁深译,商务印书馆1961年版,第154页。

③ 赵秀文主编:《国际商事仲裁法》,中国人民大学出版社2014年版,第306页。

(二)司法审查是弥补仲裁制度局限性,实现仲裁、司法优势互补的需要

如前所述,仲裁相对于诉讼具有诸多优势。但任何事物都是利弊共生、优劣并存的。仲裁既然有优势,就必然有劣势和局限性,通过对仲裁进行司法审查,有利于弥补仲裁制度的劣势和局限性。第一,由于仲裁是民间自治性的纠纷解决机制,不具有公权力的特征,因而缺乏强制性和对世性,也无权代表国家行使维护国家主权和社会公共利益的职能,这就使仲裁制度不具有完全的自足性,即仅凭仲裁制度自身,还不足以完全解决仲裁所涉及的所有问题,这就需要代表国家行使司法职能的法院的支持。例如,仲裁裁决虽具有法律效力,但仲裁机构没有强制执行的权力,当一方当事人不自动履行仲裁裁决所确定的义务时,仲裁制度自身无法解决该问题,另一方当事人只能申请法院强制执行。第二,仲裁贯彻意思自治原则,当事人意思自治是仲裁的灵魂。"基于当事人的高度意思自治,加上商人追逐利益的本能,他们往往为追求自身利益的最大化而有可能损害他人或社会公共利益。"①因此,需要通过法院司法审查来矫正这种损害他人或社会公共利益的行为。第三,仲裁具有保密性,它有利于当事人保守商业秘密、维护商业声誉,但同时也存在不受公众监督、容易"暗箱操作"的弊端。俗话说,"阳光是最好的防腐剂",司法之所以强调公开,就是为了接受诉讼参与人和公众的监督,防止暗箱操作和滋生腐败。法院对国际商事仲裁进行司法审查,有助于弥补仲裁保密性所带来的局限。第四,仲裁具有灵活、便捷的特点,在公正与效率这一对价值中,仲裁相对于诉讼来说,更重视对效率的追求,但这种追求如果把握不当,也有可能"萝卜快了不洗泥",从而影响对公正包括程序公正的追求,影响乃至损害仲裁的公正性,有的甚至超越了自然公正的底线。在这种情况下,就只能通过法院司法审查予以纠偏与校正。第五,仲裁实行一

① 江伟:《仲裁法》,中国人民大学出版社2012年版,第51页。

裁终局的制度,这是追求效率所需,但同时也存在对裁决可能存在的错误其自身难以救济的问题。"没有救济就没有权利",在仲裁制度自身无法为自己的错误提供救济的情况下,国家只能将救济的职责交给法院,由法院对仲裁裁决进行司法审查。总之,对国际商事仲裁进行司法审查,是弥补仲裁制度局限性的需要。通过法院对仲裁的审查,可以使仲裁与司法优势互补,并使仲裁优势进一步得到发挥。

(三)司法审查是维护国家主权的需要

国家主权指的是国家在国际法上所固有的"对内最高、对外独立"的权力。① 国家在其管辖的领土上,决定本国宪法、法律规定的事项,属于国家主权范围。就仲裁而言,仲裁总要在一定的国土上进行,仲裁裁决也要在一定的国土上执行,因此仲裁不可能脱离国家主权而存在。仲裁虽然贯彻当事人意思自治原则,但当事人意思自治也不是绝对的,它要受一定国家的法律制度的约束。法院根据当事人的申请,对本国仲裁的协议、程序和裁决进行审查,对请求执行的外国裁决进行审查,都是一国法院维护该国司法主权的一种方式。一些国家加入某些国际公约,签订一些双边或多边条约,并执行该公约、条约,这并非是放弃或让渡国家主权,而是行使国家主权的结果,它表明本国根据内政外交的需要,对有关公约、条约的认可。因为是否加入或签订某公约、条约,加入公约时是否声明保留条款,都由主权国家独立作出决定,任何外力都无权干涉和强迫。况且有关仲裁的国际公约如《纽约公约》,把某些问题的决定权留给各国自行作出规定或决定,如把仲裁协议有效性的认定留给各国法院依据本国法律作出裁定;对可仲裁范围问题也由各国法律自行作出规定。因此,受申请的法院对外国仲裁裁决进行审查并作出裁定,所依据的虽然主要是本国参加或签订的公约、条约,但都属于行

① 梁淑英主编:《国际公法》,中国政法大学出版社 2003 年版,第 27 页。

使国家主权的行为。当仲裁案件的当事人拒绝执行外国仲裁裁决而向国内有关法院提出申请时,受申请的法院根据本国加入的国际公约,对申请事项进行审查并作出决定,这既是维护国家主权的需要,又是保护当事各方合法权益的需要。

"社会公共利益"是国家主权的集中体现,对违背社会公共利益的国际商事仲裁裁决拒绝承认与执行,是《纽约公约》赋予各主权国家的一项权利,是拒绝适用外国法、拒绝承认和执行外国仲裁裁决的一个重要理由,也是各国执行国际商事仲裁裁决的最后一道屏障。"社会公共利益"是我国法律用语,英美法系国家通常称"公共政策",大陆法系国家通常称"公共秩序"。至于"社会公共利益"的内涵,各国均无明确规定,一般是指"法院地国的重大利益、基本政策、道德的基本观念或法律的基本原则"。① 虽然,各国在司法审查中援引"公共秩序"条款都相当慎重和严格,甚至可以说是"备而不用",但它却是维护本国基本法律原则、基本道德观念和国家重大利益的一项重要制度和措施。因此,对国际商事仲裁中违背社会公共利益的裁决进行司法审查,是维护本国社会公共利益的需要,在本质上也是维护国家主权的需要。

四、国际商事仲裁司法审查的内容

就世界范围而言,仲裁司法审查主要包括以下内容:

(一)审查并确认仲裁协议效力,以决定仲裁庭是否有管辖权

仲裁庭的管辖权,来源于当事人订立的仲裁协议。法院通过对当事人之间是否存在仲裁协议、仲裁协议是否有效、争议事项是否具有可仲裁性,以及争议是否属于仲裁协议约定的范围等问题进行审查,以确定当事人是

① 赵秀文主编:《国际商事仲裁法》,中国人民大学出版社 2014 年版,第 259 页。

否能将争议提交仲裁解决。

（二）介入仲裁程序

1. 决定合并仲裁。所谓合并仲裁，是指将两个或两个以上争议事项具有关联性的案件合并在一个仲裁程序处理的制度。在美国的司法实践中，法院“在认为具有合并仲裁的理由时，可以发布命令合并仲裁”。①

2. 协助仲裁庭的组成。许多国家的仲裁立法规定，在当事人无法就仲裁员选定问题达成一致意见，也无法依照仲裁规则指定仲裁员时，法院可依当事人的申请，协助指定仲裁员，以便仲裁程序进行。尤其是在临时仲裁中，因不存在选定的仲裁机构，故不可能通过仲裁规则指定仲裁员，所以许多国家赋予了法院指定仲裁员的权力。如《法国民事诉讼法》规定，当仲裁在法国或其他国家进行而适用法国规则时，如果仲裁庭的组成出现困难，当事人可以向巴黎初审法院院长申请指定仲裁员。②

3. 协助仲裁庭取证。由于仲裁的基础是当事人之间的合意，因此仲裁庭的决定对仲裁第三人并无强制执行力。当仲裁中需要向第三人取证时，仲裁庭只能请求法院予以协助。一些国家的仲裁立法规定，根据当事人或仲裁庭的申请，法院可以命令第三人出庭作证或向仲裁庭提供证据。如《俄罗斯联邦国际商事仲裁法》第 27 条规定：仲裁庭或当事人征得仲裁庭许可，可以请求俄罗斯联邦有管辖权的法院协助取证。法院可以在其权限范围之内并遵循其取证规则执行上述请求。

4. 采取保全等临时性措施。在仲裁中，有些证据会被当事人故意隐匿、毁损、灭失或因其他原因日后难以取得，从而影响案件事实的正确认定和仲裁的顺利进行。有些财产会被消耗、毁损、转移、灭失等，从而影响日后仲裁

---

① 肖永平：《论仲裁条款对法院管辖权的排除》，载黄进主编：《国际私法与国际商事仲裁》，武汉大学出版社 1994 年版，第 191 ~192 页。

② 《法国民事诉讼法》第 1493 条。

裁决的执行,因而需要对证据、财产等采取保全措施。但仲裁庭因其民间性和非强制性而无法执行保全措施。为此,各国仲裁立法都规定,法院可以根据对方当事人的请求,采取保全等临时性措施。

(三)审查仲裁裁决

1. 决定是否承认和执行仲裁裁决。由于仲裁庭并不具有强制执行力,因此,对于其所作出的仲裁裁决,如果一方当事人拒不履行裁决确定的义务,就只有借助法院的强制力,才能得到执行。各国仲裁立法,均规定法院有权强制执行仲裁裁决。在国际商事仲裁中,外国仲裁裁决在获得被请求国法院执行之前还需获得该国法院的承认。因此,决定是否承认和执行仲裁裁决,是法院在仲裁司法审查中一项很重要的职能。如前所述,国际商事仲裁无可争议的一大优势就在于其裁决的国际执行力,但如果缺少了法院对仲裁裁决执行的支持,国际商事仲裁就几乎毫无生命力。

2. 决定是否撤销仲裁裁决。根据仲裁当事人的申请,法院有权对本国的仲裁裁决进行是否予以撤销的审查。国际条约和各国仲裁立法均赋予了本国法院撤销本国商事仲裁裁决的权力。撤销仲裁裁决是法院在仲裁司法审查中最严厉的措施。

3. 通知重新仲裁。重新仲裁是指"当事人对仲裁裁决提出异议,法院经审查认定该仲裁裁决存在瑕疵,且该瑕疵可以通过重新仲裁进行弥补修正时,发回仲裁庭重新仲裁的制度"。① 如我国《仲裁法》规定:"人民法院受理撤销裁决的申请后,认为可以由仲裁庭重新仲裁的,通知仲裁庭在一定期限内重新仲裁。"②

在我国,根据《仲裁法》《民事诉讼法》的规定,国际商事仲裁司法审查的内容主要包括:(1)确认仲裁协议效力。此种审查体现在两类案件中,一类

---

① 江伟主编:《仲裁法》,人民大学出版社2012年版,第297页。

② 《仲裁法》第61条。

是管辖权异议案件,另一类是申请确认仲裁协议效力案件。(2)采取证据保全、财产保全、行为保全措施。(3)承认和执行(或不予承认和执行)仲裁裁决。此种审查体现在两类案件中:一类是申请承认和执行外国仲裁裁决案件,另一类是申请认可和执行香港特别行政区、我国澳门特别行政区、台湾地区的仲裁裁决案件。(4)撤销我国内地仲裁机构作出的涉外仲裁裁决。(5)执行我国内地仲裁机构作出的涉外仲裁裁决。(6)通知我国内地仲裁机构对涉外案件重新仲裁。

第三节　国际商事仲裁司法审查的性质

研究国际商事仲裁司法审查的性质,对于其正确定位,正确认识和处理司法审查与仲裁、司法审查与诉讼之间的关系,指导仲裁司法审查工作的正确开展,具有重要意义。在司法实践中,一些人自觉不自觉地以诉讼的标准来要求仲裁;在理论研究中,一些人主张对国际商事仲裁要进行实体和程序的全面审查,这都与没有厘清国际商事仲裁司法审查的性质有重要关系。对仲裁的性质,法学界多有论述,提出了契约理论、司法权理论、准司法权理论、自治理论、行政性理论、民间性理论、混合理论(一种观点认为是契约性与司法权性的混合;另一种观点认为是民间性与司法权性的混合)等多种理论。[①] 而与此形成鲜明对比的是,未见有人对仲裁司法审查的性质加以论述。可能一些人认为法院的工作都是审判,对仲裁进行司法审查基于当事人的"诉",适用的也是诉讼程序,故其性质是诉讼和审判,且根据其具体情况分别是确认之诉(如申请确认仲裁协议效力)或变更之诉(也称形成之诉,

① 参见江伟主编:《仲裁法》,中国人民大学出版社2012年版,第15~20页;黄进、宋连斌、徐前权:《仲裁法学》,中国政法大学出版社2008年版,第7~12页;赵健:《国际仲裁的司法监督》,法律出版社2000年版,第2~5页。

如申请撤销仲裁裁决),没有什么值得研究的。

笔者认为,国际商事仲裁司法审查的性质是司法监督。这可以从以下三个方面加以分析和论证:

一、从“司法审查”的含义看仲裁司法审查的性质

如前所述,司法审查是司法机关通过对行政机关等机构行使权力活动的合法性、妥当性进行审查,对其中合法、妥当的予以认可、支持,违法、不当的予以监督纠正的一项法律制度,它体现的是司法权对行政权等权力的监督制约。因此,监督是司法审查内在的属性。就仲裁司法审查而言,“司法审查”和“司法监督”基本上是同一个意思,二者是可以交替使用的,有不少论著就直接将仲裁司法审查称为“仲裁司法监督”。如赵健的《国际商事仲裁司法监督》一书,①直接将“司法监督”作为书名;陈安的《中国涉外仲裁监督机制评析》和肖永平的《内国、涉外仲裁监督机制之我见——对〈中国涉外仲裁监督机制评析〉一文的商榷》中的“监督机制”,②指的就是司法监督机制;汪祖兴的《试论我国仲裁监督体制的完善》和宋连斌的《论中国仲裁监督机制及其完善》,③其“监督体制、机制”中包括司法监督;赵秀文主编的《国际商事仲裁法》将“法院对仲裁实施监督”作为国际商事仲裁的一项基本原则加以论述。④ 该书还认为,国际商事仲裁法所调整的对象是“国际商事仲裁关系”,其中包括“法院对仲裁的监督关系”,该书第12章的章名就是“法院对国际商事仲裁的监督”。⑤ 因此,“司法审查”的含义直接表明了其司法

---

① 赵健:《国际商事仲裁司法监督》,法律出版社2000年版。

② 陈安:《中国涉外仲裁监督机制评析》,载《中国社会科学》1995年第4期;肖永平:《内国、涉外仲裁监督机制之我见——对〈中国涉外仲裁监督机制评析〉一文的商榷》,载《中国社会科学》1998年第2期。

③ 汪祖兴:《试论我国仲裁监督体制的完善》,载《华东政法大学学报》2009年第6期;宋连斌:《论中国仲裁监督机制及其完善》,载《法制与社会发展》2003年第2期。

④ 参见赵秀文主编:《国际商事仲裁法》,人民大学出版社2014年版,第14~15页。

⑤ 同上书,第11页、第305页。

监督的性质。

二、从仲裁司法审查与司法审判的区别看仲裁司法审查的性质

世界各国的法院都是司法机关，其承担的司法职能一般主要分两类：一类是司法审判，即对检察机关或当事人起诉的刑事、民事案件在查明事实的基础上适用法律并作出裁判，以分清案件的是非曲直，解决争议。[①] 另一类是司法审查，即对有关部门对案件的处理结论或意见进行监督，对的就予以同意、支持，错的就予以阻却、规制。法院对仲裁案件的司法审查就属后一类。在很多国家，侦查机关根据侦查工作的需要，拟对犯罪嫌疑人采取限制人身自由的强制措施（如羁押）或损害其权益的强制性侦查措施（如监听）时，要报法院审查批准并颁发司法令状后才能实施，法院对此类案件的审批也是司法审查。而行政诉讼则是兼具司法审查和司法审判双重特点的一种诉讼：一方面，它是司法审查，所体现的是司法权对行政权的监督；另一方面，它区分是非曲直、解决争议，从而根据案件具体情况，分别作出撤销行政行为、重新作出行政行为、履行给付义务、确认违法、确认行政行为无效、变更行政处罚等裁判，而不像仲裁司法审查那样仅作"是"或"非"的裁判。

仲裁司法审查与司法审判，虽然都是法院运用国家司法权对案件作出判断，但二者存在多方面的区别：一是程序启动的原因不同。司法审判因检察机关或当事人的"起诉"而启动；而仲裁司法审查因当事人的"申请"而启动。二是任务不同。司法审判的任务是对案件分清是非曲直，解决争议；仲裁司法审查的任务主要是对仲裁庭处理案件的结论或意见作出是否正确、妥当的判断，正确、妥当的就予以同意、支持，不正确、不妥当的就予以阻却、规制，法院并不直接对案件的争议予以解决。如法院对当事人申请撤销仲

---

① 此处不包括对适用民事特别程序案件的审判，因为这类案件没有原、被告，也不解决民事权利义务争议。另外，刑事审判的目的是实现国家的刑罚权，从广义上来说，也是解决冲突和争议。

裁裁决案件的审查,无论法院是裁定撤销仲裁裁决还是驳回当事人申请,当事人间的纠纷都没有解决:如果法院撤销了裁决,则当事人仍要按照"或裁或审"原则,提请再次仲裁或向法院起诉;如果法院驳回了当事人申请,裁决义务人不履行义务,那么权利人需申请法院执行仲裁裁决。三是所适用的标准不同。根据我国《民事诉讼法》第7条、第153条、第170条的规定,法院审理案件总的要求是"以事实为根据、以法律为准绳";案件审理后作裁判的标准是"事实清楚,适用法律正确";①《民事诉讼法解释》第108条、第109条还根据案件中不同的待证事实,规定了"具有高度可能性""排除合理怀疑"等证据证明标准。② 而法院审查国际商事仲裁案件,其中仲裁协议效力、仲裁范围等的审查标准就是仲裁法规定的有关标准;对涉外仲裁裁决承认和执行的审查标准是《仲裁法》第71条和《民事诉讼法》第274条规定的四个程序性事项和一个实体性事项,③根本不是"事实清楚、适用法律正确"等诉讼(审判)标准;即使是对纯国内的仲裁裁决,法院审查是否撤销的标准也是

① 我国《民事诉讼法》没有直接对裁决所应具备的事实认定和法律适用标准作出规定,但该法第153条规定:"人民法院审理案件,其中一部分事实已经清楚,可以就该部分先行判决。"第170条规定:第二审人民法院对上诉案件,经过审理,按照下列情形,分别处理:(1)原判决、裁定认定事实清楚,适用法律正确的,以判决、裁定方式驳回上诉,维持原判决、裁定;(2)原判决、裁定认定事实错误或者适用法律错误的,以判决、裁定方式依法改判、撤销或变更。可见,判决应具备的事实认定和法律适用标准是"事实清楚,适用法律正确"。

② 《民事诉讼法解释》第108条规定:"对负有举证证明责任的当事人提供的证据,人民法院经审查并结合相关事实,确信待证事实的存在具有高度可能性的,应当认定该事实存在。"第109条规定:"当事人对欺诈、胁迫、恶意串通事实的证明,以及对口头遗嘱或者赠与的证明,人民法院确信该待证事实存在的可能性能够排除合理怀疑的,应当认定该事实存在。"

③ 四个程序性事项为:当事人在合同中没有订有仲裁条款或者事后没有达成书面仲裁协议的;被申请人没有得到指定仲裁员或者进行仲裁程序的通知,或者由于其他不属于被申请人负责的原因未能陈述意见的;仲裁庭的组成或者仲裁的程序与仲裁规则不符的;裁决的事项不属于仲裁协议的范围或者仲裁机构无权仲裁的。一个实体性事项是"执行该裁决违背社会公共利益的"。

《仲裁法》第 58 条和《民事诉讼法》第 237 条规定的七个方面内容，[①]同样不是诉讼(审判)的标准。四是审查的范围不同。在司法审判中，法院要对案件的事实、证据包括实体和程序这两个方面进行全面审查，其中审查实体上的事实、证据是重点。而仲裁司法审查则主要审查程序，其中对国际商事仲裁则不审查案件在实体上的事实、证据；对纯国内仲裁，也只审查法律明确规定的少数实体事项，[②]而不是实体的全部。五是法院工作的方式不同。对审判的案件，法院的工作方式是“审理”；对仲裁司法审查案件，法院的工作方式是“审查”。六是法院结案方式不同。审判一般适用“判决”，而仲裁司法审查则适用“裁定”。七是审级不同。审判实行二审终审制，此外还有再审程序。但仲裁司法审查实际上却实行一审终审制，如对撤销或不予承认和执行仲裁裁决的裁定，当事人不得上诉。最高人民法院还有多个批复规定，对此类裁定申请再审或检察机关提出抗诉的，“没有法律依据，人民法院不予受理”。在理论研究中，一些学者建议对此类案件设立上诉程序，但还没有人主张上诉程序设立后，当事人如不服二审裁判还可以申请再审。可见，无论是在司法实务中还是理论研究中，都没有人主张对此类案件全盘照搬民事诉讼程序，故法院审理仲裁案件适用程序的非完整性是显而易见的。

也许有人认为，《中华人民共和国宪法》(以下简称《宪法》)规定：“人民法院是国家的审判机关”。[③] 故我国法院的职能无论是处理诉讼案件还是审查仲裁案件，其性质都是审判。笔者认为，《宪法》规定我国法院是国家的审

---

① 《仲裁法》第 58 条规定的七个方面内容为：没有仲裁协议的；裁决的事项不属于仲裁协议的范围或者仲裁机构无权仲裁的；仲裁庭的组成或者仲裁的程序违反法定程序的；裁决所根据的证据是伪造的；对方当事人向仲裁机构隐瞒了足以影响公正裁决的证据的；仲裁员在仲裁该案时有索贿受贿、徇私舞弊、枉法裁决行为的；裁决违背社会公共利益的。

② 根据《仲裁法》第 58 条的规定，法院对纯国内仲裁裁决审查的实体事项为：裁决所根据的证据是伪造的；对方当事人向仲裁机构隐瞒了足以影响公正裁决的证据的；裁决违背社会公共利益的。

③ 《宪法》第 128 条。

判机关,这是就法院所承担的基本职能来说的,并不意味着法院所承担的所有职能都是审判,如民事执行就不属于审判的范围;同时,《宪法》规定的"审判机关"的"审判"是广义的,而笔者这里所说的"审判"是狭义的,仅指诉讼审判。《宪法》规定的审判既包括狭义的审判即诉讼审判,也包括司法审查,因为从广义上理解,司法审查也是一种"审",审查后作出裁定也是一种"判"。故《宪法》的这个规定,并不能否定仲裁司法审查与诉讼审判之间存在的区别。

三、从仲裁司法审查的关系和构造看仲裁司法审查的性质

众所周知,民事诉讼(这里指一审)所体现的是原告、被告、法院这三方之间的关系,并形成"两造对抗、法官居中裁判"的等腰三角形诉讼构造。而法院审查仲裁案件,体现的是两种关系,并形成两种构造:一方面,体现了法院与仲裁机构及仲裁庭之间审查与被审查、监督与被监督的双方关系,形成了二者之间的线形构造。在这一构造中,法院和仲裁机构都是监督与被监督关系中的当事方,而没有中立的第三方。另一方面,对仲裁进行司法审查的案件都是因为双方当事人意见不一、其中一方当事人向法院提出申请的,法院需要对当事人双方的争议作出判断,因此,它又体现了双方当事人与法院这三方之间的关系,形成"两造对抗,法官居中裁判"的诉讼构造。

仲裁司法审查所体现的这两种关系和所形成的两种构造,其中第一种关系和构造(法院与仲裁机构及仲裁庭双方之间审查与被审查、监督与被监督的关系,线形构造),决定了仲裁司法审查的性质是"司法监督";第二种关系和构造(法院与两造之间形成的三方关系,等腰三角形构造),决定了进行司法审查或司法监督所适用的程序是诉讼程序。但是,这种程序是两种关系、两种构造并存,即司法监督程序和诉讼程序相结合、线形构造与三角形构造相结合的一种比较特殊的诉讼程序,它既不是民事诉讼中典型的一审程序,又不是二审程序。之所以不是典型一审程序,一是因为典型的一审程

序只有三方关系和等腰三角形诉讼构造，而它却具有复杂的双重关系和构造；二是从“司法审查”的词义来看，它是法院对仲裁庭行使权力活动合法性、妥当性进行审查，与典型的诉讼具有很大区别。之所以不是二审程序，是因为该案没有经过一审，仲裁也不是法院的一审。

仲裁司法审查所形成的上述两种关系和两种构造，与民事诉讼中的二审较为相似。在二审中，一方面，二审法院与一审法院形成了审判上的监督与被监督的双方关系和线形构造；另一方面，形成了上诉人、被上诉人与法院之间的三方关系和“两造对抗、法官居中裁判”的三角形诉讼构造。正因为有前一种关系和构造的存在，决定了二审与一审之间是审判监督关系，并进而决定了上下级法院之间的性质也是审判监督关系。这也从一个侧面证明了法院对仲裁进行司法审查的性质是“司法监督”的正确性。

当然，法院对仲裁进行司法审查所形成的关系，与法院二审并不相同，例如，仲裁并不是法院的一审。二审法院与一审法院之间在行政管理上是上下级关系，而法院与仲裁机构、仲裁庭之间却是相互独立的关系。仲裁司法审查是法院对异体所办案件的审查，而二审对一审的审查是上级法院对下级法院所办案件的审查，它们同属法院系统，不完全是“异体”。

第四节　国际商事仲裁司法审查的功能

功能，是指“事物或方法所发挥的有利的作用”。[①] 国际商事仲裁司法审查的功能，是指法院对国际商事仲裁进行司法审查所发挥的有利作用。如前所述，仲裁的部分案件之所以需要法院介入审查，就是因为仲裁制度在具有诸多优势的同时，存在一些局限性，法院就是通过介入某些仲裁案件，在

① 中国社会科学院语言研究所词典编辑室编：《现代汉语词典》，商务印书馆2005年版，第475页。

弥补仲裁局限性的过程中,来发挥其功能的。

笔者认为,国际商事仲裁司法审查主要有规制、支持、引导、保障、促进等功能,其中规制和支持功能主要是在微观个案中直接发挥的功能。引导、保障、促进功能则除了在微观个案上有所体现外,更多的是在微观个案规制、支持的基础上,在宏观范围间接发挥的功能。

一、规制功能

规制功能是指法院通过对国际商事仲裁案件的司法审查,阻却仲裁进行或否定仲裁裁决效力,以保障仲裁合法性和公信力的功能。我国对国际商事仲裁的规制功能主要体现在以下四个方面。

(一)排除仲裁机构管辖权

排除仲裁机构管辖权是指法院依当事人申请,在认定没有仲裁协议或仲裁协议存在无效、失效的情形时,裁定排除仲裁庭对纠纷的管辖权。如我国《仲裁法》规定:“当事人对仲裁协议的效力有异议的,可以请求仲裁委员会作出决定或者请求人民法院作出裁定。一方请求仲裁委员会作出裁定,另一方请求人民法院作出裁定的,由人民法院裁定。”[①]法院审查当事人的请求后,对仲裁协议确属无效的,依法裁定仲裁协议无效,从而排除仲裁机构的管辖权。

(二)通知重新仲裁

如前所述,重新仲裁“是指在当事人对仲裁裁决提出异议,法院经审查认定该仲裁裁决存在瑕疵,且该瑕疵可以通过重新裁决进行弥补修正时,发回仲裁庭进行重新仲裁的制度”。[②] 重新仲裁,既间接表明了对仲裁裁决不

---

① 《仲裁法》第20条。

② 江伟主编:《仲裁法》,中国人民大学出版社2012年版,第297页。

予认可的态度,体现了对仲裁裁决的监督;“又给仲裁庭提供了纠正自身失误和裁决瑕疵的机会,减少裁决被撤销的可能”。[①] 有利于维护仲裁解决纠纷的终局性和权威性,减少效率的减损和社会资源的耗费,体现了对仲裁的支持。我国《仲裁法》第61条对此作了规定。

(三)撤销仲裁裁决

根据我国法律规定,一方当事人对国内仲裁机构作出的涉外仲裁裁决有异议,向法院提出撤销该仲裁裁决的申请,法院经审查核实或认定具有法定情形的,应予裁定撤销。我国《仲裁法》第70条和《民事诉讼法》第274条规定了可以撤销仲裁裁决的五种情形,其中四种情形需当事人提出证据证明,并经合议庭核实余下的一种情形(违背社会公共利益)不以当事人提供证据为条件,法院受理后要主动审查,并对是否违背社会公共利益作出认定。对于具有该五种情形之一的仲裁裁决,法院应当予以撤销。

(四)不予执行国内仲裁机构作出的涉外仲裁裁决

根据我国《仲裁法》第71条和《民事诉讼法》第274条的规定,被申请人对我国仲裁机构作出的涉外仲裁裁决提出执行异议,法院经审查核实具有法定四种情形之一的,或者认定执行该裁决违背社会公共利益的,裁定不予执行。

(五)不予认可(或承认)和执行港澳台仲裁裁决、外国仲裁裁决

根据我国法律、司法解释和有关国际公约规定,对于香港特别行政区、澳门特别行政区、我国台湾地区的仲裁裁决和外国仲裁裁决,一方当事人申请认可(或承认)和执行裁决,对方当事人提出异议的,法院如审查核实或认

---

① 江伟主编:《仲裁法》,中国人民大学出版社2012年版,第297页。

定具有法定不予执行情形,应当裁定不予执行。

二、支持功能

支持功能,是指法院通过国际商事仲裁案件的司法审查,支持仲裁程序顺利推进、协助落实仲裁结果的功能。根据我国法律及最高人民法院有关司法解释的规定,法院对国际仲裁的支持主要体现在以下三个方面:

(一)支持以仲裁方式解决纠纷

在当事人对仲裁协议产生争议导致仲裁管辖权争议时,法院经审查,若认定当事人之间存在有效的仲裁协议,即强制执行该仲裁协议,排除自身管辖权,支持仲裁庭行使管辖权。对此,我国《仲裁法》第5条和《仲裁法解释》第13条都作了明确的规定。

(二)采取保全措施

法院有权对仲裁程序进行司法审查,并依据当事人的申请,采取证据保全、财产保全、行为保全措施。如我国《仲裁法》第28条、第46条及《民事诉讼法》第81条、第101条、第272条规定,当事人可以申请证据保全、财产保全和行为保全;当事人申请保全的,涉外仲裁机构应当将当事人的申请提交人民法院裁定。有关法院在受理并审查后,对有保全必要的采取保全措施。

(三)承认和执行仲裁裁决

法院有权依据当事人的申请对仲裁裁决进行审查,并依法予以承认和执行。根据我国《民事诉讼法》第274条的规定,对中华人民共和国涉外仲裁机构作出的裁决,法院经审查,不具有该条规定的不予执行的五种情形之一的,裁定予以执行。承认和执行仲裁裁决能使仲裁所涉纠纷得到彻底解决,是司法审查支持仲裁最突出的体现。

当然,从辩证法角度来看,前述的规制功能也是对仲裁的一种支持,因为它不仅有利于纠正仲裁中的偏差和错误,提醒、警示仲裁部门正确用权,而且有利于保障仲裁裁决的正当性,维护仲裁的公信力,从而推动仲裁业健康发展。

三、引导功能

引导功能,是指法院通过国际商事仲裁案件的审查及相关措施,指引和诱导有关方面,在仲裁中正确理解和适用法律,正确行使权力或权利,改进自身思想和行为,从而减少商事纠纷并增强纠纷发生后能正确及时解决的功能。该功能主要是通过对个案规制、支持功能的进一步发挥来实现的,其中规制功能所起的引导作用要大于支持功能所起的引导作用,因为人们不太重视对正面支持的总结,而比较重视从规制的反面教训中得到的警示。仲裁司法审查的引导功能可以通过多种方式来实现:一是通过个案的审查、判断,引导当事人完善合同和仲裁协议条款,防范和减少纠纷,引导仲裁人员谨慎履职,在授权范围内依法公正仲裁。二是通过典型案例剖析、宣传,使更多的人从典型案例中得到教育和警示。三是通过对某一类案件或某一段时间所办案件的综合分析,就商事活动、仲裁活动中的苗头性、倾向性问题提出防范建议,提示和引导工商界、仲裁界整改堵漏,改进工作。四是通过对仲裁案件审查中发现的有关苗头性、倾向性问题如订立合同中的问题、法律适用中的问题、仲裁部门工作机制、内部管理、仲裁员队伍建设等方面的问题进行深入分析,引导有关方面总结经验教训,完善机制、改进工作、提升水平。五是通过与仲裁等部门定期沟通协商、互提意见建议,引导对方总结提高,推动双方互促共进等。当然,在开展上述工作中,必须严格为案件当事人和有关仲裁机构、仲裁人员保密,避免产生副作用。

四、保障促进功能

保障、促进功能,是指法院通过国际商事仲裁案件的司法审查,促使有关工作健康、顺利发展的功能。保障、促进是既相互联系又有区别的两种功能，在某些情况下，保障是促进的基础，促进是保障基础上其功能的进一步发挥；保障着眼于已有的东西不受侵害、不受损失，促进着眼于进一步发展；保障一般限于本体，促进的范围可超出本体之外；保障的对象既包括既往，也包括今后，而促进的对象则主要是今后。由于这两个功能联系密切，故在此一并阐述。

国际商事仲裁司法审查的保障、促进功能体现在多个方面，例如，通过规制纠错，保障当事人合法权益和仲裁裁决的正当性、合法性，维护仲裁的公信力，促进仲裁事业健康发展。通过支持、协助，保障仲裁顺利进行，促进纠纷顺利解决；通过总结法律适用经验，提出完善法律制度的建议，促进立法和司法解释的完善；通过研究影响仲裁发展的突出问题，促进我国国际仲裁事业繁荣发展；通过分析仲裁案件中反映出来的工商界的突出问题，促进工商业繁荣发展；通过分析法院自身在仲裁司法审查中反映出来的突出问题，促进司法审查体制、机制的改革完善等。

第五节　国际商事仲裁司法审查的基本原则

国际商事仲裁司法审查的基本原则，是指法院对国际商事仲裁进行司法审查应当遵循的基本准则。它是仲裁司法审查的基本遵循，也是完善仲裁司法审查制度、机制的指导原则，对于指导有关方面正确认识和处理司法审查与仲裁的关系，完善仲裁立法，正确有效地开展司法审查，促进仲裁和司法审查工作共同发展，都具有重要意义。

但是，对仲裁司法审查的基本原则，我国《仲裁法》等法律未作出规定，理论上的研究也显不足：自仲裁法颁布20多年来，还未见有论著就国际商事仲裁司法审查的基本原则问题专门加以研究。一些论著虽就国际商事仲裁司法审查的“正当性基础”“适度审查”“支持仲裁理念”“支持仲裁政策”等作过研究或有所涉及,[①]但尚有进一步深入的必要。

笔者认为,国际商事仲裁司法审查的基本原则,除了法院在各项审判工作都必须遵循的“依法独立审判”“在适用法律上人人平等”等共性原则外,还应遵循正当性原则、程序审查为主原则和支持仲裁原则这三项原则。

一、正当性原则

正当性原则,是指国际商事仲裁司法审查要有合法的根据、正当的理由并遵循正当程序的原则。

“权力是一种有合法依据的正当性社会力量,正当是权力的规范性依据,正是‘正当’,将权力与一般意义上的社会强制区分开来”。[②] 在国际商事仲裁的发展进程中,个人意思自治与国家权力干预仲裁始终是一对矛盾,司法是否介入仲裁、何时介入仲裁以及以何种程度介入仲裁,一直是仲裁司法审查理论与实践最为关注的问题。只有对司法审查坚持正当性原则,才能达到个人意思自治与国家权力干预、个体正义与社会公共利益的平衡。笔者在本章第二节已经对国际商事仲裁司法审查的必要性从三个方面作了阐述,该三个方面的必要性就是仲裁司法审查正当性的根据。

但是,上述的正当性是从宏观总体上来论述的,司法审查在上述宏观总

---

① 如汪祖兴的《中国仲裁制度的境遇及改革要略》曾论及“仲裁监督的正当性基础”,见法律出版社2010年版,第243~248页;赵健的《国际商事仲裁的司法监督》对“适度的司法审查”作过论述,见法律出版社2000年版,第15~18页;陈安的《中国涉外仲裁监督机制评析》(载《中国社会科学》1995年第4期)、肖永平的《内国、涉外仲裁监督机制之我见——对〈中国涉外仲裁监督机制评析〉一文的商榷》(载《中国社会科学》1998年第2期)对“全面审查”还是“程序审查”作过论述。宋连斌在《从理念走向规则:仲裁法修改应注意的几个问题》[载《北京仲裁》(第52辑),法律出版社2004年版,第1页]提出了“支持仲裁理念”。李双元在赵健的《国际商事仲裁的司法监督》一书的“序”中提到“支持仲裁政策”,见法律出版社2000年版,序第2页;于喜富的《国际商事仲裁市场竞争机制下国内法院对国际商事仲裁的支持》(载《东岳论丛》2014年第4期)一文,从国际商事仲裁市场竞争角度阐述了支持政策。

② 周永坤:《规范权力——权力的法理研究》,法律出版社2006年版,第112页。

体上的正当性,并不等于在每个微观个案审查上都具有正当性,故司法审查除了第二节所论及的三个方面正当性根据之外,在微观个案上还应当具有以下正当性:

一是审查目的的正当性。司法审查应当以保障和促进仲裁健康顺利发展、充分发挥其在解决国际商事纠纷中的作用为目的,而绝不是挑刺找茬,不是争我高你低、我是你非,也不是要以诉讼程序代替仲裁程序,将商事纠纷都纳入诉讼解决的渠道。

二是审查标准的正当性。司法审查标准要符合国际商事仲裁的特质和功能,也就是要以仲裁法对国际商事仲裁规定的标准为标准,而不能违反仲裁特点和规律,以诉讼(审判)的标准去要求和衡量仲裁案件。只有这样,才能在监督纠正仲裁可能存在的问题的同时,最大限度地保持和发挥仲裁的优势。

三是审查范围的正当性。司法审查的范围仅限于当事人申请的内容和法律规定的事项,而不能超范围审查。例如,对于申请执行涉外仲裁裁决的案件,被申请人提出不予执行抗辩的理由如果不属我国《仲裁法》第71条和《民事诉讼法》第274条规定的五种情形之一的(如提出仲裁裁决事实不清、证据不足、适用法律错误等理由),法院应当不予审查,更应不予支持。而对于仲裁裁决有无违背社会公共利益的问题,法院应当主动审查。

四是审查程序的正当性。要坚持程序正义原则,司法审查程序的启动要坚持司法的被动性,以当事人申请为前提;坚持依法独立审查,坚决排除行政机关、社会团体和个人的干涉,防止地方保护主义;坚持司法的中立性,平等地、不偏不倚地对待双方当事人,充分保障他们的诉讼权利;坚持司法的亲历性,法官要亲自审查有关材料,亲自听取双方当事人的意见,亲自在心证的基础上作出判断。

二、程序审查为主原则

程序审查为主原则,是指法院审查国际商事仲裁案件,主要审查仲裁的程序,除“违背社会公用利益”和“可仲裁性”事项外,不审查实体的原则。

对程序审查为主原则,从实然角度来看,根据我国《仲裁法》《民事诉讼法》的有关规定和有关司法解释,我国对国际商事仲裁主要进行的是程序审查,且只审查程序中被法律规定的事项,而不审查所有的程序事项。但从应然角度来看,法学界并非没有不同认识。一些专家、学者还曾就仲裁司法审查是实体、程序全面审查还是程序审查发生过激烈的争论。现在,对该问题的不同认识仍然存在,一些法官还沿袭诉讼思维,重视审查实体,故仍有进一步研究的必要。

对国际商事仲裁裁决之所以要以程序审查为主,是因为:

(一)以程序审查为主有利于发挥仲裁优势、实现仲裁价值目标

如前所述,仲裁具有灵活性、便捷性、经济性、保密性等八个特点和利于裁决得到执行、利于当事人增强对公正的期待和信心、利于节约国家司法资源、减轻纳税人负担等五方面优势。如果国际仲裁司法审查像一审诉讼程序那样可以审查实体,那势必倒逼仲裁机构以诉讼的程序和诉讼审判的标准来审理案件,它虽有利于防止和减少仲裁中的实体错误,但会使“仲裁的上述优势不复存在或大受减损,仲裁就会演变成另外一套诉讼或者诉讼的翻版,仲裁就没有存在的理由”。①

同时,以程序审查为主作为原则,是实现仲裁价值目标的需要。无论仲裁还是诉讼,都以公正与效率的有机统一作为价值目标。一方面,当事人在发生纠纷后,之所以寻求仲裁机构或法院解决,就是为了在分清是非曲直的基础上,使纠纷得到公正的解决,故公正始终是它们基本的价值目标。另一方面,仲裁和诉讼都必须重视效率,因为效率也是公正的内在要求,“迟到的公正是非公正”,如果无限制地去追求公正,则不仅会增加国家司法资源耗

---

① 赵健:《国际商事仲裁的司法监督》,法律出版社 2000 年版,第 13 页。

费和当事人讼累，而且会影响解决纠纷的效率，反过来影响公正价值目的的实现。故必须统筹公正与效率这二者的关系，不可偏废。

但是，由于诉讼与仲裁的特点不同，它们处理公正与效率这对关系是有区别的。就诉讼而言，它是社会公平正义的最后一道防线，故要"公正优先、兼顾效率"。但对仲裁而言，经济活动的天然属性就是追求效率和效益，故为经济活动提供解决纠纷服务的仲裁必须提供高效的服务。当事人之所以不选择诉讼而选择仲裁，其重要原因之一，也是因为诉讼程序统一、规范，所需时间较长，而仲裁程序灵活、便捷，能够满足及时解决纠纷的需要。正如原最高法院院长肖扬所言："解决民事纠纷的高效率和相对低的成本是当事人选择仲裁的动因。"①故仲裁的价值追求是"效率本位"。② 笔者理解，"效率本位"并不是不要公正，而是要在实现底线公正或者说是在最低限度公正的前提下最大限度地追求效率。诉讼与仲裁不尽相同的价值追求，避免了不同解纷途径的同质化，也为当事人提供了两种各具优势的解纷途径的选择：如果你侧重追求公正，那就选择诉讼；如果你在底线公正的前提下最大限度地追求效率，那就选择仲裁。如果对国际商事仲裁司法审查进行实体、程序的全面审查，那同样会倒逼仲裁像诉讼那样去处理公正和效率这一对价值关系，从而影响"在底线公正的前提下最大限度地追求效率"这一具有仲裁特色的价值目标的实现。

（二）以程序审查为主是世界上多数国家的通行做法

在仲裁发展史上，法院对仲裁的司法审查，经历了从最初的不干预到过度干预再到现在的适度审查这三个阶段。③ 在现代，对于国际商事仲裁，有

---

① 高菲：《中国法院对仲裁的支持与监督——访最高人民法院肖扬院长》，载《仲裁与法律》2002 年第 3 期。

② 汪祖兴：《效率本位与效率回归——论我国仲裁法的效率之维》，载《中国法学》2005 年第 4 期。

③ 参见赵健：《国际商事仲裁司法监督》，法律出版社 2000 年版，第 18 页。

关国际公约和世界各国都力图建立适度的司法审查机制，即主要审查程序。但由于各国文化背景、法律传统、历史习惯等方面的差异，也有少数国家除审查程序外，还审查少数实体事项。

在国际立法层面，《纽约公约》规定除违反"可仲裁性"和"公共政策"条款外，排除了法院对仲裁裁决实体内容进行审查的权力。联合国《示范法》第 34 条规定的法院可以撤销仲裁裁决的情形，除了"公共政策"与"可仲裁性"事项外，其余的都是程序事项。在大陆法系国家，"法院对仲裁程序及裁决基本上采取不干预的做法"，除裁决违反公共秩序外，"即使是仲裁员作出的裁定有明显错误，法院也不能推翻，当事人对仲裁裁决只能就程序和形式上的问题，要求法院予以撤销。"[①]如《法国民事诉讼法》第 1484 条规定的六种可申请撤销的情形中，除了"违反公共秩序"外，其余五种情形均为程序性事项。但是在英美，法院除审查程序事项外，还审查部分实体事项。如 1996 年《英国仲裁法》规定，当事人认为仲裁裁决有该法规定的"重大不法行为"中三种涉及实体的情形，影响仲裁庭、仲裁程序或仲裁裁决的，有权向法院提出异议。[②] 与此同时，该法又规定，在国际仲裁中，当事人可以在任何时间内协议排除法院的司法复审权。可见，法院对这种实体事项的审查，是可以由双方当事人协商一致予以排除的。美国作为英国仲裁制度的追随者，也规定法院可以对某些实体内容进行审查，但同时又规定，对实体内容的审查要以当事人明示的协议为必要。这种以当事人协议为基础的实体监督明显有别于英美传统的强制性实体监督。可见，"近年来，两大法系在仲裁司法审查范围上的差异，随着英美法系国家对其仲裁制度进行的许多重大改革而逐步缩小"。[③]

---

① 黄进、宋连斌、徐前权：《仲裁法学》，中国政法大学出版社 2008 年版，第 208 页。

② 1996 年《英国仲裁法》第 68 条第 1 款，参见陈安：《中国涉外仲裁监督机制申论》，载《中国社会科学》1998 年第 2 期。

③ 黄进、宋连斌、徐前权：《仲裁法学》，法律出版社 2008 年版，第 208 页。

在这里,有一个问题值得我们深思和分析:在实体公正与程序公正的关系上,在司法诉讼领域,英美法系偏重于追求程序公正,大陆法系偏重于追求实体公正。但在仲裁司法审查上,情况恰恰相反,英美要审查某些实体内容,大陆法系国家却普遍只审查程序,其中原因何在?笔者认为,主要是仲裁的历史传统所致。英国是世界上仲裁立法最早的国家,自1698年制定第一部仲裁法以来,已经先后五次修订仲裁法。英国"曾长期奉行'法院管辖权不容剥夺'原则,法院对仲裁的监督非常严格,按照1950年《英国仲裁法》,法院有权撤免仲裁员,有权撤销仲裁协议,有权决定仲裁中涉及的法律问题,有权以事实上或法律上的错误为由撤销或变更仲裁裁决,有权发回仲裁庭重审"。[①] 这种过度审查的规定引起了仲裁界的强烈反对。该国对仲裁法的五次修订,逐步弱化了法院对仲裁的管控和监督,但由于历史的惯性,1996年《英国仲裁法》仍保留了部分实体审查的内容,与此同时,又赋予当事人协议排除法院对这些实体进行审查的权利。美国作为英国的"法院管辖权不容剥夺"原则的追随者,则是规定法院在当事人明确协议的前提下,可以对某些实体进行审查。

况且,英美国家的法律,虽然规定可以对若干实体事项进行审查,但仲裁的基本追求还是侧重于程序正义,这可从英国"自然公正"(Natural Justice,又称"自然正义")的基本要求和内涵中可以得到证明。英国的"自然公正"是该国仲裁的一项基本原则,其基本要求是"在没有不必要拖延和花费的情况下,使争议获得公平解决"。[②] 其内涵:一是与争议有关的任何一方都不能自己去做自己案件的法官或仲裁员,即裁判人员必须与争议没有利害关系;二是仲裁庭要给予当事人合理、充分的机会,用以陈述案情、发表意见、呈交证据、申诉理由等,并使他们的陈述、意见、证据、理由等都得到平

---

① 陈安:《论中国涉外仲裁监督机制申论》,载《中国社会科学》1998年第2期。

② 罗楚湘:《英国仲裁法研究》,武汉大学出版社2012年版,第19页。

等对待。[①] 可见,英国仲裁所追求的"自然公正",所侧重的是程序公正,即以程序公正来保证其实体的公正性。这与其在司法诉讼的追求是一致的。

综上所述,在当代,有关国际公约和多数国家都规定法院审查国际商事仲裁主要审查程序,正像英国著名国际贸易法学家施米托夫所说:"司法只审查仲裁的自然正义与合理性,而不涉及审查裁决的是非曲直"。[②] 作为不断扩大开放、走向世界的我国,根据有关国际公约的规定,借鉴多数国家的通行做法,规定法院审查国际商事仲裁以程序审查为主是恰当的。

(三)以程序审查为主并不会导致大范围仲裁不公和腐败

主张对国际商事仲裁作全面审查的观点,主要是担忧仲裁案件实体不公和腐败蔓延。笔者认为,这种担忧有一定的道理,在说情请客送礼风盛行、消极腐败现象仍较严重的社会大背景下,仲裁领域不可能是净土,少数案件出现错误包括实体错误,少数仲裁人员涉嫌违法犯罪很难避免,司法机关不是同样有冤假错案和违法犯罪吗?但是,第一,不能采取法院对商事仲裁全面审查的办法来解决该问题,因为它会导致整个仲裁制度的窒息和仲裁优势的丧失。为了防止少数案件的实体错误而窒息整个仲裁制度,得不偿失。第二,以程序审查为主,虽会影响少数案件的实体公正,但并不会导致大范围的仲裁不公和腐败。主要理由为:

首先,程序公正既是实体公正的重要保障,又具有独立的价值。公正包括实体公正和程序公正两个方面,这两个方面如车之两轮、鸟之两翼,相辅相成、不可或缺。其中程序公正是实体公正的重要保障,"如果程序的设计和实施是公正的,那么大多数情况下得出的实体结论是公正的"。[③] 同时,程序还具有不依附于实现实体公正而存在的独立价值,如"体现民主、法治、人

---

① 参见杨良宜:《国际商务仲裁》,中国政法大学出版社 1997 年版,第 11 页。

② [英]施米托夫:《国际贸易法文选》,赵秀文选译,中国大百科全书出版社 1993 年版,第 674 页。

③ 陈光中:《陈光中法学文选》(第 1 卷),中国政法大学出版社 2010 年版,第 304 页。

权、文明精神”“增加当事人对案件实体处理结果的可接受性”等。[①]

其次,仲裁中的程序公正在整体公正中所占地位比诉讼中所占地位突出,也更为重要。在仲裁中,基于意思自治性和契约性,当事人在协商一致的前提下,可以自由选择管辖地,选择仲裁机构、仲裁人员、仲裁程序规则和适用的实体法。而诉讼程序却规范、统一,当事人没有多少自由选择的余地。易言之,仲裁程序是“活”的,诉讼程序是“死”的。这就决定了仲裁中的当事人比诉讼中的当事人更关心程序,因为他们要关心实际适用的程序是否就是自己选择的程序。法院在仲裁司法审查中也要关心仲裁所适用的程序是否就是当事人选择的程序,是否符合法律,因为这是判断仲裁有效性的重要依据。

再次,国际仲裁市场竞争的压力有利于促进办案公正,遏制腐败的滋生蔓延。如前所述,与法院经费来源于财政不同,仲裁人员的收入来源于案件当事人,而仲裁市场充满竞争的压力。“仲裁的根本制约力量是基于当事人的自由选择权而形成的市场竞争机制,以及由此推动的仲裁机构的内部治理。”[②]在市场竞争中,仲裁人员公正度和廉洁度是案件当事人选择仲裁机构和仲裁人员的重要考量因素,如果办案不公、徇私舞弊、信誉不佳,就会丧失竞争力和案源。

最后,仲裁领域不是法外之地。仲裁人员要接受当事人监督、行业监督、仲裁机构监督、社会监督和司法监督。如果仲裁人员有贪污受理,徇私舞弊,枉法裁判等违法犯罪行为,公安司法机关可以依法查处。仲裁人员如果是中国共产党党员,还受党纪监督。

三、支持仲裁原则

支持仲裁原则,是指法院对国际商事仲裁司法审查,要以支持仲裁健

---

① 陈光中:《陈光中法学文选》(第1卷),中国政法大学出版社2010年版,第304页。

② 江伟主编:《仲裁法》,中国人民大学出版社2012年版,第4页。

康、顺利发展作为出发点和归宿的原则，它要求法院对仲裁案件要依法最大限度地作有利于仲裁的处理。

支持仲裁原则的内涵主要为：(1)法院介入国际商事仲裁要以"必须"为前提，可介入可不介入的决不介入，以最大限度地发挥仲裁在解决国际商事纠纷中的优势和功能；(2)尽量认定仲裁协议有效，使当事人实现仲裁意愿；(3)积极协助仲裁程序，如协助获取证据，协助采取保全措施等；(4)尊重仲裁的独立性、权威性和仲裁制度特有的规律，尽量尊重仲裁庭已有的意见；(5)对可作出"两可"解释(既可作支持仲裁方向解释，也可作相反解释)的法律条文，要往支持仲裁的方向去解释，对可作出"两可"决定(既可作出支持仲裁的决定也可作出阻却仲裁的决定)的案件，要作出支持仲裁的决定。

司法审查之所以要以支持仲裁作为基本原则，是因为：

首先，支持仲裁是尊重当事人意思自治、维护社会诚信的需要。当事人意思自治是仲裁制度的核心和基石，通过仲裁解决纠纷，是当事人在协商的基础上自愿选择的结果，且一旦作出这一选择，就意味着排除法院管辖，不走诉讼之路。在那之后，一方当事人申请法院审查，有些确因仲裁存在违法、不当等问题，也有不少是为了逃避履行义务，或恶意拖延、抵制仲裁裁决的执行，从而利用国家司法权来对抗仲裁权。因此，支持仲裁，既是法院尊重当事人意思自治的需要，也是维护社会诚信的需要。

其次，支持仲裁是缓解诉讼压力、节约司法资源的需要。"支持仲裁的正当性并非完全取决于逻辑更不是因为仲裁绝对不会损害程序正义或实体正义，支持仲裁来源于人们对多元争端解决机制的理性认识。"①我国改革开放以来，特别是近些年来，各种矛盾凸显，诉讼案件骤增，司法机关案多人少矛盾突出。据报道，改革开放30多年来，全国法院受理的案件数从1978年的61万件增加到2015年的1952万件，是1978年的32倍。而法官人数从

---

① 宋连斌：《理念走向规则：仲裁法修订应注意的几个问题》，载《北京仲裁》(第52辑)，法律出版社2004年版，第3页。

1978 年的 6 万人仅增加到目前的 20 万人，法官增长的倍数仅占案件增长倍数的 1/10。[①] 这不仅严重影响了法院办案的效率和质量，也严重影响了司法人员的身心健康，实在难以为继。再从现实情况来看，如本书在绪言中所述，2015 年全国仲裁机构受理的仲裁案件数仅占全国法院一审受理的商事案件数的 4.1%，二者负荷严重失衡。"支持仲裁、疏减讼源是各国重要的法律政策。"[②]以支持仲裁为原则，有利于促进商事纠纷的合理分流和"多元化纠纷解决机制的完善"，[③]有利于缓解诉讼压力，节约国家司法资源。

再次，支持仲裁是促进仲裁产业繁荣发展的需要。仲裁不仅是纠纷解决机制，而且是一项产业；不仅有利于商事纠纷的及时解决，而且对于扩大就业、增加国民收入、改善国家投资贸易环境，都具有重要意义。当今，把国际商事仲裁业务吸收到本国，增加本国市场份额，已经成为各国仲裁立法支持仲裁的一大动因。资料显示，1978 年英国以唐纳森（John F. Donaldson）勋爵为主席的一个委员会指出，由于法院干预仲裁过严，使英国一年失去大工程、大投资的仲裁案件约 500 个，保守估计失去外汇收入 5 亿英镑。[④] 正是这个报告，直接导致了 1979 年《英国仲裁法》的制定。故 1979 年《英国仲裁法》放宽司法对仲裁的控制，较多地体现支持仲裁的立场，与英国对发展仲裁产业的考量有重要关系。还有专业人士通过对巴西、毛里求斯、迪拜等新兴国际仲裁中心，与泰国、印度等仲裁业发展相对缓慢国家的对比，认为司法对仲裁持更加宽容、开放、支持的态度，有利于促进本国仲裁机构的竞争力，增强本国市场对外国资本的吸引力，也能够为国内资本和服务走向国外

---

① 参见王梦遥：《最高法推进案件繁简分流》，载《新京报》2016 年 9 月 14 日，A20 版。

② 宋连斌：《七年之痒：关于涉外仲裁司法解释（征求意见稿）的几点建议》，载韩健主编：《涉外仲裁司法审查》，法律出版社 2006 年版，第 167 页。

③ 周强：《亚太新时代的国际仲裁、司法与法治——在 2013 年亚太区域仲裁组织大会开幕式上的主旨演讲》，载最高人民法院民四庭编：《涉外商事海事审判指导》，人民法院出版社 2014 年版，第 4 页。

④ 参见杨良宜：《国际商事仲裁》，中国政法大学出版社 1997 年版，第 46 ~47 页。

市场提供更多的保障。[①] 我国已经是世界上第一贸易大国和第二大经济体，但我国国际仲裁在全球仲裁中所占份额，与经济发展所处地位极不适应。要改变这种"极不适应"的状况需要多方发力，而法院对国际仲裁司法审查坚持支持仲裁的原则是重要措施之一。

最后，支持仲裁是顺应现代仲裁发展趋势的需要。在当今，尊重当事人意思自治、放宽对仲裁协议的限制、强化仲裁庭权力、弱化法院对仲裁的干预，是国际商事仲裁的重要发展趋势（后文论及）。从仲裁协议独立性原则的规定，到仲裁协议"书面"形式要件越来越作宽泛的解释、仲裁庭自裁管辖权的赋予、法院司法审查的后移，以及《纽约公约》所体现的"尽量认定仲裁协议有效""赞成仲裁""支持执行"等精神，无不体现出逐步放宽对仲裁的限制、以促进仲裁进一步发展的大趋势。在此大背景下，将支持仲裁确立为仲裁司法审查的一项基本原则，既势所必然，又理所应当。

这里需要说明的是，将"支持仲裁"作司法审查的一项基本原则，并不意味着只需要发挥司法审查的支持功能，而不需要发挥司法审查的规制功能。发挥司法审查的支持功能，无疑是对仲裁的支持。发挥司法审查的规制功能，表面上是对仲裁的阻却和对仲裁裁决的否定，但它不仅可以警示仲裁人员谨慎用权，保障仲裁业健康发展，而且有利于保障仲裁裁决的正当性和公信力。如果仲裁之后毫无规制和救济渠道，不少当事人就会对仲裁的公正性丧失信心。正如最高人民法院院长周强所说："法院支持仲裁的作用并不是仅仅表现为执行仲裁协议、提供临时措施，协助组建仲裁庭和强制执行仲裁裁决，更为重要的是，法院对仲裁程序和公共政策的监督，对社会正义最后一道防线的守护，保障了仲裁裁决的正当性，增强了当事人对仲裁公平公

① 参见罗东川等：《中国内地法官代表参加 2015 年香港仲裁峰会总结报告》，载最高人民法院民四庭编：《涉外商事海事审判工作动态》2015 年第 2 期。

正解决争议的信心,从而推动仲裁业长期有序发展。”[①]况且,司法审查的支持功能确能促进仲裁顺利发展,但如离开规制功能,仲裁就难以健康发展。而仲裁只有健康发展,才能真正地顺利发展。例如,1985年《比利时司法法典》取消了比利时法院对外国当事人在比利时进行仲裁的监督,以便吸引更多的外国当事人到比利时仲裁,但结果事与愿违,后来不得不对此作出修改。[②] 这说明,离开规制片面地强调支持,乃至取消法院对仲裁的监督,并不能换来当事人对仲裁的信任。因此,必须以辩证的观点来看待规制功能与“支持仲裁原则”之间的关系。在发挥好支持、规制功能的同时,还要发挥好司法审查在宏观上的引导、保障、促进功能,从而保证仲裁事业长期有序发展。因此,全面发挥仲裁的各个功能,与支持仲裁原则并不矛盾。当然,在强化司法对仲裁的支持、协助,弱化司法对仲裁的监督、控制的国际大趋势下,我们贯彻支持仲裁原则,应当进一步强化司法审查的支持功能,精简并用准用好司法审查的规制功能,且在运用规制功能时,必须以支持仲裁作为出发点和归宿。

第六节　国际商事仲裁司法审查的标准

法院审查国际商事仲裁案件,是适用诉讼法规定的诉讼、审判标准(以下简称诉讼标准),还是适用我国仲裁法、民事诉讼法及有关国际条约规定的标准(以下简称仲裁法等法律规定的标准或仲裁标准),这是必须厘清的一个重要问题,因为这两个标准差异甚大,依据的标准不同,对仲裁案件的

---

① 周强:《亚太新时代的国际仲裁、司法与法治——在2013年亚太区域仲裁组织大会开幕式上的主旨演讲》,载最高人民法院民四庭编:《涉外商事海事审判指导》,人民法院出版社2014年版,第3页。

② 参见于喜富:《国际商事仲裁的司法监督与协助——兼论中国的立法与司法协助》,知识产权出版社2006年版,第472~473页。

处理就不一定相同,有的可能会"失之毫厘,谬以千里"。本节就此加以阐述。

一、仲裁司法审查应当适用"仲裁标准"

笔者认为,仲裁司法审查的标准问题,在实然角度是清楚的,根据我国《仲裁法》《民事诉讼法》等规定,法院审查国际商事仲裁案件,根据当事人申请的内容,分别适用仲裁法等法律关于仲裁协议有效性、撤销仲裁裁决、不予承认和执行仲裁裁决等方面的标准(条件),而不是适用民事诉讼法规定的诉讼标准。但从应然角度来看,该问题却有研究的必要,因为法学界之所以对国际仲裁是进行全面审查还是程序审查存在不同认识甚至产生激烈的争论,①其实质是对法院审查的标准存在不同认识:如按诉讼的标准,就必然要全面审查;如按仲裁标准,则主要审查程序。在法院,也有一些法官由于长期审判所形成的理念和职业习惯,会想当然地认为,既然案件因一方当事人的申请到了法院,且司法审查所适用的又是诉讼程序,因而自然应当按诉讼标准来审查和处理,从而自觉不自觉地以诉讼标准来要求仲裁案件,致使仲裁法学界和仲裁实务界产生法院"监督太多、审查过严"的抱怨。

笔者认为,法院审查仲裁案件,不应适用诉讼标准,而应适用仲裁标准。

二、适用"仲裁标准"的必要性

(一)适用"仲裁标准"是体现仲裁特质和规律的需要

如前所述,在民事诉讼中,法院审理案件总的要求是"以事实为根据,以法律为准绳";裁判的标准是"事实清楚、适用法律正确";证据证明的标准根

---

① 参见陈安:《中国涉外仲裁监督机制评析》,载《中国社会科学》1995 年第 4 期;肖永平:《内国、涉外仲裁监督机制之我见——对〈中国涉外仲裁监督机制评析〉一文的商榷》,载《中国社会科学》1998 年第 2 期。

据不同的待证事实分别是“具有高度可能性”或“排除合理怀疑”。而根据我国《仲裁法》第7条的规定,办理仲裁案件总的要求是“根据事实,符合法律规定,公平合理地解决纠纷”。同时,从仲裁法第55条关于“仲裁庭仲裁纠纷时,其中一部分事实已经清楚,可以就该部分先行裁决”的规定来看,仲裁裁决对案件事实的要求也是“事实清楚”。可见,诉讼标准与仲裁标准存在明显的差异:一是在法律适用上,诉讼标准是“适用法律正确”,而仲裁的要求是“符合法律规定”,前者显然严于后者,因为“正确”不允许有弹性,应当适用什么法条就适用什么法条,而“符合法律规定”则为仲裁划出了一个法律所能允许的区间(或范围),只要在这个区间之内,没有越过其下线或上限,就应认为“符合法律规定”。二是在证据证明标准上,民事诉讼要求“具有高度的可能性”或“排除合理怀疑”,而仲裁则无此要求。除了上述总的要求和标准的差异之外,我国《仲裁法》还分别对仲裁协议有效性、可仲裁范围、撤销仲裁裁决、不予承认和执行仲裁裁决的条件(标准)等方面都作出了明确具体的规定。同时,为了使仲裁标准与诉讼标准相区别,2012年修订的我国《民事诉讼法》第237条特意对原《民事诉讼法》第213条的有关内容作了非诉讼化的修改,即对“裁定不予执行”的六项情形中带有较强诉讼色彩的“认定事实的主要证据不足的”,修改为“裁决所根据的证据是伪造的”;将“适用法律错误的”,修改为“对方当事人向仲裁机构隐瞒了足以影响公正裁决的证据的”。

这里需要我们思考的是,为什么诉讼和仲裁在总的要求和标准上存在差异?为什么撤销仲裁裁决、不予承认和执行仲裁裁决这种对仲裁案件总体评价的标准也不是《仲裁法》第7条和第55条规定的“根据事实、符合法律规定、公平合理地解决纠纷”和“事实已经清楚”这个总的要求,而是《仲裁法》和有关国际条约对撤销仲裁裁决、不予承认和执行仲裁裁决分别规定的标准?笔者的理解是:

第一,仲裁之所以没有像诉讼那样要求证据证明标准“具有高度的可能性”或“排除合理怀疑”，并不是仲裁对证据可以没有要求，而是因为商人的特殊秉性和商事纠纷的独特性，要求仲裁比诉讼更加灵活和追求效率，因而对证据的要求就会相对降低。汪祖兴研究员在分析该问题时认为：对普通民事纠纷的当事人而言，参与诉讼的概率在一生中罕见，故对纠纷可能锱铢必较；而对从事商事交易的商人而言，涉诉是常事，稍纵即逝的商机又不允许商人长时间耽搁在案件的涉讼状态中，这使商人可能比较宽容和慷慨，具有对话妥协精神……只要结果不太差，过得去就行。[①] 笔者认为，该分析是有道理的。除此之外，还有一点是：商人往往着眼于长远利益，而不过分关注其中的一次交易，因为商人间的交易要频繁进行，彼此之间要维系生意伙伴关系，只要双方心里明白、心中有数，这次生意我让点步，下次生意你让点步，好处就回来了。因此，商人着眼长远利益、注重效率、善于妥协、追求双赢等特点，决定了仲裁在证据上的要求与诉讼相比更带有“柔性”。

第二，仲裁在适用法律方面之所以不像诉讼那样要求“适用法律正确”，而是“符合法律规定”，一是因为多数国家的仲裁法或仲裁规则都允许当事人自行选择仲裁的程序规则和实体法，如果当事人没有选择，仲裁庭有权决定，而不像诉讼那样一般只能适用特定的法律条款。二是因为仲裁制度分为依法仲裁和依原则仲裁两种类型，依原则仲裁又称友好仲裁，是指仲裁庭经过双方当事人授权，在认为严格适用法律规范会导致不公平结果的情况下，可以不依据严格的法律规定，而依据他所认为的公平的标准，作出对双方有约束力的裁决。可见仲裁所适用的法律具有多样性，诉讼所适用的法律具有唯一性，二者的要求自然应当有别。

第三，撤销仲裁裁决和不予执行仲裁裁决没有以仲裁总的要求，即“根据事实，符合法律规定，公平合理地解决纠纷”和“事实清楚”作为标准。一是因为“根据事实、符合法律规定、公平合理地解决纠纷”的要求过于原则，

---

① 参见汪祖兴：《中国仲裁制度的境遇及改革要略》，法律出版社 2010 年版，第 187 页。

难以操作,而撤销和不予承认、执行仲裁裁决的标准必须明确具体;二是法院原则上不审查实体内容而主要审查程序中足以影响裁决公正性的重要程序事项,是国际商事仲裁司法审查的通行做法和发展趋势,即使是撤销国内的仲裁裁决的标准,也不是仲裁的全部实体内容和程序事项,而只能是影响仲裁公正性的重要程序事项和若干实体事项。

至于其他非综合性事项的审查,如仲裁协议效力、可仲裁范围等的审查,当然只能适用仲裁标准了。

综上可见,仲裁法等法律关于审查仲裁案件的总要求及仲裁协议有效性、可仲裁范围、撤销仲裁裁决、不予承认和执行仲裁裁决等的条件(标准),是立法机关根据仲裁的特质和规律"量身定制"的,体现的是仲裁案件的特殊性,因而是"特别标准"(特别法)。而诉讼标准是根据诉讼的特点和规律加以规定的,体现的是诉讼的共性,因而是"一般标准"(一般法),根据"特别法优于一般法"的原理,法院审查仲裁案件既然是审查仲裁是否合法、妥当的活动,自然应当适用体现仲裁特色和规律的特别标准。

(二)适用"仲裁标准"是维护仲裁独立性和终局性的需要

仲裁和诉讼都是解决商事纠纷的机制,二者相互独立,互不隶属、互不干涉,分别依法独立行使职权。由于仲裁具有独立性,故经过仲裁的案件,其纠纷多数得到了一次性解决。但如前所述,由于仲裁是自治性的民间纠纷解决机制,因而该制度在具有诸多优势的同时,也存在诸多局限性和劣势,如自足性欠缺、透明度不够、缺少纠错救济机制等。为了弥补这些局限性和劣势,因而需要法院对部分仲裁案件予以介入。但法院的这种介入,仅限于帮助仲裁"查漏补缺"和"纠偏校正"。如果以诉讼标准来审理仲裁案件,就否定了仲裁的独立性和终局性,强行将仲裁纳入诉讼的轨道,并使仲裁成为法院的初审。

（三）适用“仲裁标准”是发挥仲裁优势的需要

诉讼与仲裁各有优势、各有劣势，在解决商事纠纷中都发挥着不可互相替代的独特作用。如前所述，法院之所以要对部分仲裁案件进行司法审查，是因为仲裁制度还存在某些局限性和劣势。法院对仲裁案件进行审查，目的是弥补其局限性和劣势，从而使仲裁、诉讼两种机制优势互补，更好地发挥两种机制在解决纠纷中的作用，而不是要舍弃仲裁的优势，更不是要取代仲裁。而仲裁的优势，是要靠体现仲裁特色的标准来体现和维护的。就像羊有羊的模样，牛有牛的模样，如果以牛的模样来要求羊，那没有一只羊是合格的。因此，要保持羊的模样，就只能以羊的标准来要求羊。同理，若法院以诉讼标准审查仲裁案件，则扼杀了仲裁的优势，有违仲裁司法审查的初衷。

此外，法院以诉讼标准审查仲裁案件亦不具有可行性。以承认和执行涉外仲裁裁决案件为例，由于仲裁、诉讼两套机制在证据标准、法律适用、程序运作、价值追求等方面都存在差异，如以诉讼标准作为法院审查的标准，法院就要把仲裁已做的工作推倒重来，并对案件的事实、证据进行全面审查，然后在事实认定、法律适用等方面作出自己的判断，这不仅会严重浪费司法资源，而且会从根本上动摇整个仲裁制度。

需要说明的是，以仲裁法等法律规定的仲裁标准作为法院审查的标准，是对在审查仲裁庭受理后发生仲裁争议的案件而言，对于虽与仲裁有过牵涉，但已排除仲裁程序的案件，如仲裁协议无效的案件、仲裁裁决被法院撤销的案件，当事人将纠纷诉至法院的，并不属于仲裁司法审查的案件，法院受理后自然应当按照诉讼的标准进行审理。

本章小结

1. 国际商事仲裁，是解决国际商事争议最普遍采用的方式。相对于诉讼而言，它具有诸多特点和优势，但也存在某些局限性和缺陷。对国际商事仲裁进行司法审查，是对仲裁进行监督制约的需要，是弥补仲裁局限性，实现仲裁、司法优势互补的需要，也是维护国家主权的需要。因此，各国都把法院对仲裁进行司法审查，规定为仲裁的一项基本原则。

2. 仲裁司法审查与仲裁具有非常紧密的联系：仲裁是仲裁司法审查的对象，仲裁司法审查是仲裁的重要保障；仲裁法律制度是仲裁司法审查的依据，而仲裁司法审查法律制度又是仲裁法律制度的重要组成部分；仲裁司法审查制度的完善包括仲裁法律制度（指作为仲裁司法审查法律依据或曰规范仲裁司法审查的那部分仲裁法律制度）的完善，和法院对仲裁进行司法审查的体制机制的完善这两方面内容。

3. 仲裁司法审查的性质是对仲裁进行司法监督，其功能是对仲裁的规制、支持、引导、保障和促进。仲裁司法审查应当确立并遵循正当性原则、程序审查为主原则、支持仲裁原则，并适用仲裁法等法律为仲裁"量身定制"的特定标准进行审查，而不能适用"事实清楚、适用法律正确"等诉讼、审判的标准进行审查。

4. 国际商事仲裁的特点与优势、仲裁司法审查的必要性、性质、功能、基本原则、标准等若干理论之间的关系是："国际商事仲裁的特点和优势"是研究国际商事仲裁司法审查制度的逻辑起点；"仲裁司法审查的必要性"是仲裁司法审查的立身之本；"性质"关系到司法审查的定位，关系到司法审查与仲裁的关系，并制约着司法审查的功能、原则和标准；"功能"是司法审查作用于仲裁和社会的外部表现，它由司法审查的必要性所决定，又受制于司法审查的性质;“基本原则”是司法审查必须遵循的基本准则,它指导和制约着司法审查的各个方面;“标准”是司法审查的参照系和尺度,稍有偏差,就会“失之毫厘,谬以千里”。

第二章　我国国际商事仲裁司法审查制度的问题和完善思路

研究我国国际商事仲裁司法审查制度的完善，首先要分析我国国际商事仲裁司法审查制度的现状和问题，了解当代世界范围国际商事仲裁司法审查的发展趋势，并在此基础上提出完善我国国际商事仲裁审查制度的总体思路。因此，本章的主要任务是，研究我国商事仲裁司法审查制度为什么要完善、向什么方向完善和总体上怎样完善这几个问题，以便为“分论”各章（第三章至第六章）研究国际商事仲裁司法审查具体制度的完善指明方向。需要说明的是，本书前已述及，由于仲裁司法审查法律制度是仲裁法律制度的重要组成部分，仲裁法律制度是法院审查仲裁案件的依据，因而要完善仲裁司法审查制度，就必须完善仲裁法律制度。因此，本章所论述的内容，必然会较多地涉及“国际商事仲裁法律制度”的内容。为了防止直观理解上的片面性，本书在涉及商事仲裁法律制度较多的地方，一般表述为“国际商事仲裁与司法审查制度”，以表示包括仲裁制度和仲裁司法审查制度这两个方面内容。

第一节　我国国际商事仲裁与司法审查制度的现状和问题

分析我国国际商事仲裁与司法审查制度的现状和问题，是研究国际商事仲裁司法审查制度完善的基础和前提，本节围绕该问题进行阐述。

一、现状

我国《仲裁法》从1995年实施至今，已经走过了22年的历程。在这22年中，我国国际商事仲裁司法审查制度呈现出快速发展、不断完善的良好趋势，主要体现在以下五个方面。

（一）国际商事仲裁与仲裁司法审查法律体系已经形成

到目前为止，我国已经建立了以我国签订的国际公约（条约）和国内立法为主体、以最高人民法院司法解释和仲裁机构的仲裁规则为补充的国际商事仲裁与仲裁司法审查的法律体系。这个法律体系的渊源主要有四个方面：一是我国加入的国际公约和签订的条约，主要有《纽约公约》以及我国与100多个国家或地区签订的双边贸易协定、投资保护协定、司法协助协定中有关国际商事仲裁与仲裁司法审查的规定。二是我国国内立法，主要有《仲裁法》、《民事诉讼法》、《中华人民共和国涉外民事关系法律适用法》（以下简称《涉外民事关系法律适用法》），以及《中华人民共和国中外合资经营企业法》、《中华人民共和国合同法》中有关国际商事仲裁与仲裁司法审查的内容。三是最高人民法院制定的有关司法解释，主要包括《仲裁法解释》、《民事诉讼法解释》、最高人民法院《关于适用〈中华人民共和国涉外民事关系法律适用法〉若干问题的解释（一）》（以下简称《法律适用法解释》）、《关于香港仲裁裁决在内地执行的有关问题的通知》、《香港安排》、《澳门安排》、《台湾地区规定》等一系列司法解释。四是各个仲裁机构制订的适用于国际商事仲裁的仲裁规则,如《中国国际经济贸易仲裁委员会仲裁规则》。[①]

在上述法律体系中,最核心的法律是《仲裁法》。该法是根据我国当时的实际,在吸收世界仲裁制度先进经验的基础上制定的,它"开创了新型的国内仲裁体制,肯定了我国涉外仲裁在长期实践中积累的经验,奠定了中国特色社会主义市场经济仲裁法律制度的基础"。[②] 但该法也存在历史局限性,在该法公布至今的22年中,国际商事仲裁在世界范围内呈现出一些新的发展趋势,国内经济形势也在不断发展变化,故《仲裁法》实施后制定(修订)的有关法律(如2012年新修订的《民事诉讼法》)、司法解释(如《仲裁法解释》)和仲裁规则,总体上都是根据发展变化了的实际,沿着遵循仲裁规律、尊重意思自治、支持仲裁发展这个方向来发展完善我国仲裁法律制度的。可以说,遵循仲裁规律、尊重意思自治、支持仲裁发展,是贯穿这22年法律、司法解释、仲裁规则制定活动始终的一条红线。这使《仲裁法》所存在的历史局限性得到了一定程度的消减。

(二)国际商事仲裁司法审查体制机制基本创立

在国际商事仲裁司法审查工作实践中,法院创立了一套符合国际商事仲裁司法审查特点的办案制度和工作机制:

1. 国际商事仲裁司法审查案件集中管辖制度。根据有关法律及司法解释的规定,国际商事仲裁司法审查案件由中级人民法院管辖。为了使审查国际仲裁案件的中级人民法院具有相应的能力,保证国际仲裁司法审查案

---

① 仲裁规则由仲裁机构制定,它不属于国家法律,而仅是该仲裁机构进行仲裁的制度规则。考虑到它对仲裁有约束力,故笔者将其列入此处阐述。因此,本文所说的"仲裁法律体系"是广义的,它既包括国家制定的法律、签订多边或双边国际条约,也包括有关的制度规范。

② 万季飞:《在纪念仲裁法颁布十周年座谈会上的讲话》,载《中国仲裁与司法》2004年第5期。

件的质量,最高人民法院于 2002 年 2 月 25 日下发了《关于涉外民商事案件诉讼管辖若干问题的规定》(法释〔2002〕5 号),明确只有国务院批准设立的经济技术开发区人民法院;省会、自治区首府、直辖市所在地的中级人民法院;经济特区、计划单列市中级人民法院;最高人民法院指定的其他中级人民法院;高级人民法院,才能管辖申请撤销、承认与执行国际商事仲裁裁决的案件。根据该规定,大多数中级人民法院都无权审理国际商事仲裁司法审查案件。

两年后的 2004 年,最高人民法院根据仲裁司法审查案件增多的实际,决定将办理此类案件的中级人民法院的范围在坚持标准的前提下适当扩大,故于该年 12 月 29 日下发了《关于加强涉外商事案件诉讼管辖工作的通知》,规定"受理边境贸易纠纷案件法院的上诉审中级人民法院,国务院批准设立的经济技术开发区法院的上诉审中级人民法院,以及其他中级人民法院,需要指定管辖一审涉外商事案件的,由其所在地的高级人民法院报请最高人民法院审批"。

2. 国际商事仲裁司法审查案件内部请示报告制度。为了防止基层人民法院在审查国际商事仲裁案件中法律政策把握不准,保证司法审查的质量,最高人民法院先后下发了三个文件,①要求受理案件的人民法院对于涉外、涉港澳台和外国的仲裁司法审查案件,如要作出否定性结论,即拟认定仲裁协议无效、不予承认(认可)和执行仲裁裁决、撤销仲裁裁决的,均须逐级报请至最高人民法院审定。该内部报告制度对于保证国际商事仲裁司法审查的质量,统一国际商事仲裁司法审查标准和尺度,维护我国司法权威和司法公信力,彰显我国认真执行《纽约公约》等国际公约的严肃态度,具有重要意义,因而得到了国内外仲裁界的高度评价。当然,在充分肯定其作用的同

① 指《关于人民法院处理与涉外仲裁及外国仲裁事项有关问题的通知》(法发〔1995〕18 号)、《关于人民法院撤销涉外仲裁裁决有关事项的通知》(法〔1998〕40 号)及《关于承认和执行外国仲裁裁决收费及审查期限问题的规定》(法释〔1998〕28 号)这三个文件。

时,法学界也对该做法提出了质疑,对此,笔者将在后文予以具体分析。

3. 国际商事仲裁司法审查的业务指导制度。一是及时制定司法解释性文件;二是及时答复基层关于适用法律疑难问题的请示;三是筛选下发典型案例供各地参考。自2000年以来,最高人民法院民四庭编辑出版的《涉外商事海事审判指导》已发行了32辑,对指导各地法官加强业务学习,提高审查国际商事仲裁案件的能力和水平,发挥了积极作用。

4. 外国法律查明与研究机制。外国法律浩若烟海,一国的某一法律也往往经过多次修改。因此,及时准确查明外国法律,依法解释其内容,科学评价其适用,是国际商事仲裁司法审查中很重要又难度较大的一项工作,也是一项基础建设,它直接关系到司法审查的质量。至今,最高人民法院已经依托中国政法大学建立了外国法查明中心,依托西南政法大学建立了东盟国家法律查明中心,依托深圳前海建立了港澳台和外国法律查明中心。

(三)国际商事仲裁与仲裁司法审查的机构和队伍已具备相当规模

自《仲裁法》实施至2015年年底,中国仲裁机构已达244家。[①] 根据有关规定,这些仲裁机构都有权办理国际商事仲裁案件。[②] 一些较大的仲裁机构选聘了大量仲裁员,这些仲裁员除了来自内地外,还有来自港澳台和国外的专业人士。以中国国际经济贸易仲裁委员会(以下简称贸仲委)为例,该仲裁机构现有仲裁员1212名,其中港澳台及外籍仲裁员有332人,外籍仲裁员来自世界42个国家和地区。[③] 全国各仲裁机构共同组成了一支数量较为庞大、有一定专业素质的仲裁员队伍,为仲裁包括国际商事仲裁提供了较好的人才保障。

---

① 参见中国仲裁法学研究会:《中国国际商事仲裁年度报告》(2015),第8~9页。

② 我国原规定只有涉外仲裁机构才能办理涉外仲裁案件。为了适应涉外仲裁快速发展的需要,方便当事人仲裁,1996年6月8日国务院办公厅国办法〔1996〕22号文件《关于贯彻实施〈中华人民共和国仲裁法〉需要明确的几个问题的通知》打破了这一限制,规定各仲裁机构都有权办理涉外仲裁案件。

③ 参见中国仲裁法学研究会:《中国国际商事仲裁年度报告》(2014),第43页。

为了保证国际商事仲裁司法审查工作的需要,最高人民法院和各省级人民法院都专门设立了涉外商事审判庭,中级人民法院也大多设立了涉外商事审判庭,一些不具备设立涉外商事审判庭条件的法院也设立了专门的审理涉外商事案件的合议庭,且有关人民法院均为涉外商事审判配备了较高素质的审判队伍。此外,还在全国10个城市设立了海事审判法院,较好地保证了国际商事冲裁司法审查案件的需要。

(四)国际商事仲裁与仲裁司法审查理论研究蓬勃发展

《仲裁法》的颁布和实施,吸引了一大批法学、法律界人士投身仲裁法学包括国际商事仲裁法学的研究。22年来,出版、发表了一大批仲裁法方面的专著,涌现了一批仲裁法学家。近年来,中国法学会仲裁法学研究会每年都召开年会进行理论研究交流。在这22年的研究中,逐步形成了自己的研究特点:一是立足于中国与放眼世界相统一。既立足于我国国情和当前所处的社会发展阶段,防止提出脱离国情的理想化的设想,又追踪国际商事仲裁法学的发展潮流和趋势,使我国的法律制度与国际通行做法相适应。二是理论与实践相结合。既深入研究理论,又深入基层,调查研究,倾听实践呼声,在实践中吸取理论创新营养。三是基础理论研究和应用理论研究齐发展。既注重仲裁法学中关于仲裁的性质、价值目标、功能、仲裁权等基础理论的研究,又面向实践,注重对策研究,破解实践难题。理论的繁荣发展,为国际商事仲裁的发展提供了有力的理论支持。

(五)国际商事仲裁与仲裁司法审查成绩巨大

我国《仲裁法》施行至今的22年,正值我国抓住经济全球化趋势及我国加入WTO这一有利时机,是鼓励企业走出去搏击国际市场,大力发展进出口贸易和国际投资。在这22年中,我国国际商事仲裁和司法审查制度有力地保障了我国国际商事贸易的发展和对外开放的扩大。以2015年为例,该年全国内地仲裁机构共受理涉外案件和涉港澳台案件共 2085 件。[①] 据有关资料，2014 年在全国 235 家仲裁委员会中，有 61 家受理过涉外案件，其中贸仲委、中国海事仲裁委员会（以下简称海仲委）、广州仲裁委员会、深圳仲裁委员会和上海仲裁委员会这 5 家仲裁机构共计受理涉外案件 1336 件，占全国受理涉外案件总数的 74.85%，其中贸仲委受理的涉外案件最多，计 261 件，占全国涉外案件总数的39.25%。[②] 上述数据表明，涉外仲裁案件向北京、上海、广州、深圳这 4 个大城市集中的趋势十分明显，其中北京的集聚效应尤为突出。

2015 年在全部仲裁案件中，被人民法院撤销仲裁裁决 209 件，占仲裁案件总数的 0.15%；被裁定不予执行仲裁裁决 84 件，占案件总数的 0.06%。[③] 上述数据表明，我国仲裁案件质量总体良好，法院亦贯彻了支持仲裁的理念。

另据有关资料，2015 年全国各级人民法院审结涉外、涉港澳台商事仲裁案件 181 件[④]，占审结的涉外商事案件总数的 2.89%。在对涉外商事仲裁案件进行司法审查的过程中，人民法院既尊重仲裁、支持仲裁，又依法履行监督职责，发现并纠正了涉外仲裁中的一些错误，维护了国际商事仲裁的公平正义，保障和促进了国际商事仲裁的健康发展。

综上可见，我国的国际商事仲裁在全球国际商事仲裁大格局中已初步占有一席之地，“中国的国际商事仲裁机构赢得了国际上的高度赞誉，贸仲委与国际商会国际仲裁院、斯德哥尔摩商会仲裁院等被称为世界‘著名的国际性仲裁机构’。”[⑤]

---

① 参见中国仲裁法学研究会：《中国国际商事仲裁年度报告》（2015），第 8 页。

② 参见中国仲裁法学研究会：《中国国际商事仲裁年度报告》（2014），第 15 ~17 页。

③ 参见中国仲裁法学研究会：《中国国际商事仲裁年度报告》（2015），第 10 页。

④ 同上书，第 17 页。

⑤ 中国仲裁法学研究会：《中国国际商事仲裁制度报告》（2014），第 78 页。

二、问题

尽管我国国际商事仲裁与司法审查制度取得了诸多成就，但与新形势以及我国经济在全球经济中的地位仍不相适应：(1)我国 GDP 总量位居世界第二，但我国的国际商事仲裁在全球国际商事仲裁大格局中所占份额少。(2)我国外贸总额在 GDP 中占 36.3%，总额稳居世界第一位，但我国国际商事仲裁案件数仅占全国商事仲裁案件总数的 1.52%。(3)全国仲裁案件数仅占全国法院一审商事案件总数 334.7 万件的 4.1%；[①]全国涉外商事仲裁案件数仅占全法院审理的涉外商事案件数的 34.30%；全国法院审结的涉外商事仲裁案件数仅占涉外商事案件数的 2.98%，这说明，多数当事人还不愿意选择以仲裁的方式解决纠纷，也不愿在中国法院进行仲裁案件的司法审查，还说明，我国涉外仲裁在外国影响力不够，公信度不高，不少国外当事人对我国涉外仲裁信心不足。(4)我国仲裁机构多而不强、大而不强，高端人才少，国际竞争力较弱，在国际上的话语权不足，尚未深度融入全球仲裁治理体系。因此，发展我国涉外仲裁，使我国成为国际仲裁强国和国际商事仲裁中心，任重而道远。

笔者认为，与我国对外开放的新形势以及国际仲裁强国相比，我国国际商事仲裁与司法审查制度主要存在以下差距：

(一)思想理念陈旧[②]

思想理念是行动的先导，也是完善国际商事仲裁司法审查制度的先导。当前，部分人士对以下一系列问题认识不一，有的甚至存在重大分歧：一是

① 参见中国仲裁法学研究会：《中国国际商事仲裁制度报告》(2014)，第 78 页。

② 这里的"思想理念陈旧"的主体，既包括仲裁人员和司法人员，还包括立法人员。因为如果仲裁人员和司法人员思想理念陈旧，对存在的一些问题就难以正确认识和处理，并会影响他们的共同产品即仲裁案件和仲裁司法审查案件的质量；如果立法人员思想理念陈旧，就难以及时修订出完善的国际仲裁法律制度。

在仲裁与对外开放、经济建设的关系上，有些人士对仲裁的重要性和作用认识不足，重视、支持不够，对修改完善有关制度的紧迫感不强。二是在本土和外国的关系上，有的无视国际商事仲裁的国际性和流通性，片面强调本土的特殊性，拒绝与国际通行做法相适应；也有的片面强调国际商事仲裁的国际性，离开本国国情，要求照搬外国做法。三是在尊重当事人意思自治与国家干预的关系上，有的没有认识到当事人意思自治是仲裁的灵魂，习惯于以诉讼的理念对待仲裁；也有的过分强调当事人的意思自治权，排斥国家强制性法律规范对意思自治的限制。这种理念体现在仲裁与司法审查的关系上，有的对司法审查心存抵触，批评过多；也有的扩大仲裁中可能存在的问题，过分强调司法机关的监督作用，因而难以形成双方相互尊重、相互支持的理念。四是在仲裁与诉讼关系上，一些人对仲裁和诉讼各自的特点、规律、优势、劣势缺乏正确的认识，过分强调仲裁或者诉讼在解决商事纠纷中的地位和作用，既存在仲裁中心的思想，又存在诉讼中心的思想。五是在司法审查的标准上，有的想当然或有意无意地认为应当执行诉讼审判的标准，因而对仲裁案件要求过高过严，认为要像诉讼那样处理公正与效率、实体与程序的关系，做到公正优先、兼顾效率，要求对实体和程序进行全面审查；也有的认为既然法院对国际商事仲裁不审查实体，那仲裁就可以放松对案件事实和证据的要求，甚至可以不讲证据规则和案件基本事实。六是在仲裁人员、司法人员与当事人的关系上，没有认识到仲裁人员和司法人员都是为案件当事人服务的，不是时时处处以当事人为中心，便利当事人，而是以自己为中心，让当事人便利自己，存在衙门作风。

（二）法律制度滞后

此处的“法律制度”，主要指《仲裁法》《民事诉讼法》《涉外民事关系法律适用法》等法律以及有关司法解释。对于《仲裁法》原来存在缺陷、已被后来颁布或修订的法律及司法解释弥补了的，此处均不予列入。同时为了表述方便,笔者均以“仲裁法”来代称与仲裁有关的既有法律制度。

我国的《仲裁法》在颁布时,总体上“是一部现代化的符合国际发展趋势的仲裁法”,[①]但囿于当时的思想观念和经济社会条件,有关国际商事仲裁的诸多内容已经滞后于新形势,“远不能适应今天仲裁实践的需要”,[②]主要表现在:

1. 对仲裁机构、仲裁庭的职责划分不科学,仲裁庭权限过窄。按照国际通行做法,仲裁庭(含独任制仲裁庭,下同)是依法独立行使仲裁权的主体,仲裁机构行使的是仲裁管理权。但在我国以往的有关立法中,都往往将权力赋予整个机构,而对个人则保持警惕,生怕其滥用权力。如对于审判权问题,法律即规定依法独立行使审判权的主体是人民法院,而非合议庭和独任制法官。(如今正在进行的司法体制改革,就是要还权于合议庭和法官,“让审理者裁判,由裁判者负责”)与此相应,我国《仲裁法》也将仲裁权较多地赋予仲裁机构,有违仲裁权配置的一般原理。具体表现在:一是法律只规定仲裁机构独立,而没有规定仲裁庭依法独立行使仲裁权。二是将决定仲裁协议效力的权力包括自裁管辖权赋予仲裁机构而不是仲裁庭。[③] 而国际通行做法则是将前述权力赋予仲裁庭,其目的是便利仲裁程序顺利进行。

2. 当事人意思自治原则体现不够,有较强的诉讼色彩。[④] 例如,对仲裁协议要件要求过高。国际上对仲裁协议要件一般只要求当事人有提交仲裁的意思表示,而我国《仲裁法》要求仲裁协议必须有“请求仲裁的意思表示、仲裁事项、选定的仲裁委员会”这三方面内容。[⑤] 仲裁协议要件要求过高,使不少仲裁协议被认定无效,不少商事纠纷难以通过仲裁解决;还使一些外商对中国仲裁望而却步。又如,规定“仲裁应当开庭进行。当事人协议不开庭

① 赵秀文主编:《国际商事仲裁法》,中国人民大学出版社 2014 年版,第 346 页。
② 宋连斌、黄进:《中华人民共和国仲裁法(建议修改稿)》,载《法学评论》2003 年第 4 期。
③ 参见《仲裁法》第 20 条。
④ 参见谭兵主编:《中国仲裁制度的改革和完善》,人民出版社 2005 年版,第 39 ~40 页。
⑤ 《仲裁法》第 16 条第 2 款。

的，仲裁庭可以根据仲裁申请书、答辩书以及其他材料作出裁决”，[①]而不像多数国家那样允许仲裁庭根据案件具体情况“采取适当的方式进行仲裁”。

3. 某些法律规定与我国加入的国际公约不符。如《纽约公约》规定，以仲裁裁决作成地作为认定仲裁裁决国籍的依据，而我国却以仲裁机构所在地作为认定仲裁裁决国籍的依据，导致《纽约公约》的适用范围产生争议，并使非内国裁决问题悬而未决。

4. 某些制度设计不尽合理。一是法律关于法院与仲裁机构之间对仲裁协议审查权的分工不合理。根据我国《仲裁法》的规定，我国对仲裁协议效力的异议，实行仲裁机构和法院都有权审查、法院优先的模式，[②]但当今世界各国基本上都赋予仲裁庭自裁管辖权。二是“不予执行仲裁裁决”与“撤销仲裁裁决”的关系需要进一步协调。我国对不予执行仲裁裁决与撤销仲裁裁决制度双重设置，其立法的初衷是“为了保护当事人的合法权益，减少仲裁工作中的失误”，[③]但有可能使法院对同一裁决进行两次审查，不仅浪费司法资源，而且易导致当事人对仲裁裁决司法救济权的滥用。尽管《仲裁法解释》规定：“当事人向人民法院申请撤销仲裁裁决被驳回后，又在执行程序中以相同理由提出不予执行抗辩的，人民法院不予支持。”[④]但对当事人在向人民法院申请不予执行仲裁裁决被驳回后，又以相同理由向另一管辖法院申请撤销的情形未作规定，这同样会使法院对同一仲裁案件进行两次审查，并可能导致不同法院对同一案件作出不同的裁定，从而影响法院权威。三是重新仲裁的规定过于原则。我国《仲裁法》第 61 条规定了重新仲裁制度，其本意是给仲裁庭自行纠正裁决失误的机会，以维护仲裁声誉。但法律未对重新仲裁的条件、期限、重新仲裁的组织形式等作出规定，因而可操作性差，

① 《仲裁法》第 39 条。

② 参见《仲裁法》第 20 条。

③ 顾昂然：《关于〈中华人民共和国仲裁法（草案）〉的说明》，载中国人大网：http://www.npc.gov.cn/wxzl/gongbao/2001-01/02/content_5003212.htm，最后访问日期：2018 年 1 月 18 日。

④ 《仲裁法解释》第 26 条。

各地执行也自行其是。[①]

5. 某些规定显得薄弱。如仲裁保全措施，我国仅将决定采取该措施的权力赋予法院，而多数国家还同时赋予仲裁机构或仲裁庭；对仲裁第三人（案外人）合法权益的法律保护也十分薄弱。

6. 某些内容付之阙如，存在制度性空白。如临时仲裁、合并仲裁、简易程序等制度，我国都未作规定；法院司法审查作出的裁定一律不得上诉，使司法错误纠正无门。

上述问题仅是我国《仲裁法》存在的与司法审查制度有关的主要问题，由于本书分论各章要对法律的完善作具体阐述，故这里不作展开。

正因我国《仲裁法》存在上述缺陷，故而有学者批评该法律"在一定程度上背离了仲裁的契约本质，有仲裁之形，而缺仲裁之'神'和市场经济之'神'，是一部'先天不足'的法律"。[②] 我国的一些当事人之所以选择去伦敦、纽约、斯德哥尔摩或新加坡、香港仲裁，而不愿在中国内地仲裁，[③]其原因很多，但我国仲裁法律制度的一些方面滞后是重要原因。

（三）司法审查体制机制不适应

在仲裁司法审查办案制度方面，一是仲裁司法审查部门分散。人民法院受理的国际商事仲裁司法审查案件，具体有以下四类：（1）申请确认仲裁协议效力的案件；（2）申请撤销我国内地仲裁机构作出的涉外仲裁裁决的案件；（3）申请认可和执行港澳台仲裁裁决的案件；（4）申请承认和执行外国仲裁裁决的案件。另外，在人民法院审查是否立案及审理管辖权异议案件中，也可能涉及确认仲裁协议效力的问题。目前，凡一开始就明确是涉外的仲裁案件，多数地方一般由涉外商事审判庭审查，但是，对于是否立案的案件

① 参见谭兵主编：《我国仲裁制度的改革与完善》，人民出版社 2005 年版，第 41 页。

② 赵健：《回顾与展望：世纪之交的中国国际商事仲裁》，载《仲裁与法律》2000 年第 1 期。

③ 参见杨玲：《晚近中国仲裁制度的变革与发展趋势》，载《南通大学学报》2016 年第 2 期。

及管辖权异议案件的审查,则由各级人民法院的立案庭负责,在审查过程中如果一方当事人以存在有效的仲裁协议为由,提出管辖权异议的,无论是否有涉外因素,都由立案庭继续审查并作出是否立案的决定;对于申请撤销涉外仲裁裁决和承认及执行外国仲裁裁决的案件,一般由涉外民商事审判庭;对于涉外仲裁裁决的执行,由法院的执行庭管辖,在执行中如果一方当事人提出不予执行抗辩,一般仍由执行庭负责审查。此外,对于非涉外的仲裁案件,则法院的民事审判一庭、民事审判二庭都有权审查。这就造成了法院对仲裁案件包括国际商事仲裁案件多头分散办理的状况。这不仅影响了裁判尺度的统一性,而且影响上下级人民法院业务部门之间的指导监督,也影响了仲裁司法审查案件的质量。二是国际商事仲裁司法审查的内部请示报告制度,法学界在充分肯定其积极作用的同时,对这种行政性质的内部审批方式提出质疑,有些学者建议修改为上诉制度。对此,需要加以研究,作出正面回应。三是外国法律查明与研究工作虽与有关方面建立了若干"查明中心",但该工作刚刚起步,以后的工作量很大。四是国际商事仲裁司法审查的有些裁定文书过于简略,释法说理不够,裁定文书公开工作也需加大力度,以增强裁定文书的权威性和公信力,并给仲裁部门提供正确的引导。

在仲裁司法审查工作机制方面,一是国际商事仲裁司法审查的数据统计分析薄弱,表现在有些内容尚未列入统计栏目,致使办理涉外案件部门必要时不得不发通知要求各省临时统计上报;数据分析无法反映国际商事仲裁司法审查工作的发展态势、特点和存在的问题,并给司法审查工作以正确的指引。二是法院与国内仲裁机构缺乏常态化的沟通联系机制,国家层面也缺乏统一部署,总体上处于各地自发、时断时续状态,各地发展也很不平衡。三是法院与外国同行及仲裁机构交流联系少,对外宣传更少,影响对外国情况的了解和经验的学习,也影响了外国对我国涉外仲裁和司法审查工作的了解。四是法院与全国人大立法工作部门的沟通联系还有待加强。

在仲裁司法审查管理体制方面,一是法院和法官依法独立行使职权尚缺乏保障。我国各级人民法院的人、财、物主要由同级地方党委、政府管理，地方领导人容易利用人财物管理权干预法院依法独立办案，搞地方保护，影响国际商事仲裁司法审查权的公正行使，从而使审判权地方化。同时，我国是个人情社会，法治意识淡薄，说情、请客、送礼风盛行，领导干部过问案件的情况屡见不鲜，一些人包括司法机关内部人员打探案情、说情干预办案的情况时有所闻，这些都严重影响了法院和法官依法独立办案。二是对法官的管理混同于一般公务员管理，影响了法官的职业化、专业化，影响国际商事仲裁司法审查专业队伍的培养。三是行政化的审判权运行模式弊大于利。由于法律规定依法独立行使审判权的主体是法院而不是法官，所以法官所办案件一般要通过庭长、院长审核把关。该制度设计的初衷是为了防止法官擅断，保证案件质量，但与此同时，又出现了审者不判、判者不审，大家负责、大家都不负责的现象，案件一旦出了问题，很难追究有关责任人的责任。这种行政化的审判权运行模式和定案方式，不利于增强法官的责任心，也不利于提高办案质量，必须加以改革。

第二节　当代国际商事仲裁与司法审查制度的发展趋势

"仲裁是一个注重国际化并敏于适应商业变迁的领域"，①国际商事仲裁尤其如此。"睁开眼睛看世界"，了解当代世界范围国际商事仲裁司法审查制度的发展趋势，是研究我国国际商事仲裁司法审查制度如何完善的必要前提。这里需要说明的是，要完善国际商事仲裁司法审查制度，仅了解世界范围法院自身司法审查制度的发展趋势是不够的，还必须同时了解世界范

① 宋连斌：《理念走向规则：仲裁法修订应注意的几个问题》，载《北京仲裁》（第52辑），法律出版社2004年版，第1页。

围国际商事仲裁制度的发展趋势。如前所述，国际商事仲裁是司法审查的对象；国际商事仲裁法律制度是司法审查的依据；国际商事仲裁司法审查法律制度是国际商事仲裁法律制度的重要组成部分。因此，必须将视野投向包括司法审查法律制度在内的整个国际商事仲裁法律制度，唯有如此，才能修改出符合时代要求的先进的国际商事仲裁司法审查制度。

一、仲裁与司法审查制度发展动因

仲裁作为解决商事纠纷的一种机制，已有悠久的历史。随着形势的发展，全球国际商事仲裁和司法审查制度不断发展完善。促使其发展完善的动因主要有五个方面：

一是经济活动的发展变化。经济活动始终是变动不居、生机勃勃的，它始终按资本逐利的本性来决定活动的范围、方式和纠纷解决的方式，特别是经济全球化运动更使经济活动的范围和能量扩大到前所未有的程度，作为为经济和国际贸易活动解决纠纷的仲裁制度，就必须顺应经济活动的发展变化而发展完善。

二是异地仲裁、异地执行仲裁裁决的需要。资本和商品的流动没有国界，但各国的仲裁制度和司法审查制度，却必然受各自国家政治制度、司法制度、传统习惯、法律文化等方面的影响，因而存在国别的色彩。这种国别的色彩必然会为异地仲裁和仲裁裁决的执行带来障碍和不便，这种障碍和不便，又促使各国尽量淡化仲裁制度的国别色彩。

三是国际立法的推动。联合国国际贸易法委员会为了消除各国不同的法律制度带来的障碍和不便，进行了国际立法，如《纽约公约》、《示范法》、《联合国国际贸易法委员会仲裁规则》（以下简称《贸法会仲裁规则》）的制定，极大地推动了一些国家仲裁制度的修订。

四是各国发展仲裁产业的需要。很多国家的领导人都认识到，发展本国仲裁，不仅能为本国公民在家门口解决纠纷带来便利，而且能够增加就业，提高收入，增强国家软实力。这种把仲裁作为产业来发展的需求，促使一些国家学习借鉴他国好的做法和经验，以各种便利的制度条件来吸引外国客商去该国仲裁。

五是对仲裁制度认识的深化，特别是对意思自治与国家干预、公正与效率、仲裁与司法审查、司法支持与司法规制等一系列理论问题认识的深化，为仲裁和司法审查制度的发展提供了理论支撑。

总体来看，当代国际商事仲裁与司法审查制度的发展趋势，一是“支裁”，二是“趋同”，三是“趋便”。所谓“支裁”，就是支持仲裁发展；所谓“趋同”，就是减少国别差异；所谓“趋便”，就是便利当事人。“支裁”是尊重当事人意思自治的需要，是发挥仲裁优势、缓解诉讼压力的需要，也是发展仲裁产业的需要；“趋同”是消减国界障碍的需要；“趋便”是仲裁作为为当事人提供解纷服务的制度实现其目的的需要。①

二、当代仲裁制度的发展趋势及其对司法审查制度的影响

当代国际商事仲裁制度呈现出以下发展趋势：②

（一）仲裁立法趋同

如前所述，在经济全球化的大背景下，各国为了国际经济贸易和在他国顺利执行仲裁裁决的需要，不得不淡化本国国际商事仲裁制度的国别色彩，减少国与国之间的差异。同时，联合国有关组织制订的《纽约公约》《示范

① 由江伟主编的《仲裁法》认为：“仲裁权的本质是服务性权力”，即基于当事人的授权，为当事人提供迅速而有效的解决纠纷的服务的权力。江伟主编：《仲裁法》，中国人民大学出版社2012年版，第32页。

② 参见赵健：《国际商事仲裁司法监督》，法律出版社2000年版，前言第1页；汪祖兴：《中国仲裁制度的境遇及改革要略》，法律出版社2010年版，第313～318页；赵秀文主编：《国际商事仲裁法》，中国人民大学出版社2014年版，第328～346页；陈治东、沈伟：《国际商事仲裁裁决承认和执行的国际化趋势》，载《中国法学》1998年第2期。夏霁：《国际商事仲裁裁决执行机制比较研究》，西南政法大学2015年博士学位论文，第75～78页；于喜富：《国际商事仲裁的司法监督与协助——兼论中国的立法与司法实践》，知识产权出版社2006年版，第461～473页。

法》《贸法会仲裁规则》又有力地推动了各国仲裁立法的统一。特别是在仲裁规则方面，当前各大世界仲裁机构的商事仲裁规则，如国际商会仲裁院、伦敦国际仲裁院、斯德哥尔摩商会仲裁院以及我国的贸仲委等仲裁机构的仲裁规则，其基本内容已经没有多少原则性区别。因此，“在国际商事仲裁法领域，各国的国内法在很大程度上已经接近于协调和统一”，①仲裁法律制度已被一些人喻为商界的“万民法”。②

随着仲裁立法的趋同，作为仲裁法律制度重要组成部分并为仲裁提供保障的仲裁司法审查制度，也必然趋同。

（二）当事人意思自治领域进一步扩大

随着当事人意思自治原则被仲裁国际公约接受和在各国仲裁中的广泛运用，从尊重当事人意愿、为当事人提供更大便利出发，当事人意思自治领域呈现进一步扩大之势。如“各国立法、仲裁的国际公约以及仲裁规则均规定，当事人有权自由选择适用于仲裁争议的实体法”“可以选择确定仲裁协议有效性的法律”“可以选择仲裁适用的程序法”“选择仲裁员也更加自由广泛，可以不受仲裁员名册的限制，有些国家已经不实行仲裁员强制名册制度”。③ 如联合国《贸法会仲裁规则》第1条第1项明确规定：“凡各方当事人同意，一项确定的法律关系不论是合同性还是非合同性的，彼此之间与此有关的争议应根据《贸易法委员会仲裁规则》提交仲裁的，此类争议均应按照本《规则》进行解决，但须服从各方当事人可能协议对本《规则》作出的修改。”这就说明，即使当事人选择适用《贸法会仲裁规则》，他们仍然可以按照自己的意思，对该规则进行修订。此后，很多国家都借鉴《贸法会仲裁规则》

① 赵秀文主编：《国际商事仲裁法》，中国人民大学出版社 2014 年版，第 13 页。

② 参见宋连斌：《理念走向规则：仲裁法修订应注意的几个问题》，载《北京仲裁》（第 52 辑），法律出版社 2004 年版，第 6 页。

③ 汪祖兴：《中国仲裁制度的境遇及改革要略》，法律出版社 2010 年版，第 314 ~315 页。

这一规定的精神，赋予当事人更多的选择权。

由于当事人意思自治与国家干预是一对矛盾，故随着当事人意思自治领域进一步扩大，行使国家干预职能的法院自然就相应收缩了司法干预的范围。同时，法院在仲裁司法审查时，除了强制性法律规范外，也必须尊重当事人的意思自治。

（三）仲裁协议限制逐步放宽，可仲裁范围逐步扩大

许多国家对国际商事仲裁协议关于实质要件和形式要件的规定呈放宽趋势，只要协议体现了当事人通过仲裁解决纠纷的意思表示，即使仲裁协议内容有瑕疵，也可以认定有效。这也是尊重意思自治原则在仲裁协议有效性上的体现。同时，自20世纪80年代后，国际商事仲裁的受案范围趋于宽泛，按照传统规定，不可仲裁的一些事项被纳入可仲裁的范围。有的国家将反托拉斯、反垄断争议纳入可仲裁范围，如德国、美国；有的国家在一定程度上许可对破产争议通过仲裁解决，如美国、荷兰。司法实践的总体趋势是，基于国际商事活动所产生的争议，只要当事人缔结了有效的仲裁协议，就不能轻易地援引“争议事项不具有可仲裁性”这一理由而不予仲裁或不予执行仲裁裁决。

这一趋势也自然导致仲裁司法审查制度的相应变化，因为认定仲裁协议是否有效、仲裁事项是否具有可仲裁性，是仲裁司法审查的重要内容。这一趋势必然要求仲裁司法审查及时跟进，根据发展变化了的情况来认定仲裁协议的有效性和仲裁事项的可仲裁性，且在认定仲裁协议有效时，各国还纷纷确立了“尽量使协议有效”的原则。

（四）仲裁庭权力呈扩大之势

一是仲裁庭有权对其管辖权作出决定。仲裁庭受理仲裁案件后，如一方当事人对仲裁协议的效力提出异议，仲裁庭有权就仲裁庭管辖权问题作

出决定。该规定首先创建于1955年的《国际商会仲裁规则》,在该规则第6条第2款中,作出了关于仲裁庭有权就当事人"对仲裁庭管辖权提出的异议作出决定"的规定。此后,《示范法》、联合国《贸法会仲裁规则》、世界知识产权组织仲裁与调解中心2002年《贸法会仲裁规则》及不少国际性仲裁机构的仲裁规则都对仲裁庭的自裁管辖权问题作出了规定。

二是在当事人未能确定仲裁适用法律和程序事项的情况下,仲裁庭有权予以决定。如国际商会国际仲裁院1998年修改后的《国际商会仲裁规则》将仲裁庭原来只有权确定冲突规范修改为有权直接确定应适用的法律,而此项法律就不一定是某一特定国家的法律,而可能一个或数个国家法律规定的、或者是国际公约中规定的某些特定的规则以及商人习惯法。在仲裁程序事项上,《示范法》规定:当事各方可以自由地就仲裁庭进行仲裁所应遵循的程序达成协议。如未达成这种协议,仲裁庭可以在本法规定限制下,按照它认为适当的方式进行仲裁。① 1996年《英国仲裁法》规定:"在不违背当事人有权商定任何事项的前提下,仲裁庭得决定所有程序和证据事项。"②

三是仲裁庭拥有证据保全、财产保全的决定权。以《示范法》为代表的一些国家采取了当事人自愿选择由仲裁庭还是由法院保全的模式,当事人既可申请仲裁庭保全,也可申请法院保全。同时,传统的仲裁立法不承认仲裁庭保全的可执行性,但现在德国、英国、荷兰、瑞士立法均规定了法院对仲裁庭保全措施的执行问题,美国和法国在实践中也对仲裁庭的保全措施予以执行。

仲裁庭权力的扩大自然要求法院在司法审查时,根据扩大了的仲裁庭权力来认定仲裁庭裁决的合法性和有效性。同时,仲裁庭权力的扩大还意味着法院权力的缩减和某些义务的增加,如仲裁庭具有自裁管辖权后,在采"仲裁庭终局决定模式"(仲裁庭的自裁管辖权决定具有终局性,即使当事人

---

① 《示范法》第19条。

② 1996年《英国仲裁法》第34条第1项。

有异议，也不能在仲裁过程中向法院申请救济，而只能在仲裁裁决作出后，以仲裁协议无效等事由申请法院撤销或不予执行仲裁裁决）的国家，法院就失去了在仲裁过程中对仲裁管辖权异议进行审查的权力。仲裁庭具有保全决定权，法院就失去了保全决定权，同时要求法院及时跟进服务，及时执行仲裁庭决定的保全措施。

（五）机构仲裁与临时仲裁并存并进一步融合

机构仲裁和临时仲裁各有优势：机构仲裁管理和运作较为规范，仲裁人员素质和专业水平较有保证，有利于保证仲裁质量。临时仲裁方便、灵活、快捷，有利于当事人节省时间、费用，在处理争议金额不大且当事人迫切需要尽快解决的案件方面具有优势。因此，二者都有存在的理由，故多数国家就让二者并存，使之优势互补，共同发展。如美国芝加哥大学的一项调查报告显示：贸易出口商中有 45% 的人要求选择临时仲裁；在海事纠纷中，绝大部分是通过临时仲裁解决的，伦敦海事仲裁员协会中的五六个知名仲裁员每人一年临时仲裁案件高达六七百件。①

同时，在经济全球化的条件下，机构仲裁与临时仲裁呈融合之势，许多知名仲裁机构都承担了为临时仲裁的当事人指定仲裁员的职能，还根据当事人的请求，根据《贸法会仲裁规则》等规定，充当临时仲裁的仲裁员与当事人之间的桥梁，如帮助协调关系、收取费用、转达通知等，并将这些内容规定到仲裁机构的仲裁规则中去。因此，有时很难对机构仲裁与临时仲裁作出区分。② 据统计，在瑞典斯德哥尔摩商会仲裁院 1998 年处理的 122 件仲裁案件中，有 11 件是临时仲裁案件。③

---

① 参见李乾贵、徐梅梅、林巧：《临时仲裁在中国的机制参考》，载韩健主编：《涉外仲裁司法审查》，法律出版社 2006 年版，第 496 ~497 页。

② 参见赵秀文主编：《国际商事仲裁法》，人民大学出版社 2014 年版，第 343 页、第 347 页。

③ 参见李乾贵、徐柯柯、林巧：《临时仲裁在中国的法制思考》，载韩健主编：《涉外仲裁司法审查》，法律出版社 2006 年版，第 496 ~497 页。

机构仲裁与临时仲裁并存且进一步融合的趋势，自然要求仲裁司法审查顺应这种趋势，平等且一视同仁地对待机构仲裁和临时仲裁，防止厚此薄彼、持双重标准。

三、当代仲裁司法审查制度的发展趋势

(一)仲裁地标准成为确定裁决国籍的主要标准

确定仲裁裁决的国籍，对于确定法院对裁决审查的种类和法律依据、确定裁决撤销权的归属，具有重要意义。不少国家执行本国仲裁裁决的条件，比执行外国仲裁裁决的条件严格，所以法院在处理当事人提出的撤销或承认及执行仲裁裁决申请时，首先需要确定仲裁裁决的国籍。但确定仲裁裁决国籍的问题较为复杂，各国规定不一：有的以地域即仲裁作出地为标准，如美国；有的以仲裁所适用的程序法的归属为标准，如过去的德国、法国；有的兼采仲裁地和仲裁程序法标准，如印度；有的以仲裁机构归属地为标准，如我国等。[①]《纽约公约》规定的是仲裁地标准。《纽约公约》生效后，原坚持采用仲裁适用法律标准的德国、法国在修订民事诉讼法典时，均改采仲裁地标准。如今，绝大多数国家已经在立法或实践中认可了该标准。可见，仲裁地标准已经成为确定裁决国籍的主要标准。这一趋势，使法院在仲裁司法审查时确定仲裁裁决国籍的工作变得简单易行，并可有效地避免仲裁司法审查的积极冲突和消极冲突。

(二)法院对仲裁强化支持协助弱化规制干预

随着经济全球化，国际商事仲裁也随着各国贸易往来的迅速扩展而蓬勃发展。基于促进纠纷尽快解决、节约国家司法资源、争取仲裁市场份额等

---

① 参见杨弘磊:《中国内地司法实践视角下的〈纽约公约〉问题研究》，法律出版社2006年版，第63～66页。

多种因素的考量，国际商事仲裁司法审查逐渐形成了对仲裁强化支持、协助，弱化规制、干预的趋势，并将适度审查、支持仲裁等作为司法审查的原则。强化支持、协助主要体现在：(1)主要审查程序，最大限度避免对实体的干预。也就是说，法院主要审查程序上的自然正义，而不审查裁决的是非曲直，通过维护程序正义来维护仲裁的公平正义。《纽约公约》《示范法》以及许多国家的立法采取了非因"可仲裁性"和"公共政策" 理由不监督实体内容的立场。(2)法院承认有效仲裁协议的可执行性并予强制执行。传统立法不承认仲裁协议的可执行性，即使当事人订有仲裁协议，仍可向法院提起诉讼。现代国际商事仲裁条约和国内立法普遍承认仲裁协议的可执行性，当事人之间只要存在有效的仲裁协议，就应将仲裁协议项下的纠纷提请仲裁解决。如果一方当事人违背仲裁协议将该纠纷诉至法院，法院即宣布自己没有管辖权，甚至可以命令当事人提交仲裁。这也体现了法院对仲裁的一种支持。(3)法院审查后移。为维护仲裁效率，也由于仲裁机构解决仲裁中所遇问题的权力的扩大，法院审查的时间较多地后移至仲裁裁决作出后的裁决执行阶段。例如，在以前，管辖权发生争议只能由法院处理，但仲裁庭具有"自裁管辖权"后，法院就不必介入该争议了，如果一方当事人对仲裁庭就管辖权作出的决定不服，可在对方当事人申请承认和执行仲裁裁决时提出抗辩，法院再行审查；又如，以前一些国家法院有权为当事人指定仲裁员，但现在各国都赋予仲裁机构为当事人指定仲裁员的职能，即使是临时仲裁，由于前述的机构仲裁与临时仲裁呈融合之势，有些仲裁机构也为临时仲裁的当事人指定仲裁员，因而在指定仲裁员上就不必求助于法院了。值得关注的是，比利时、瑞士、瑞典、突尼斯等国法律还规定，在特定条件下，当事人可以协议排除法院对仲裁程序的监督权，这更使法院对仲裁监督的时间后移。(4)司法审查的主体原以仲裁地法院为主，转由裁决承认和执行地法院为主，审查权由仲裁地国法院向仲裁承认和执行地国法院集中。这是前一趋势必然导致的结果，因为法院介入审查的时间越是后移，审查权就越集中到裁决执行地国。(5)适用“公共政策”条款更趋严格审慎。各国均规定了公共政策条款,一些国家将其作为拒绝外国仲裁裁决执行的“锐利武器”。但近半个世纪以来,随着《纽约公约》成员国不断增多,各国把握公共政策条款趋于严格,只在极端情况下才适用公共政策条款而不予承认和执行外国仲裁裁决。因为各国都明白,执行外国仲裁裁决工作是互相支持的,给他人设置障碍等于给自己设置障碍。法国、美国等国法院还明确区分国内公共政策和国际公共政策,对国际公共政策作更严格的解释和界定,并规定对国际商事仲裁裁决只能适用国际公共政策。

(三)仲裁裁决执行国际化

传统仲裁立法对外国仲裁裁决的承认和执行往往设置较多限制,而《纽约公约》对不予承认和执行外国仲裁裁决规定了严格的条件,以利于外国仲裁裁决的承认和执行。加之世界上已有150多个国家加入该公约,这就等于在全球编织了一张互相执行国际商事仲裁裁决的巨大网络,使异国执行仲裁裁决变得不再那么困难。由于该问题在本书第一章第一节在阐述仲裁的优势时已作阐述,故此处不再赘述。

第三节　完善我国国际商事仲裁司法审查制度的总体思路

进入21世纪以来,经济全球化迅速发展,区域经济一体化趋势更加明显,特别是我国推进的“一带一路”发展战略和自由贸易区建设,[①]必将进一步促进我国国际商事贸易发展。与此同时,国际贸易保护主义有所抬头,贸

① 截至2016年年底,我国的自由贸易区已达11个,具体为:上海、广东、天津、福建、辽宁、浙江、河南、湖北、重庆、四川、陕西。

易摩擦增多。这两个趋势并存且相互作用,为我国国际商事仲裁业的发展提供了难得的机遇。将我国建设成国际商事仲裁强国和国际商事仲裁中心,是我国作为世界上第一大贸易国和第二大经济体地位相适应的需要,也是发展仲裁产业、改善我国投资贸易环境、提升国家软实力的需要。而要将我国建成国际商事仲裁强国和国际商事仲裁中心,就必须改革完善我国国际商事仲裁司法审查制度。

一、总体要求

完善我国国际商事仲裁司法审查制度的总体要求是:党的十八届四中全会关于"完善仲裁制度、提高仲裁公信力"的要求,以将我国建设成为国际商事仲裁强国和国际商事仲裁中心为目标,进一步更新仲裁司法审查理念,着力于解决仲裁司法审查制度中存在的突出问题,使我国的国际商事仲裁司法审查制度成为既立足于中国国情,又与国际通行做法和发展趋势相适应的先进的制度,提高我国国际商事仲裁和司法审查的公正性、权威性和公信力、竞争力,增强我国在国际商事仲裁体系中的话语权和影响力,为我国国际商事仲裁业的繁荣发展提供良好的制度保障。

二、基本原则

完善我国国际商事仲裁司法审查制度,应当遵循以下基本原则:

(一)尊重规律、优势互补原则

仲裁权和司法权都是判断权,都具有独立性、中立性、终局性的特征,又都具有各自不同的特点和优势,在解决商事纠纷中都发挥着不可替代的作用。因此,完善国际商事仲裁司法审查制度,必须遵循仲裁规律和司法规律,使二者的特点和优势都得到充分发挥并实现优势互补,而绝不能只尊重一方面的规律而违反另一方面的规律,只发挥一方面的优势而抑制另一方面的优势。

（二）顶层设计与基层探索相结合原则

完善国际商事仲裁司法审查制度，要加强顶层设计和统筹规划，注重法律的系统性、整体性和协调性。同时又要尊重基层首创精神，鼓励各仲裁机构和地方法院在法律规定的框架下先行先试，及时总结经验，鼓励制度创新。

（三）整体推进与重点突破相结合原则

完善国际商事仲裁司法审查制度，要坚持整体推进，着力解决突出问题，不能顾此失彼；同时又要分清主次、突出重点，在整体规划的指导下，以问题为导向，能改的先改，有权改的先改，积小胜为大胜。

三、应正确理解和处理的关系

要完善我国国际商事仲裁司法审查制度，就要在法律完善、体制机制改革、具体制度修订时，正确认识和处理以下六个关系。

（一）仲裁与对外开放、经济建设的关系

无论是对外开放还是经济建设，都难免会发生纠纷。商事仲裁作为解决商事纠纷的机制，不仅对于及时解决商事纠纷，保障商事活动的顺利进行，促进对外开放和经济建设具有重要作用，而且对于改善商贸投资环境、增强国家软实力和影响力也具有重要意义。但有些人对仲裁重视不够，认为虽然我国过去国际商事仲裁发展得不够理想，但我国经济总量、外贸总额照样居世界第二位和第一位。还有些人认为仲裁是民间的事，国家不必多操心。应当看到，当我国经济发展方式从过去主要依靠量的扩张转变为主要依靠质的提高之后，科技创新、法制环境、解决商事纠纷的条件等方面就成为非常重要的因素。就仲裁而言,良好的仲裁条件和环境,是商事活动繁荣发展必不可少的条件,只有具备良好仲裁环境和条件的地方,商事活动才能进一步繁荣发展。仲裁确是民间的解纷机制,但它具有司法属性,是一种重要的权力,不能因为它是民间的就不予重视。重视仲裁,就要进一步加强国际商事仲裁司法审查制度建设,为国际商事仲裁的繁荣发展提供良好的制度保障;同时,要关心和支持仲裁,及时解决其发展中遇到的问题,从而使仲裁与国家经济贸易协调发展。中央提出"一带一路"倡议后,最高人民法院出台的《关于人民法院为"一带一路"建设提供司法服务和保障的若干意见》就明确提出:要依法加强涉沿线国家当事人的仲裁裁决司法审查工作,促进国际商事海事仲裁在"一带一路"建设中发挥重要作用。支持"一带一路"建设相关纠纷的仲裁解决。

(二)立足本国国情与顺应国际发展趋势的关系

本书探讨的是完善中国的国际商事仲裁司法审查制度,因此必须立足于本国国情,从中国现阶段的实际出发设计仲裁制度和司法审查制度,切忌不顾国情、照搬照抄外国的规定。另外,国际商事仲裁法律制度属于私法范畴,加上国际商事仲裁具有国际性和流通性,某国的仲裁法律制度是否先进合理、是否有利于当事人维护合法权益,是当事人是否选择去该国仲裁的重要考量因素。因此,要坚持开放包容,认真学习借鉴他国仲裁制度的文明成果,高度关注全球国际商事仲裁通行做法和发展趋势,消除无谓的国别特色,使我国国际商事仲裁司法审查制度既立足本国国情,又与国际通行做法和发展趋势相适应。具体可区分三个层次:(1)对于国际条约有明确规定、我国加入条约时未作保留声明的,应将条约内国化并在法律上加以规定。(2)对于外国有两种或两种以上规定的,应具体分析,看哪种规定更符合我国现阶段的实际,然后"择其善者而从之"。例如,对国内仲裁与国际仲裁是否区别对待的问题,世界上既有不作区别、实行单轨制的国家,但更多的是实行双轨制，其中包括有些发达国家。“在仲裁法制发展得比较完备的国家里，一般都准许国际仲裁中的当事人享有较国内仲裁中的当事人更多的自由权”。① 因为“仲裁制度是由合意因素和司法因素组合而成，与国内仲裁相比，国际仲裁的合意因素显然占主导地位”。② 同时，国际案件对本国的影响不如国内案件大，关系也不如后者紧密，法院地国也没有施以过苛限制的必要。③ 结合我国实际，对涉外仲裁要尽可能与国际通行做法相协调，以增强涉外仲裁对外国当事人的吸引力，改善我国的投资贸易环境；但对国内仲裁，考虑到我国仲裁制度发展历史和国内仲裁现状，不宜急于与涉外仲裁“并轨”。(3)对于值得我国借鉴，但不宜立即在我国全面实行的外国做法，有的可以先行试点、积累经验，待条件具备时再全面实行；有的可以渐进式参照，分步入法。

(三)仲裁与司法的关系

最高人民法院周强院长曾精辟地论述仲裁与司法的关系：“第一，仲裁与司法优势互补，是合作伙伴关系，不是对手关系。当事人选择仲裁，意味着减少对司法公共资源的占用，减轻法院日益增多的案件负担，有助于法院提高司法效益。仲裁业的发展意味着公众信仰和服从法律，自治解决争议，实现自我管理，而这些正是法治社会成熟的标志。第二，仲裁的生命力离不开司法对仲裁的支持、协助与监督。法院尊重仲裁的独立性、自治性，但没有法院的介入，仲裁的功能就无法充分发挥。法院支持仲裁并不是仅仅表现为执行仲裁协议、提供临时措施、协助组建仲裁庭和强制执行仲裁裁决。更为重要的是，法院对仲裁程序和公共政策的监督，是对社会正义最后一道防线的守护，保障了仲裁裁决的正当性，增强了当事人对仲裁公平公正解决

① 谭兵：《中国仲裁制度的改革完善》，人民出版社2005年版，第461页。
② 肖永平：《也谈我国法院对仲裁的监督范围》，载《法学评论》1998年第1期。
③ 参见赵健：《国际商事仲裁的司法监督》，法律出版社2000年版，第194页。

争议的信心，从而推动仲裁业长期有序发展。第三，仲裁与司法具有共同的目标和追求，其最终目的都是公正、高效地服务公众对纠纷解决和权利救济的需求。”[①]因此，仲裁和司法都要充分认识对方在多元化纠纷解决机制中的优势和独特作用，明确在国际商事仲裁中互相依存、谁也离不开谁的关系，树立相互尊重、相互支持的理念。作为司法来说，则要树立支持仲裁、有限干预仲裁的理念，充分尊重仲裁的独立性和终局性，以支持仲裁作为司法审查的出发点和归宿，防止以诉讼为中心、对仲裁干预过多、将仲裁作为法院初审的错误思想和对仲裁吹毛求疵的错误做法，对于仲裁中存在的必须予以监督纠正的错误，也要从支持仲裁的目标出发，通过纠正错误，维护仲裁的公正性和权威性，这与花工捉虫是为了护花而不是把花搞死是同一道理。

（四）仲裁司法审查标准与诉讼审判标准的关系

法院对国际商事仲裁进行司法审查，虽然所适用的是民事诉讼程序，审查后也以裁定的方式结案，但法院所适用的标准却不是我国《民事诉讼法》规定的审判标准，而是我国《仲裁法》等法律规定针对当事人请求事项所规定的特定标准（前文已有详细的论述）。这主要是因为司法审查是法院检查、核对仲裁是否正确、妥当的活动，自然应当适用我国《仲裁法》规定的、体现仲裁特质和规律的标准；同时，这也是尊重当事人意思自治、维护仲裁的独立性和终局性、充分发挥仲裁在解决商事纠纷中优势的需要。否则，如果以诉讼审判的标准来审查仲裁案件，那仲裁就处于法院的从属地位，仲裁的独立性和优势就会荡然无存。因此，在仲裁司法审查中，法官要避免沿袭诉讼思维，用实体和程序全面审查的方法来审查仲裁案件，用“事实清楚、适用法律正确”来衡量仲裁案件。

---

① 周强：《亚太新时代的国际仲裁、司法与法治——在2013年亚太区域仲裁组织大会开幕式上的主旨演讲》，载最高人民法院民四庭编：《涉外商事海事审判指导》，人民法院出版社2014年版，第3页。

(五)不同国家、地区当事人之间的关系

国际商事仲裁和司法审查的一个重要特点是,部分当事人是境外人或外国人。国际商事仲裁司法审查案件中的当事人,无论属于什么国家、什么地区,其地位都是平等的,必须予以公平对待。因此,平等地保护所有当事人的合法权益,既是仲裁和司法独立性、中立性、公正性的必然要求,也是仲裁和司法具有公信力和权威性的必要条件。任何地方保护主义、本国保护主义,都会严重损害我国法院以至我国国际商事仲裁的整体形象。因此,要坚持仲裁和司法的独立性、中立性,并通过改革破除影响其独立性、中立性的体制机制性障碍;要释明"社会公共利益"条款,严格其适用,防止实践中以维护社会公共利益之名,行本国保护主义之实。

(六)仲裁、司法人员与当事人的关系

"现代的权力是基于权力属于人民这一假设之上的,所有权力的合法性基础是权力来源于人民。"①仲裁庭的仲裁权来源于当事人授权,"仲裁权的本质是服务性权力",②即为当事人提供迅速而有效地解决纠纷服务的权力。司法人员的权力同样来源于人民,司法为民是司法人员的宗旨。在国际商事仲裁司法审查中,贯彻司法为民宗旨,应当包括为案件当事人提供公正、高效的司法服务。因此,无论是法律的完善还是体制机制的改革,都应体现仲裁人员和司法人员为当事人服务、便利当事人的理念。尤其是司法人员的司法权和薪酬并不直接来源于当事人,其与案件当事人之间关系的认识容易被模糊,致使少数司法人员颠倒服务与被服务的关系,滋生衙门作风。故在完善法院的仲裁司法审查体制机制时,更要体现为民便民的理念。

---

① 周永坤:《规范权力——权力的法理研究》,法律出版社 2006 年版,第 106 页。

② 江伟主编:《仲裁法》,中国人民大学出版社 2012 年版,第 32 页。

本章小结

1. 我国现行的国际商事仲裁与仲裁司法审查制度，对于及时解决商事纠纷，保障促进对外开放和经济建设，发挥了十分重要的作用。但与我国经济总量、对外贸易在世界中的地位，与当今进一步扩大对外开放、“一带一路”发展战略以及全球商事仲裁发展新趋势相比，存在思想理念陈旧、法律制度滞后、仲裁司法审查体制机制不适应、仲裁机构多而不强、高端人才不足等问题。

2. 当今世界范围的国际商事仲裁与仲裁司法审查，已呈现出一系列新的发展趋势，如仲裁立法趋同、当事人意思自治领域与仲裁庭权力进一步扩大、仲裁协议限制逐步放宽、可仲裁范围逐步扩大、机构仲裁与临时仲裁并存并进一步融合、法院对仲裁强化支持协助弱化规制干预、仲裁裁决的执行国际化等。我们必须高度重视这些发展趋势，并从我国实际出发顺势而为。

3. 面对我国国际商事仲裁与司法审查制度的现状、问题和世界上国际商事仲裁与司法审查制度的发展新趋势，完善我国国际商事仲裁司法审查制度，应当以建设国际商事仲裁强国和国际商事仲裁中心为目标，遵循尊重规律优势互补、顶层设计与基层探索相结合、整体推进与重点突破相结合等三项基本原则，正确理解和处理仲裁与对外开放经济建设、立足中国国情与顺应国际发展趋势、仲裁与司法等六个关系。

第三章　仲裁协议司法审查制度的完善

自本章起，本书将以三章的篇幅来论述法院对国际商事仲裁司法审查各项具体法律制度的完善。该三章以仲裁进程的先后顺序为依据，将国际商事仲裁司法审查分为仲裁协议的司法审查、仲裁程序的司法审查和仲裁裁决的司法审查。其中仲裁协议司法审查大多发生于仲裁庭受理仲裁前；仲裁程序司法审查发生于仲裁程序进行中；仲裁裁决司法审查则发生于仲裁庭作出裁决之后。当然，上述划分仅具有相对的意义，如对仲裁协议的审查，除了发生于仲裁程序前之外，还可能发生于仲裁程序中和仲裁裁决作出之后，但总体上是发生于仲裁程序前的居多。因此，本书采上述划分方法。

仲裁协议是国际商事仲裁的基石。① 本章旨在对我国国际商事仲裁协议司法审查制度的完善，包括仲裁协议要件、仲裁协议准据法确定、仲裁协议效力扩张、自裁管辖权这四个制度的完善问题进行探讨。为论述方便，如无特别说明，下文中的“仲裁协议”均指“国际商事仲裁协议”。

---

① ［英］艾伦·雷德芬、马丁·亨特等：《国际商事仲裁法律与实践》，林一飞、宋连斌译，北京大学出版社2005年版，第139页。

第一节　仲裁协议司法审查制度概述

商事仲裁协议，是指"当事人之间达成的旨在将其间业已发生或将来产生于特定法律关系的商事争议提交仲裁解决的书面协议。"①国际商事仲裁协议，是超越一国边界的商事交往中将来可能发生或已经发生的争议而达成的仲裁协议。②

一、仲裁协议的重要性

仲裁的灵魂是当事人意思自治，仲裁庭的仲裁权来源于仲裁协议的授权，因此，"无协议即无仲裁"。在现代仲裁制度下，一项有效的仲裁协议对于当事人、仲裁庭、法院三方以及仲裁裁决的执行而言，都具有十分重要的意义。③

首先，有效仲裁协议，对协议当事人具有约束力。当仲裁协议约定的事项发生争议时，除非当事人协商一致变更争议解决的方式，否则，协议当事人只能依据协议的约定，将纠纷提请仲裁。如果一方当事人擅自起诉至法院，对方当事人有权依据该仲裁协议提出管辖权异议。

其次，有效的仲裁协议，是仲裁庭对协议约定事项行使管辖权的依据。这里有两层含义：一是当事人如果没有仲裁协议，仲裁庭就不能取得争议的管辖权，即所谓"无协议即无仲裁"；二是仲裁的范围受限于仲裁协议所约定的事项，若仲裁的事项超出了协议的约定，当事人有权以"超裁"为由，向仲

① 江伟主编：《仲裁法》，中国人民大学出版社 2012 年版，第 80 页。

② 参见李玉泉主编：《国际民事诉讼与国际商事仲裁》，武汉大学出版社 1994 年版，第 283 页。

③ 参见江伟主编：《仲裁法》，中国人民大学出版社 2012 年版，第 93 ~94 页；赵秀文主编：《国际商事仲裁法》，中国人民大学出版社 2014 年版，第 55 页。

裁裁决作出地法院申请撤销超裁部分的裁决，或向仲裁裁决执行地法院申请不予承认和执行该部分裁决。

再次，有效的仲裁协议，是排除法院对协议约定事项行使管辖权的依据。根据“或裁或审”原则，仲裁协议将争议管辖权赋予仲裁庭后，法院的管辖权就被相应地被排除。

最后，有效的仲裁协议，是使仲裁裁决不被撤销或得到承认和执行的必要前提。只有依据有效的仲裁协议作出的仲裁裁决，才能不被撤销或得到承认和执行。如果当事人之间没有订立仲裁协议或仲裁协议无效，法院可以根据一方当事人的申请，撤销依据该仲裁协议作出的本国仲裁裁决；或拒绝承认和执行依据该仲裁协议作出的外国仲裁裁决。

二、仲裁协议的独立性

仲裁协议的独立性，又称仲裁协议的“可分性”或“自治性”，是指“仲裁协议尤其是合同中的仲裁条款虽然依附于主合同，但与主合同其他条款相互分离，其效力不受主合同效力的影响”。[①] 质言之，仲裁协议的独立性是指“仲裁协议的效力应当独立判断”，[②]不受主合同效力的影响，它回答的是仲裁协议效力与主合同效力之间关系的问题。

仲裁协议的独立性为国际公约和各国法律所普遍承认。如联合国《示范法》第16条第1款规定：“构成合同一部分的仲裁条款应当视为独立于合同其他条款的一项协议。仲裁庭作出关于合同无效的决定，在法律上不导致仲裁条款无效。”我国《仲裁法》第19条第1款也规定：“仲裁协议独立存在，合同的变更、解除、终止或者无效，不影响仲裁协议的效力。”

仲裁协议独立性的理论依据在于：

首先，仲裁协议的独立性，是由当事人意思自治原则决定的。当事人将

---

① 江伟主编：《仲裁法》，中国人民大学出版社2012年版，第82页。

② 宋连斌、黄进：《中华人民共和国仲裁法(建议修改稿)》，载《法学评论》2003年第4期。

仲裁协议中约定的主合同中的有关争议提请仲裁解决，表明了当事人通过仲裁解决争议、并排除法院诉讼管辖的真实意思，体现了当事人的意思自治。如果使仲裁条款的效力依附于主合同的效力，仲裁条款因主合同的无效而无效，从而否定仲裁管辖权，这是违反当事人意思自治原则的。

其次，仲裁协议独立性，是仲裁协议与主合同之间内在的逻辑决定的。如果仲裁协议不独立于主合同，那么，第一，在仲裁前，从程序法的意义看，主合同的效力是不确定的。在这种情况下，如果仲裁庭对案件行使了管辖权，则存在一种逻辑悖论：主合同效力尚且没有确定，仲裁庭自然没有行使管辖权的依据；而如果仲裁庭不行使管辖权，那仲裁协议就失去了旨在解决主合同履行中可能出现的纠纷这一目的。第二，如果在仲裁过程中主合同被确认为无效，那仲裁协议也随之无效，仲裁庭即无管辖权，无管辖权的仲裁庭对主合同效力所作的裁决，其效力本身又存在疑问。其结果是，虽然经过了仲裁，但主合同效力依然未定，仲裁管辖权也未定。解决这一矛盾的方法，只能是要求当事人在提起仲裁前，先向法院提起确认主合同效力的确认之诉，在法院确认主合同有效后，再提起仲裁。但如果这样，仲裁协议就不具有排除法院管辖的作用，[①]仲裁的高效率的优势也就不复存在。为了解决上述逻辑悖论，唯一的办法就是让仲裁协议的效力独立于主合同。

最后，仲裁协议的独立性，是由仲裁协议与主合同之间的重大区别决定的。仲裁协议在本质上是一种契约，具有合同的一般特征，但它与主合同又存在重大区别：(1)合同的内容不同：主合同以规定双方当事人实体权利、义务为内容，一方的权利即为对方的义务；反之，一方的义务即为对方的权利。而仲裁协议以规定程序上的权利、义务为内容，且通过仲裁解决纠纷既是双方当事人共同的权利，又是双方共同的义务。(2)订立合同的目的不同。当事人订立主合同的目的是实现自己的实体权利，而订立仲裁协议的目的是

① 参见江伟：《仲裁法》，中国人民大学出版社2012年版，第83页。

约定当主合同发生纠纷时提请仲裁解决,即明确解决主合同纠纷的途径,因此,二者是服务与被服务的关系。(3)合同履行的途径不同。主合同履行的途径是双方当事人各自履行合同规定的义务,从而使对方的权利得到实现。而仲裁协议履行的途径是双方当事人共同将主合同发生的纠纷提请仲裁解决。(4)合同的性质不同。主合同的性质是实体法契约,而仲裁协议的性质是程序法契约。正因为仲裁协议与主合同存在上述重大区别,才使仲裁协议独立于主合同具有其内在的条件和根据。正如英国大法官麦克米兰(Macmillam)所说:"仲裁条款与其他条款有着完全不同的性质,其他条款规定的都是当事人相互之间承担的义务,而仲裁条款规定的不是一方当事人对另一方当事人的义务,它是双方当事人的协议,即如果产生了有关一方当事人对另一方当事人承担义务的争议,则这些争议将由他们自己成立的法庭解决。"①

三、仲裁协议司法审查的内容

仲裁协议司法审查是仲裁司法审查最重要的一环。其是指法院根据当事人的请求,依据法律规定的仲裁协议要件,审查当事人是否订有仲裁协议及仲裁协议是否具有效力,以便判定仲裁庭对争议事项是否具有管辖权、仲裁庭作出的裁决是否具有法律效力的司法活动。据此,仲裁协议司法审查的主体是法院;审查的依据是法律规定的仲裁协议要件;审查的内容是当事人是否订有仲裁协议及订立的仲裁协议是否具有效力;审查的目的是判定仲裁庭对争议事项是否具有管辖权以及作出的仲裁裁决是否具有法律效力。

关于仲裁协议司法审查的内容,首先需要审查的是当事人是否订有仲裁协议。如果发现当事人订有仲裁协议,则需要进一步审查仲裁协议是否具有效力。对仲裁协议是否具有效力的具体审查内容,《纽约公约》和各国

① [英]施米托夫:《国际贸易法文选》,赵秀文译,中国大百科全书出版社1993年版,第612页。

立法都作了规定。《纽约公约》规定，仲裁协议无效、失效或不能执行的，争议不能提交仲裁；依据无效仲裁协议作出的仲裁裁决，法院拒予承认及执行。① 可见，公约明确规定的审查内容包括：仲裁协议是否有效、是否失效及是否能够执行。

我国《仲裁法》和《民事诉讼法》规定：当事人在合同中没有订有仲裁条款或者事后没有达成书面仲裁协议是申请撤销和不予执行涉外仲裁裁决的事由②。我国《民事诉讼法解释》规定，人民法院在受理当事人的起诉时，如果发现当事人签订的仲裁协议没有"不存在、无效、失效、内容不明确无法执行"的情形，应告知其向仲裁机构申请仲裁。③ 最高人民法院《关于人民法院处理与涉外仲裁及外国仲裁事项有关问题的通知》（法发〔1995〕18 号）第 1 条规定，"仲裁条款或者仲裁协议无效、失效或者内容不明确无法执行的"，必须层报最高人民法院审查。可见，我国对仲裁协议效力审查的内容，也主要包括仲裁协议是否存在、是否有效、是否失效，以及是否能够执行四个方面。

因此，仲裁协议司法审查的具体内容是：仲裁协议是否存在、是否有效、是否失效、是否能够执行。

（一）仲裁协议是否存在

"仲裁协议是否存在"是法院对仲裁协议效力审查的首要内容，它是法院对当事人之间是否达成过仲裁协议作出的一种事实判断。在仲裁协议司法审查中，需要判断协议是否存在，一般有两种情形：一种是仲裁协议当事人主张协议未成立，如未就是否仲裁达成合意等；另一种是非仲裁协议当事人主张其不受协议的约束，也即其与仲裁协议当事人之间不存在仲裁协议。

---

① 参见《纽约公约》第 2 条第 3 款、第 5 条第 1 款甲项。

② 参见《仲裁法》第 70 条、第 71 条；《民事诉讼法》第 274 条。

③ 参见《民事诉讼法解释》第 215 条。

(二)仲裁协议是否有效

如果说"仲裁协议是否存在"是一种事实判断,那么"仲裁协议是否有效"则是一种法律评价。只有同时满足仲裁协议要件规定的仲裁协议才有效,因此法院在对成立的仲裁协议进行判定时,如果发现仲裁协议未完全具备法定要件,则会认定该协议无效。被认定为无效的协议自始无效。

(三)仲裁协议是否失效

仲裁协议的失效,是指"该协议曾一度有效但已不再有效。典型的包括免除、撤销、废除或终止仲裁协议"。[①] 如前文所述,仲裁协议也是一种特殊的合同,按照合同法的一般理论,合同失效的情形有以下几种:当事人之间明示的合意解除;协议约定的有效期届满;协议已经履行完毕。仲裁协议自然也遵循上述原则。同时,仲裁协议是当事人之间选择未来争议解决方式的约定,故还存在默示解除的情形。比如,一方当事人违反承诺将争议提交法院诉讼,另一方应诉并进行实体答辩而不提出管辖权异议,即可视为双方默示合意解除仲裁协议。

(四)仲裁协议是否能够执行

仲裁协议不能执行或履行,是指仲裁协议"由于身体或法律障碍导致仲裁不能继续。"[②]身体障碍的情形较为少见,一般包括仲裁协议指定的仲裁员死亡,或者仲裁员拒绝接受委任且替代仲裁员又被当事人明确排除,这些事例在某些国家内国法的规定中会导致仲裁协议无法履行。法律障碍则较为多见,一般包括当事人之间订立了"瑕疵"仲裁协议或称"病态的"仲裁协议,

① The International Council for Commercial Arbitration, "ICCA's Guide to the Interpretation of the 1958 New York Convention: A Handbook for Judges", 2012, p.52.

② Ibid., p.53.

即仲裁协议的设计不完善导致仲裁程序的启动遭遇了法律上的障碍,比如,(1)仲裁协议对提交仲裁使用了许可性的措辞(如“可以提交仲裁”),使当事人提交仲裁的意愿显得不确定。(2)仲裁协议属于“可裁可审”条款,即约定既可以提交仲裁,又可以向法院提起诉讼。(3)仲裁协议指定的仲裁机构或仲裁规则不准确,而法院又无法通过对仲裁协议的合理解释克服不准确之处,比如无法确定具体的仲裁地点就可能导致该协议不能履行。[①] 上述“瑕疵”仲裁协议能否执行,很多时候取决于确认仲裁协议效力的准据法的具体规定或法院对当事人真实意思表示的探究。

四、仲裁协议司法审查的环节

如前所述,仲裁协议是否有效直接关系到当事人能否将纠纷提请仲裁、仲裁庭能否对协议项下的纠纷实施管辖,以及基于该仲裁协议作出的仲裁裁决是否具有法律效力。因此,“仲裁协议的效力问题始终贯穿于仲裁程序的全过程,以及仲裁裁决的承认与执行阶段。在任何一个阶段,法院作出的仲裁协议无效的认定,都会直接影响到仲裁庭对仲裁案件的管辖权,以及据此协议作出的仲裁裁决的有效性。”[②]

对于仲裁协议司法审查的环节,各国法律的规定各有不同,根本的区别在于法院介入仲裁协议司法审查的时间节点不同。总结起来,法院对仲裁协议进行司法审查可能存在于以下三个环节。

(一)第一环节:纠纷发生后、仲裁程序开始前

1. 一方当事人将国际商事纠纷起诉到法院,但是合同中订有仲裁条款或者当事人在事后达成了仲裁协议。此时法院需对仲裁协议的效力进行审查,如果认定仲裁协议有效,则法院对案件无管辖权。

---

① 参见杨良宜:《国际商务仲裁》,中国政法大学出版社 1997 年版,第 109 ~111 页。

② 赵秀文主编:《国际商事仲裁法》,中国人民大学出版社 2014 年版,第 64 页。

2. 一方当事人尚未申请仲裁,另一方当事人直接向法院申请确认仲裁协议效力。许多国家并未赋予法院在这一环节审查仲裁协议效力的权力。但是,我国法院能在一定情况下进行审查。根据我国《仲裁法》第 20 条、《仲裁法解释》第 13 条的规定,当事人可以选择向仲裁机构或向法院申请确认仲裁协议效力。只有如仲裁机构已经"先于人民法院接受申请并作出了认定"的情况下,法院才不再受理当事人的申请。[①] 否则,人民法院有权审查协议效力。

(二)第二环节:仲裁程序开始后

根据"自裁管辖权原则"(后文详述),仲裁庭对仲裁协议效力有权作出审查,并决定其是否有管辖权。对于法院在此环节是否介入仲裁协议效力的审查,各国有不同的规定。主要有三种情形:

1. 一些国家规定,仲裁庭对仲裁协议效力作出的认定有终局效力,当事人在仲裁程序中不能向法院申请救济。

2. 一些国家规定,法院介入审查的时机根据仲裁庭作出决定的时机而定,如果仲裁庭的管辖决定在仲裁程序中作出,一方当事人不服该决定向法院提出异议,法院可以对仲裁协议的效力进行审查,但是并不停止仲裁程序的进行;如果仲裁庭的管辖决定在仲裁裁决中一并作出,则法院无权在仲裁程序中介入审查。

3. 也有国家规定,当事人在仲裁程序中有权请求法院确认仲裁协议无效。我国法律即属此种情形。但是,我国《仲裁法》第 20 条及《仲裁法解释》第 13 条同时规定了法院受理的两个前提:一是当事人提出异议的时间在仲裁庭"首次开庭前",否则视为当事人已经放弃提出异议的权利;二是仲裁庭尚未对仲裁协议的效力作出认定。[②]

---

① 参见《仲裁法》第 20 条第 1 款;《仲裁法解释》第 13 条第 2 款。

② 参见《仲裁法》第 20 条第 2 款;《仲裁法解释》第 13 条。

（三）第三环节：仲裁裁决作出后

由于仲裁裁决作出后必将面临执行的问题，因此各国法院均有权在该环节审查仲裁协议效力。比如，《纽约公约》规定，法院经审查认定仲裁协议无效的，拒予承认及执行外国仲裁裁决。[①] 我国《仲裁法》《民事诉讼法》还规定，人民法院经审查认定仲裁协议无效的，对涉外仲裁裁决依法撤销或者不予执行。

第二节　仲裁协议要件的完善

我国《仲裁法》规定的仲裁协议要件存在一些缺陷，需要予以修改完善。本节的任务是在阐述仲裁协议要件的基本内容、我国仲裁协议要件存在的缺陷的基础上，提出完善我国仲裁协议要件的建议。

一、仲裁协议要件概述

仲裁协议的要件是一项仲裁协议具有法律效力的必备要素。一般而言，有效的仲裁协议应当同时具备以下三个方面条件。

（一）主体要件

仲裁协议当事人应当具备缔约能力。《纽约公约》《示范法》都规定，仲裁协议的当事人有某种无行为能力的情形是法院拒绝承认或执行仲裁裁决的理由。[②]

---

① 参见《纽约公约》第 5 条第 1 款甲项。

② 参见《纽约公约》第 5 条第 1 款甲项；《示范法》第 36 条第 1 款。

（二）形式要件

国际公约和各国立法对仲裁协议的形式要件的要求存在一些差别，但是大多数都要求当事人采用“书面形式”订立仲裁协议。1958年《纽约公约》、1961年《欧洲仲裁公约》、1975年《美洲仲裁公约》《示范法》以及采用《示范法》国家的立法如德国、英国、荷兰、比利时、法国、西班牙、意大利、瑞士、美国等国的立法均作此规定。① 可以说，“仲裁协议必须采取书面形式已成为现代仲裁制度中公知的事实”。② 对仲裁协议的形式作此规定，是因为书面形式的仲裁协议有据可查，“既有证据的功能，易于证明仲裁协议的存在，同时也有警示的功能，让当事人意识到仲裁协议的重要性”。③ 英国仲裁法学家雷德芬（Redfern）在其著作中也写道：“有效的仲裁协议排除法院的管辖权，因此保证此类协议的存在得到清楚的确定，就有了有力的理由。通过提供书面证据就可以最好地做到这一点。”④

（三）实质要件

实质要件是指仲裁协议除了必须具备合法的形式要件外，还需具备的实质内容。对于仲裁协议的实质要件，国际公约、各国立法虽然不尽相同，但通常要求具备将争议提交仲裁的意思表示和提交仲裁的事项。如《示范

---

① 参见《纽约公约》第2条第1款；1961年《欧洲仲裁公约》第1条第2款第1项；1975年《美洲仲裁公约》第1条；《示范法》第7条；1996年《英国仲裁法》第5条；2000年《美国统一仲裁法》第6条第1款；1998年《德国民事诉讼法典》第1031条；2003年《西班牙仲裁法》第6条；1986年《荷兰民事诉讼法典》第1021条；1998年《比利时司法法典》第1676条、第1677条；1994年《意大利民事诉讼法》第807条；1987年《瑞士联邦国际私法法规》第178条第1款；1981年《法国民事诉讼法典》第1442条、第1443条、第1447条等。

② 杨秀清：《协议仲裁制度研究》，法律出版社2006年版，第67页。

③ Klaus Peter Berger, *International Economic Arbitration*, Kluwer Law and Taxation Publishers, 1993, pp. 135 – 136. 转引自赵健：《国际商事仲裁的司法监督》，法律出版社2000年版，第69页。

④ ［英］艾伦·雷德芬等：《国际商事仲裁法律与实践》，林一飞、宋连斌译，北京大学出版社2005年版，第143页。

法》规定:"'仲裁协议'是指当事人同意将他们之间一项确定的契约性或非契约性的法律关系中已经发生或可能发生的一切争议或某些争议交付仲裁的协议。"[①]1996年《英国仲裁法》第6条对仲裁协议的定义是:"将现存的或将要产生的争议提交仲裁的协议(不论是否为契约性的)。"《韩国仲裁法》第2条第1款规定:当事人达成了全部或部分地以仲裁方式解决当事人之间发生的或可能发生的有关私法中法律问题的协议时,仲裁协议即行生效。《法国民事诉讼法典》第1442条、第1447条、第1448条,以及荷兰、西班牙、比利时等国的仲裁法也都作了类似的规定。[②]

上述三个要件中,主体要件为所有商事合同所要求,体现了仲裁协议一般的合同特性。形式要件、实质要件则体现了仲裁协议区别于一般合同的特殊性,故本文对仲裁协议要件的讨论主要针对形式要件与实质要件展开。

二、我国仲裁协议要件的规定及存在的问题

在仲裁协议司法审查中,如果适用的是我国法律,则须依据我国《仲裁法》关于协议要件的规定来确认仲裁协议的效力。

(一)我国仲裁协议要件的规定

我国《仲裁法》对仲裁协议要件的规定集中在第16条、第17条、第18条,这三条规定共同构成了认定一项仲裁协议是否成立及是否有效的依据。[③] 其中,第16条规定:"仲裁协议包括合同中订立的仲裁条款和以其他书面方式在纠纷发生前或者纠纷发生后达成的请求仲裁的协议。仲裁协议应当具有下列内容:(一)请求仲裁的意思表示;(二)仲裁事项;(三)选定的

---

① 原1985年《示范法》第7条。2006年修订的《示范法》关于仲裁协议有两种备选案文,一种规定了仲裁协议的定义,另一种规定了仲裁协议的定义和形式。两种案文对仲裁协议的定义是一致的。

② 参见于喜富:《国际商事仲裁的司法监督与协助——兼论中国的立法与司法实践》,知识产权出版社2006年版,第190页。

③ 参见苏庆、杨振山:《仲裁法及配套规定新释新解》,人民法院出版社1999年版,第149~198页。

仲裁委员会。”该法第17条规定了仲裁协议无效的三种情形：约定的仲裁事项超出法律规定的仲裁范围（争议事项不具有可仲裁性）；无民事行为能力人或者限制民事行为能力人订立的仲裁协议（当事人不具备缔约能力）；一方采取胁迫手段，迫使对方订立仲裁协议（意思表示不真实）。该法第18条规定：“仲裁协议对仲裁事项或者仲裁委员会没有约定或者约定不明确的，当事人可以补充协议；达不成补充协议的，仲裁协议无效。”从该三条规定来看，我国仲裁协议要件是由《仲裁法》第16条、第17条、第18条分别从不同的角度作出规定的。第16条从正面规定了仲裁协议的形式要件为“书面形式”，实质要件为“请求仲裁的意思表示、仲裁事项、选定的仲裁委员会”；第17条、第18条从反面规定了仲裁协议无效的情形，即不符合实质要件的仲裁协议无效。

2006年最高人民法院颁布《仲裁法解释》，对形式要件和实质要件的具体认定问题作出了尽量使其符合实际需要的解释。(1)形式要件方面。首先，对“书面形式”的含义进行了扩张解释。该解释第1条规定：“仲裁法第十六条规定的‘其他书面形式’的仲裁协议，包括以合同书、信件和数据电文（包括电报、电传、传真、电子数据交换和电子邮件）等形式达成的请求仲裁的协议”。其次，明确了适当的援引也符合“书面”的形式要件。该解释第11条规定：“合同约定解决争议适用其他合同、文件中的有效仲裁条款的，发生合同争议时，当事人应当按照该仲裁条款提请仲裁。涉外合同应当适用的有关国际条约中有仲裁规定的，发生合同争议时，当事人应当按照国际条约中的仲裁规定提请仲裁。”(2)实质要件方面，对必须有“选定的仲裁委员会”之规定进行“软化”处理，即对于仲裁机构约定不明的仲裁协议，如果存在以下几种情形，也可以认定选定了仲裁机构：①仲裁机构名称不准确，但能够确定具体的仲裁机构的；②仲裁协议仅约定纠纷适用的仲裁规则，但当事人达成补充协议或者按照约定的仲裁规则能够确定仲裁机构的；③仲裁协议约定两个以上仲裁机构，当事人选择了其中一个仲裁机构申请仲裁且就该选择达成一致的；④仲裁协议约定由某地的仲裁机构仲裁而该地仅有一个仲裁机构，或者该地有两个以上仲裁机构，当事人选择其中一个仲裁机构申请仲裁且就该选择达成一致的。[①]

（二）存在的问题

我国仲裁协议要件的规定，除了“仲裁委员会”的称谓不符合国际通例之外，[②]还存在过于严格和僵硬的问题。主要表现在以下几个方面：

1. 仲裁协议形式要件的规定不能反映新形势下出现的各类情况。我国《仲裁法》第 16 条规定的仲裁协议形式要件，是合同中订立的仲裁条款和以其他书面方式达成。这一规定明确了仲裁协议必须具备“书面形式”这一形式要件，但对何谓“书面形式”，并未作出具体、明确的界定，影响了法律条文的可操作性。为此，《仲裁法解释》对《仲裁法》中的“其他书面形式”进行了部分的列举，实际上是扩大了对传统“书面形式”的界定，统一了对“书面形式”的理解，但是其所列举的形式较为有限，在技术日新月异、新的商业交易模式不断涌现的情况下，许多新情况已经远非《仲裁法解释》对“书面”的界定所能涵盖，仲裁庭和法院对于实践中涌现的许多问题，无法在《仲裁法解释》中寻找到依据，比如，仲裁协议可否由除了当事人签署之外的形式予以证明，可否由当事人口头达成或援引，当事人之间无书面仲裁协议但参加了仲裁的实体答辩能否视为存在书面协议等。尽管《仲裁法》《仲裁法解释》分别采用了“其他书面形式”“等形式达成”这些留有余地的用语，使仲裁庭与法院得以在司法实践中灵活处理，不断丰富“书面形式”的内涵，但是通过个案对“书面形式”不断作出解释的效率是较为低下的，而且我国不是判例法国家，如果不在成文法中明确，各地就会出现理解不同、司法尺度不一的情况。因此，有必要对现有的规定进行完善，否则既不符合时代的要求，也不

---

① 参见《仲裁法解释》第 3 条、第 4 条、第 5 条、第 6 条。

② 各国的仲裁机构多使用“仲裁中心”“仲裁院”等称谓，因此“仲裁委员会”的称谓不符合国际通例。

利于维护契约自由。

2. 否定了仲裁机构约定不明的仲裁协议的效力。根据我国《仲裁法》的规定,仲裁协议没有约定仲裁机构或约定不明,当事人又达不成补充协议的,协议无效。因此,该规定直接否定了对仲裁机构约定不明的仲裁条款的效力,不仅不合理,也违反仲裁精神。

首先,当事人在合同中表达了提交仲裁的意思,就表明了其有意将争议提交仲裁解决而非诉讼解决。如果仲裁协议效力仅因未约定明确的仲裁机构就被否定,当事人缔约时提请仲裁的意愿便无法实现,这有违尊重当事人意思自治原则。

其次,这一规定经常导致当事人以仲裁机构约定不明为由对仲裁管辖权提出异议,造成程序的拖延甚至仲裁中止,这不仅在管辖问题上耗费仲裁机构和人民法院大量的精力,而且纵容了一方当事人不诚信的行为。尽管我国《仲裁法》及《仲裁法解释》允许当事人采取"达成补充协议"的方法进行补救,以明确约定的仲裁机构使仲裁协议有效,但当事人如不进行这种补救,该仲裁协议就是无效的。况且,这种补救在实践中意义并不太大,因为一方当事人提出仲裁管辖异议,大多是基于事后反悔,不愿意将争议提交仲裁。此时当事人之间对立情绪较重,已经较难就仲裁达成一致意见,寄希望于他们再就仲裁机构问题协商达成补充协议或者在约定两个仲裁机构的情况下就机构的选择达成一致已不大现实。"尤其在一次性商业博弈中,期待当事人保持合作态度对仲裁协议予以补救的情况更是不可多得。"①

3. 仲裁类型受限。仲裁分为机构仲裁和临时仲裁两种。② 临时仲裁是相对于机构仲裁而言的一种仲裁类型,是"当事人依法自主指定仲裁员,由该仲裁员自主控制仲裁程序的一种仲裁方式。"③临时仲裁是仲裁的初始形

① 汪祖兴:《中国仲裁制度的境遇及改革要略》,法律出版社2010年版,第62页。

② 临时仲裁的英文名称为"ad hoc arbitaration",中文名称还存在其他的翻译,如特别仲裁、随意仲裁。

③ Goode, Royston Miles, *Commercial Arbitration*, Penguin Books/Allen Lane Inc., 1982, p.973.

态，在仲裁机构出现之前已经存在了几百年时间，至今仍被广泛应用。在大多数国家，临时仲裁与机构仲裁并存。在少数国家如希腊、葡萄牙，临时仲裁甚至成了主要的仲裁形式，"尤其是希腊，曾一度地取消机构仲裁，而普遍地推行临时仲裁"。①

我国《仲裁法》把"选定的仲裁机构"作为仲裁协议要件，等于只允许机构仲裁而不允许临时仲裁。② 这种限制仲裁类型的规定在实践中出现不少问题，主要有：

1. 限制了当事人选择仲裁类型的自由。临时仲裁有其独特的不可替代的长处。③ 不同类型的仲裁可以满足不同当事人的不同需求，不允许临时仲裁违背和限制了当事人更加广泛和多元化的意愿，这与仲裁崇尚当事人意思自治的特点相悖。同时也导致临时仲裁相较于机构仲裁的优势得不到发挥。

2. 不符合海事仲裁的习惯，影响了我国海事仲裁业的发展。现今全球范围内，每年都有不计其数的国际商事争议，尤其是海事纠纷是通过临时仲裁的方式解决的。④ 从事海事业务的商人到处漂泊、流动，加上船只港口停靠、货物堆场租赁等均须开销的原因，对仲裁的效率和灵活度有更高的要求，往往希望通过临时仲裁使纠纷灵活、高效地得到解决。在海事仲裁中，当事人习惯只写明仲裁地，而不写明仲裁机构。但在我国，因只写明仲裁地

---

① 谭兵主编：《中国仲裁制度研究》，法律出版社 1995 年版，第 68 页。

② 除了我国政府与外国政府之间签署的双边投资保护协定中规定，由于履行双边协定或者政府与外国投资者之间的争议可以通过由三人组成的临时仲裁庭解决外，我国现行仲裁制度中没有临时仲裁存在的依据。因此，就国际商事仲裁而言，并没有临时仲裁存在的余地。

③ See Zhang Tietie, "Enforceability of Ad Hoc Arbitration Agreements in China: China's Incomplete Ad Hoc Arbitration System", *Cornell Int'l Law Journal* 46, 2013, p.364.

④ 参见赵秀文主编：《国际商事仲裁法》，中国人民大学出版社 2014 年版，第 342 页。

而被认定无效的海事仲裁协议不胜枚举。[①] 多年来,这种情况并未有所改观,2015 年最高人民法院在《关于中海北方物流有限公司与本溪北京钢铁集团进出口有限公司航次租船合同纠纷涉外仲裁条款效力请示的复函》中再次强调:"仲裁条款虽然约定在北京仲裁,但并未明确选定仲裁委员会,根据《仲裁法》第 16 条第 3 款第 3 项和第 18 条的规定,该仲裁条款因没有约定仲裁机构而无效。"[②]在这种情况下,海事纠纷的当事人自然不愿选择在我国仲裁,同时也非常不利于我国海事仲裁业的发展。

3. 降低了我国内地的仲裁吸引力,不利于国际商事仲裁在我国的发展。在我国的司法实践中,当事人约定不同的仲裁地能直接影响临时仲裁协议的效力及裁决的执行力:如果约定在我国进行临时仲裁,则适用仲裁地的法律,该协议无效;如果约定在允许临时仲裁的外国或地区进行临时仲裁,则适用仲裁地的法律,该协议就是有效的,作出的裁决也能得到我国的承认和执行。[③] 由于仲裁案件具有在全球范围内"浮动"的特点,对于可以自由约定仲裁地的当事人而言,自然更愿意选择一个"仲裁友好型"国家或地区,比如,机构仲裁和临时仲裁都得到允许的地点作为仲裁地。而我国对临时仲

---

① 有统计资料表明,中国海事仲裁委员会 1996 年和 1997 年每年有 20% 的案件因当事人订立的仲裁条款为"在北京仲裁"而无法受理。参见赵健:《国际商事仲裁的司法监督》,法律出版社 2000 年版,第 64 页。

② 参见〔2015〕民四他字第 22 号《关于中海北方物流有限公司与本溪北京钢铁集团进出口有限公司航次租船合同纠纷涉外仲裁条款效力请示的复函》。该案仲裁条款的表述为:"Any disputes arising under the Charter Party shall be settled amicably. In case no such settlement can be reached, the matter in dispute shall be referred to three persons at Beijing and according to Chinese law. One chosen by each of the parties and the third by the two so enforcing the award, this agreement may be made a rule of the court. The arbitrators shall be commercial men."

③ 对约定在外国进行临时仲裁的仲裁协议效力予以认定最早始于 20 世纪 90 年代广州远洋运输公司与美国公司仲裁案件;2005 年施行的《仲裁法解释》对仲裁协议效力的准据法如何认定作出规定后,为适用仲裁地法认定此类仲裁协议的效力提供了法律依据。对于外国临时仲裁作出的裁决,当事人可以依据《纽约公约》向我国法院申请承认和执行,2015 年施行的《民事诉讼法解释》第 545 条又从国内立法的层面对此进行了明确。该条规定:"对临时仲裁庭在中华人民共和国领域外作出的仲裁裁决,一方当事人向人民法院申请承认和执行的,人民法院应当依照民事商事法第二百八十三条规定处理。"

裁的限制必然使国际商事活动中发生的大量临时仲裁案件到中国以外的其他国家或地区进行,这明显不利于我国国际商事仲裁业的发展。

三、完善我国仲裁协议要件的建议

(一)形式要件的完善

笔者认为,书面形式的仲裁协议有据可查,故我国法律强调其书面形式仍有必要,但需对"书面形式"作出更为宽松、灵活的规定。笔者建议,除了将《仲裁法解释》第1条规定的内容明确规定属于"书面形式"外,还通过立法确定,以下两种情形也应视为符合"书面形式"的要求:(1)仲裁协议能够以任何形式记录下来的。(2)根据当事人特定的行为能够推定出存在仲裁合意的。如当事人在仲裁程序中就争议的实体问题进行辩论;当事人在仲裁申请书和答辩书的交换中以及相互往来的索赔声明和抗辩声明中,一方当事人声称有仲裁协议而对方不作否定表示;或者一方作出愿意将争议提交仲裁的书面承诺,另一方申请仲裁等。

作此建议的具体理由是:

1. 上述规定符合实践的需要。国际商事仲裁实践中,当事人之间达成仲裁合意的方式并不局限于合同书、信件、数据电文等形式,有些情况是口头达成了仲裁的合意或援引的某一仲裁协议。比如,在海难救助中,通常的做法是遇难船舶的船长与救助船舶船长之间电话联系,口头协议同意适用劳合救助合约(Lloyd's Open Form)。该格式合约中含有仲裁解决争议的条款,①若事后双方因救助报酬发生争议,当事人应受该仲裁条款的约束。再如,在仲裁过程中,经常发生的情况是双方当事人口头答应仲裁员如何行事或口头更改仲裁庭的组成方式。仲裁员不再要求当事人事后书面确认该口

① See Robert Merkin, "Arbitration Act 1996—An Annotated Guide",1996, p.20.

头约定,而仅是作出记录。[1] 还有些情况是当事人之间虽然没有签字的仲裁协议,但通过其他文件所载明的内容可以确定双方存在仲裁的意愿,或者当事人通过的某些特定的行为表明了仲裁的意愿。上述情形中的当事人之间都存在明确的仲裁合意,但合意达成的形式却不完全符合我国现有法律规定的"书面形式"要件。如果将建议的两种情形纳入"书面形式"的含义里,就能囊括实践中出现的诸多新情况,解决实践中发生的新问题。

2. 上述规定符合国际发展趋势。从国际立法来看,继《纽约公约》对仲裁协议的书面形式作出规定后,1985 年联合国《示范法》明显拓展了"书面"的范围。该法第 7 条第 2 款规定了 4 种满足"书面"要求的形式,[2]但是该法在要求签署书面协议方面的保守态度依然遭到了批评:"在当今的贸易中,有许多合同,甚至一些书面合同,都没有书面签字。将示范法的范围起草得如此狭窄,把这些合同排除在示范法之外是目光短浅。"[3]为此,2006 年贸法会对《示范法》作了重大修改,并提供了两种备选方案:一种方案,是界定仲裁协议的概念,同时保留书面形式的要求,并在 1985 年条文的基础上对满足"书面形式"要求的情形作了更为宽泛的规定。[4] 另一种方案,则是仅界定仲裁协议的概念,不再对书面形式作出要求,也不列举任何具体的形式。从各国国内立法来看,21 世纪 90 年代中后期许多国家的仲裁立法都扩展了"书面"的范围。如 1996 年《英国仲裁法》第 5 条将规定书面仲裁协议中的"书

---

① 参见杨良宜:《国际商事仲裁》,中国政法大学出版社 1997 年版,第 126 页。

② 这 4 种形式分别为:(1)仲裁协议载于当事人签字的文件中;(2)仲裁协议载于当事人往来的书信、电传、电报或者提供记录的其他电讯手段中;(3)在申诉书和答辩书中一方当事人声称有仲裁协议,而他方未作否认表示;(4)当事人在合同中援引载有仲裁条款的一项文件,如果该合同是书面的并且这种援引足以使该仲裁条款成为合同的一部分,该仲裁条款即构成书面的仲裁条款。

③ 参见赵健:《国际商事仲裁的司法监督》,法律出版社 2000 年版,第 71 页。

④ 《示范法》的规定为:(1)仲裁协议的内容以任何形式记录下来的,即为书面形式,无论该仲裁协议或合同是以口头方式、行为方式还是其他方式订立的;(2)电子通信所含信息可以调取以备日后查用的,即满足了仲裁协议的书面形式要求;(3)仲裁协议如载于相互往来的索赔声明和抗辩声明中,且一方当事人声称有协议而另一方当事人不予否认的,即为书面协议;(4)在合同中提及载有仲裁条款的任何文件的,只要此种提及可使该仲裁条款成为该合同的一部分,即构成书面形式的仲裁协议。

面”，规定为“借以将资料记载的任何方式”，并具体规定了6种情形均视为“书面”。[①] 1996年12月18日通过的《香港仲裁条例》关于书面形式的界定与英国一致。继英国之后，1998年《德国民事诉讼法典》第1031条也规定了6种情形。[②] 随后的1999年、2000年、2002年，瑞典、美国、韩国也相继对其仲裁法作了类似的修改。从上述国际立法趋势可以看出，各国为了兼顾书面形式的重要性和顺应时代发展、支持仲裁，都采取了较为相似的做法，即在规定书面形式的基础上，对“书面形式”的含义作扩张的规定，根据现代商事交易的新形势，最大限度地将足以证明仲裁协议存在的各种情形纳入“书面形式”的范畴。

3. 作此规定灵活且具备可操作性。对仲裁协议作书面形式的要求，是为了维护书面协议所表示的当事人仲裁意愿的稳定性，保证仲裁的权威。但随着通信技术等科学技术的发展，能够证明仲裁意愿存在的方式并不再局限于传统的仲裁条款和仲裁协议书。无论仲裁协议采用何种形式，只要能被记载下来并且事后可以被再次提取以证明协议的存在，就具备了书面形式中的“被记载”的属性。既然当事人之间的仲裁合意有据可查且足够证明，法院就可以在判断当事人真实意思表示之后认定存在仲裁协议；而若当事人以实际行动参与了仲裁，则是当事人将仲裁意愿付诸实践，其仲裁意愿

---

① 该6种情形为：(1)该协议以书面形式达成，不论当事人签署与否；(2)该协议以书面通信交换的方式达成；(3)该协议可以书面形式证明；(4)如果约定援引某项条款是书面的，当事人之间的协议即是书面的；(5)如果协议为一方当事人或者当事人授权的第三方所记录，该协议即被证明为书面的；(6)在仲裁和司法程序中，当事人一方书面主张存在一项协议，对方未书面予以否认的，则当事人之间视为存在书面协议。

② 该条规定的情形为：(1)仲裁协议应包括在当事人签署的文件或交换的信件、电传或其他可提供协议记录的电讯中。(2)如仲裁协议已包括在一方传递给另一方或第三方传递给双方的文件中，并且其内容根据惯例被视为合同的一部分，则应认为已经符合第1款规定的形式要求。(3)符合第1款或第2款的形式要件的合同中援引包含有仲裁条款的文件，如该援引是为了使所述仲裁条款成为合同的一部分，则该援引构成仲裁协议。(4)如海运提单明确援引了租船合同的仲裁条款，则提单的签发也可以达成仲裁协议。(5)消费者是一方当事人的仲裁协议应包括在当事人亲自签署的文件中。(6)在仲裁程序中对争议实体进行讨论即可弥补任何形式要件上的不符点。

的真实性无须再以书面文件证明，法院也可以肯定此种情况下仲裁协议的存在。

4. 在实践中，我国法院的若干案例已体现类似精神。比如，在“海南桃园酒店申请撤销海口仲裁委员会仲裁裁决一案”中，法院根据否认仲裁协议的一方当事人发给海口仲裁委员会同意仲裁的函，认定当事人之间存在仲裁协议。① 在2014年的“澳大利亚CBH谷物有限公司申请承认和执行英国谷物和饲料贸易委员会仲裁裁决案”中，当事人未在包含仲裁条款的合同上签字，仅签署了一份会议纪要，该纪要本身也未载有仲裁条款，但纪要的内容能推定出当事人对合同中仲裁条款的接受，法院认定会议纪要与合同构成双方之间达成书面仲裁协议的依据。② 这一认定丰富了“书面形式”的界定，该案中的会议纪要即属于能够证明双方达成了仲裁合意的书面证据。此外，我国也有案例体现出了法院在一定程度上认可通过当事人的某些行为认定仲裁协议的存在，如通过当事人参加仲裁并就实体问题答辩的行为，来推断其与对方达成了仲裁的合意。③ 我国现有的司法解释也已规定了比较类似的情形，即《仲裁法司法解释》第7条和第13条，④该两条的精神是：

---

① 参见海南省海口市中级人民法院〔1997〕海中法仲字第3号。

② 参见最高人民法院〔2014〕民四他字第19号复函。最高人民法院在复函中认为，四海公司虽然未在包含仲裁条款的GFR/CIF合同上签字，但双方当事人经协商签订了一份会议纪要，同意对CFR/CIF合同进行修改，修改的内容仅涉及数量、信用证、价格，未明确排除适用合同的其他条款（包括其中的仲裁条款），因此CFR/CIF合同及会议纪要构成双方之间的合同依据，相应地，其中的仲裁条款构成双方之间的书面仲裁协议。当事人以未达成仲裁协议为由拒绝承认和执行裁决没有充分依据。

③ 2002年的塞浦路斯·马塞尔公司申请执行英国临时仲裁裁决案、2003年的清华同方光盘股份有限公司司法追诉案。

④ 该解释第7条规定：“当事人约定争议可以向仲裁机构申请仲裁也可以向人民法院起诉的，仲裁协议无效。但一方向仲裁机构申请仲裁，另一方未在仲裁法第二十条第二款规定期限内提出异议的除外。”该解释第13条规定：“依照仲裁法第二十条第二款的规定，当事人在仲裁庭首次开庭前没有对仲裁协议的效力提出异议，而后向人民法院申请确认仲裁协议无效的，人民法院不予受理。仲裁机构对仲裁协议的效力作出决定后，当事人向人民法院申请确认仲裁协议效力或者申请撤销仲裁机构的决定的，人民法院不予受理。”而《仲裁法》第20条第2款规定的对仲裁协议效力提出异议的期限就是“仲裁庭首次开庭前”。

若一方提起仲裁后，另一方参与了实体答辩且没有对管辖提出异议，即视为放弃对仲裁管辖提出异议的权利。但是现有的解释仅指存在仲裁协议但对协议效力存在争议的情形，对于当事人之间不存在书面的仲裁协议，是否也可以根据当事人的特定行为认定仲裁合意存在的问题尚未作出规定。同时，上述所列举的若干司法案例并不具有普遍的约束力，最终仍需通过完善法律规定来实现仲裁协议形式要件制度的完善。

（二）实质要件的完善

笔者建议取消“选定的仲裁委员会”这一要件，将实质要件从三要件改为两要件，即一项仲裁协议只需包含仲裁意愿和仲裁事项这两个实质要件即可。理由是：

1. 我国的规定与各国仲裁立法相背离。各国立法规定的仲裁协议实质要件中均无“约定的仲裁机构”这一要件，[①]将仲裁委员会作为仲裁协议的必备要素这一规定在各国立法中是“罕见的”。[②]

2. 我国的规定没有区分仲裁协议的“有效性”与“可执行性”。有学者认为，要区分仲裁协议的有效性与可执行性。[③] 笔者赞同该观点：仲裁协议无效是自始无效，无法进行补救。而仲裁机构不明确（无论是仲裁协议未约定仲裁机构，还是根据仲裁协议无法推定出仲裁机构）只是仲裁协议不能执行，导致仲裁程序不能顺利启动。将此类协议认定为无效，是混淆了仲裁协议“有效性”与“可执行性”这两个概念。仲裁机构无法确定只说明仲裁协议不可执行，它是可以补救的。事实上，不少国家都有对仲裁机构不能确定的仲裁协议进行补救的机制，比如，英国法院早在 1969 年审理的霍布斯案

---

① 参见杨秀清：《协议仲裁制度研究》，法律出版社 2006 年版，第 138 页；乔欣主编：《比较商事仲裁》，法律出版社 2004 年版，第 178 页；康明：《商事仲裁法律服务研究》，法律出版社 2005 年版，第 100 页。

② 韩健：《仲裁协议中关于仲裁机构的约定》，载《中国对外贸易》2002 年第 2 期。

③ 杨秀清：《协议仲裁制度研究》，法律出版社 2006 年版，第 39 页。

[Hobbs Padgett & Co (Reinsurance) Ltd. v. J. C. Kirkland and Kirkland]中,就将只有"适当仲裁"字眼的仲裁协议认定为有效。[①] 根据英国仲裁法的规定,法院为保证仲裁意愿的执行,有权应一方当事人的申请,指引当事人将一个仅有仲裁意愿的协议变得明确可执行。比如,规定若一方当事人不配合,可以将双方当事人指定仲裁员变成独任仲裁员。[②] 在美国,法院可以在当事人未对仲裁机构明确约定时下达强制仲裁的命令。[③] 在法国,只要仲裁协议提及"任何争议通过仲裁解决"或者"争议在巴黎解决"即有效,对于国际仲裁中仲裁庭组成有困难的,若仲裁地在法国或约定适用法国程序法,巴黎高等法院可以提供协助。[④] 我国完全可以借鉴仲裁发达国家的做法,在取消"选定的仲裁委员会"作为仲裁协议实质要件的同时,在《仲裁法》中规定对仲裁机构约定不明时的补救方式,并赋予仲裁庭完全的自裁管辖权,从而使仲裁机构约定不明的仲裁协议能得到执行。

3. 对仲裁协议效力的审查,应以推定其有效、尽力帮助当事人实现其最初的仲裁意愿为原则,而非动辄认定仲裁协议无效,阻止其意愿的实现。首先,这符合商人的立场和商事活动的特点。商人不是法学家,许多仲裁协议都是"午夜条款",要求他们在仲裁协议中作出完全符合法律规定的约定是过于严苛的,正如有些学者所说:"对商人而言,要求他们把有限的精力从无限的商业利益追逐中转移出一部分在法律的研修上,这是属于想象力的冒

---

① 萨尔曼(Salman)法官对此的解释是:适当仲裁条款的含义是双方当事人已经同意,本话题项下所产生的任何争议,包括对合同含义的争议,均应提交仲裁而不是法院解决。如果当事人不能就仲裁员达成一致,他们可以援引 1950 年英国《仲裁法》中的条款,由法院指定一名仲裁员。See John Paris, *Casebook of Arbitration Law*, George Godwin Limited, 1976, pp. 62 –65. 转引自赵秀文主编:《国际商事仲裁法》,中国人民大学出版社 2014 年版,第 65 页。

② 参见王彦君:《人民法院审查与协助执行涉外商事海事仲裁案件的法律与适用》,载最高人民法院民事审判第四庭编:《涉外商事海事审判指导》,人民法院出版社 2009 年版,第 181 页。

③ 参见韩健:《现代国际商事仲裁法的理论与实践》(修订本),法律出版社 2000 年版,第 59 ~60 页。

④ 同上书,第 163 页。

险。"[①]其次,这符合现代仲裁司法审查中支持仲裁的理念。《纽约公约》中仲裁协议制度的基本思想就是"仲裁协议推定有效",公约的起草者们为了消除仲裁协议之一方当事人事后反悔而将争议提交法院的可能性,建立起了一套"赞成执行""赞成仲裁"的制度,而该制度依赖于对仲裁协议有效性的推定成立。[②] 我国仲裁立法中也应尽量体现这一理念。

4.避免当事人经常以未明确约定仲裁机构为由提出仲裁管辖异议,促使当事人遵守最初订立仲裁协议时的承诺。同时,在仲裁协议的内容要件上不作过多强行性的规范,也给法院的认定预留了足够的空间,能让法院作出支持仲裁的解释,推动仲裁事业的发展。

(三)分步走地允许临时仲裁

不少学者认为:大部分国家的仲裁立法以及有关国际仲裁公约,都对临时仲裁作出了规定。加之临时仲裁具有办案快、费用低、形式灵活、对当事人的意愿更为尊重等优势,在实践中尤其是在小额案件中颇受当事人的欢迎,实践中大部分争议可主要通过临时仲裁解决。因此,中国应当与国际接轨,增设临时仲裁制度让当事人自由选择仲裁类型。[③] 也有个别学者坚持不引入该制度,认为"临时仲裁存在自身缺陷,就我国目前的经济水平、市场规模及其他具体国情来看,引入临时仲裁未免操之过急"。[④]

对于临时仲裁在我国的引入,笔者亦持赞同的观点。我国对外贸易近

① 谭兵主编:《中国仲裁制度的改革与完善》,人民出版社 2005 年版,第 519 页。

② See The International Council for Commercial Arbitration, "ICCA's Guide to the Interpretation of the 1958 New York Convention: A Handbook for Judges", 2012, p. 8.

③ 参见赵健:《国际商事仲裁的司法监督》,法律出版社 2000 版,第 62 页;谭兵主编:《中国仲裁制度的改革与完善》,人民出版社 2005 年版,第 280 页;赵秀文主编:《国际商事仲裁法》,中国人民大学出版社 2014 年版,第 342 页;康明著:《商事仲裁服务研究》,法律出版社 2005 年版,第 192 ~218 页;李乾贵、徐柯柯、林巧:《临时仲裁在中国的法制思考》,载韩健主编:《涉外仲裁司法审查》,法律出版社 2006 年版,第 500 页。

④ 张茂亮:《临时仲裁应当缓行》,载《北京仲裁》2005 年第 2 期。

几年取得了飞速的发展,不允许临时仲裁已经与我国发展对外贸易投资、及时处理贸易投资争议以及发展我国国际商事仲裁业的需要不相适应。结合前文所述的临时仲裁的优势以及限制临时仲裁导致的弊端,我国允许临时仲裁有其必要性。但是,从目前来说,还不具备一下子就全面放开临时仲裁的条件(理由在后文阐述)。为此,笔者建议对临时仲裁采取分步走的方式:第一步,先对海事领域的纠纷和在自由贸易试验区(以下简称自贸区)注册的企业发生的纠纷允许临时仲裁,以便为全面允许临时仲裁积累经验。至于临时仲裁涉及的一些管理性、事务性的工作,如根据当事人的请求指定仲裁员、决定当事人申请的回避事项、核定仲裁员报酬标准、管理案件的财务、根据当事人的约定核阅裁决书等,可以借鉴国际上机构仲裁与临时仲裁融合的一些做法,由国家指定"中国海事仲裁委员会""中国经济贸易仲裁委员会"等仲裁机构负责。第二步,待临时仲裁试点取得一定经验之后,全面放开对临时仲裁的限制。质言之,就是态度要积极,步子要走稳。其具体意见和理由是:

1.对海事纠纷允许临时仲裁。首先,临时仲裁灵活、自主、高效和便捷的特性可以快速解决当事人之间的纠纷,尤其适合海事仲裁。在海上进行商业活动的商人四处漂泊、流动,对仲裁的效率有更高的要求,因此,国际海事仲裁争议大多数选用临时仲裁方式解决。[①] 且在海事航运数百年的发展过程中,已经形成了通过临时仲裁来解决纠纷的惯例。受此影响,我国航运当事人在海运合同的仲裁条款中也习惯只写明仲裁地点,如"在北京仲裁""在香港仲裁""在合同履行地或签订地仲裁"等,我国如果不允许海事纠纷临时仲裁,则会严重影响当事人选择解决纠纷方式的自主性。因此,允许在海事仲裁中适用临时仲裁有其紧迫性。其次,允许海事纠纷临时仲裁,对发展我国航运业、成为海洋大国有积极作用。我国沿海有多个港口,具备良好

---

① 参见梁堃:《英国1996年仲裁法语中国仲裁法的修改:与仲裁协议有关的问题》,法律出版社2006年版,第44页;赵秀文主编:《国际商事仲裁法》,中国人民大学出版社2014年版,第342页。

的发展航运的条件，近几年也发展迅速。上海港在2010年8月就首次跃居世界第一大港，集装箱吞吐量位居世界第一，但却不是国际上有影响力的航运中心。北京海事仲裁委员会对国际海事仲裁的影响力也不如伦敦、新加坡等几个重要航运中心。目前国际上通过临时仲裁解决的海上争议，仲裁地最多的是伦敦，[①]这与该国几百年积累的各种航运资源以及提供包括临时仲裁在内的各种航运服务有密切关系。我国要想后来居上、发展成为海洋大国，途径之一就是发展海事临时仲裁。

2. 在自贸区实行临时仲裁。

首先，在自贸区实行临时仲裁有其必要性和可行性。习近平总书记对自贸区建设作出了"大胆闯、大胆试、自主改"的指示，国务院批准的《进一步深化中国（上海）自由贸易试验区改革开放方案》明确指出："进一步对接国际商事争议解决规则，优化自贸试验区仲裁规则，支持国际知名商事争议解决机构入驻，提高商事纠纷仲裁国际化程度。探索建立全国性的自贸试验区仲裁法律服务联盟和亚太仲裁机构交流合作机制，加快打造面向全球的亚太仲裁中心。"故在自贸区实行临时仲裁是贯彻习近平总书记指示和国务院改革方案的实际行动。同时，自贸区有试验区性质，是我国对外贸易发展的前沿阵地，是各项制度创新的试验田。因此，在自贸区探索临时仲裁制度有其政策上的优势，能早日形成制度创新的成果，如果试点中出现问题，也容易得到修正。

其次，在自贸区实行临时仲裁制度有环境和人才的基础。自贸区具有开放程度高、监管高效便捷、资本流通迅速，各项政策灵活，法律保障到位等优势。自贸区内的企业国际化程度较高，对自身的诚信会比较重视。同时，区内国际金融、贸易、航运、仲裁等领域的国际优秀经济、法律人才集聚。这些企业与人士在长期国际贸易商事纠纷处理中积累了较多的仲裁经验，能

---

① 参见梁堃：《英国1996年仲裁法语中国仲裁法的修改：与仲裁协议有关的问题》，法律出版社2006年版，第44页；赵秀文主编：《国际商事仲裁法》，中国人民大学出版社2014年版，第40页。

起到较好的示范效应,有利于早日在全国范围内推开。

最后,在自贸区实行临时仲裁有利于优化自贸区投资环境,吸引外商入驻,促进自贸区发展。

令人欣喜的是,笔者在该书写作过程中,最高人民法院于2016年12月31日发布了《关于为自由贸易试验区建设提供司法保障的意见》(以下简称《自贸区保障意见》),该《自贸区保障意见》第9条规定:允许在自贸试验区注册的企业之间选择中国内地"特定地点",按照"特定仲裁规则",由"特定人员"对争议进行仲裁。该规定体现了最高人民法院对临时仲裁既积极又慎重的态度:所谓"积极",表现在允许在自贸区内注册的企业通过临时仲裁解决纠纷;所谓"慎重",表现在要求临时仲裁以3个"特定"(特定地点、特定规则、特定人员)为条件。至于3个"特定"如何界定,还有待进一步研究和明确。

3. 目前在我国全面放开临时仲裁的条件尚不具备。

首先,临时仲裁缺乏机构的监督,其质量不如机构仲裁有保障。仲裁的质量依赖于仲裁员的素质和经验,对国际商事仲裁而言,争议能否得到公正解决,主要取决于仲裁员自身素质、能力和水平。而我国幅员辽阔,区域发展很不均衡,仲裁员水平参差不齐,许多仲裁员在仲裁经验、专业水平、职业素质方面还不高。在我国机构仲裁的体制下,仲裁机构会对仲裁员进入仲裁名册时的资格进行审查,虽然不干涉仲裁庭、仲裁员独立办案,但能对仲裁过程中仲裁员的行为进行规范,在仲裁庭作出裁决后对裁决进行审查监督。在仲裁经验、专业水平、职业素质参差不齐的情况下,对仲裁员有所监督,无疑更能保证仲裁质量。而在临时仲裁中,仲裁员并无约束和监督,其裁决如果确实存在明显不公正之处,也无法被仲裁机构修正。[①] 如果一次性放开对临时仲裁的限制,在给当事人提供了更多选择权的同时,并不能确保

---

① See Harry L Arkin, "International Ad Hoc Arbitration: A Practical Alternative", *International Business Lawyer* 5, 1987, p. 6.

当事人的权益得到真正的保障。

其次,临时仲裁缺乏固定、完善的仲裁规则,其程序的规范性和强制性都不如机构仲裁。在机构仲裁中,完善的仲裁规则往往能较好地规范当事人不充分合作的行为,较有效地避免一方当事人故意拖延仲裁程序。如《国际商会仲裁规则》规定:“如果一方当事人没有正当理由未出席仲裁听证,则仲裁庭有权使听证继续下去。”[①]临时仲裁的主要程序事项取决于当事人的意愿,没有可以遵循的完善仲裁规则,若遭遇双方不充分合作的情形,仲裁程序就无法继续。我国各地区发展很不均衡,当事人的素质参差不齐,诚信的程度更不相同。如何在我国临时仲裁的制度设计上,既最大限度发挥其优势,又尽量消减其不足,是需要实践探索和总结的。

再次,我国在临时仲裁方面毫无经验。在国际商事仲裁发展史上,先有临时仲裁,后有机构仲裁,因此临时仲裁在仲裁业发达的国家有悠久的历史、深厚的文化和法制土壤。而在我国仲裁实践中却毫无临时仲裁的经验,需要先行试点,待积累一定经验并结合我国的实际情况,制定出一套完善的适用于临时仲裁的程序规则和实施方法之后再全面放开,这样更具可行性和可操作性。

最后,目前全面放开临时仲裁的需求尚未达到迫切的程度。从总体上看,我国目前的机构仲裁已经能基本满足当事人的需要。目前我国国内仲裁机构已多达244个,平均每个省级单位有近8个。全国各地主要城市基本上都有仲裁机构,并不存在仲裁机构太少、机构仲裁不能满足当事人需要、不能方便群众的问题。当前的主要问题是机构多而不强、高端人才缺乏、总体水平不高,要解决的主要问题是如何提高仲裁机构及仲裁员的素质和水平。因此,可待临时仲裁试点取得一定经验、仲裁机构水平进一步提高、现有机构仲裁确实不能适应某些需要时,再走第二步。

---

① 《国际商会仲裁规则》第21.2条。

第三节　仲裁协议效力准据法确定制度的完善

对仲裁协议效力准据法确定问题，我国《仲裁法》未作规定。因仲裁与司法审查之需，《仲裁法解释》对此作出了规定。2011 年施行的《涉外民事关系法律适用法》终于以法律的形式规定了仲裁协议效力准据法的确定制度，但该制度仍需修改完善。本节旨在对此问题进行探讨。

一、仲裁协议效力准据法确定制度概述

（一）仲裁协议效力准据法的概念

仲裁协议效力准据法，就是指确定仲裁协议效力所应适用的某一国家的法律。具体而言，就是根据冲突规范的指引来确定适用哪一国家的法律确定仲裁协议效力。由于国际商事仲裁涉及超越一国边界的商事交往，因此仲裁协议所约定的仲裁事项至少会与一个外国的法律体系有联系。如果当事人对该仲裁协议的效力产生争议，应适用哪一国家的法律认定仲裁协议的效力，这是国际商事仲裁中不可回避或逾越的一个法律问题。仲裁协议效力准据法的确定制度回答的就是这个问题。

需要说明的是，在国际商事仲裁理论与实践中，仲裁协议效力受诸多方面因素的影响，如当事人缔约能力、仲裁协议要件、仲裁协议约定事项的可仲裁性等。这些因素所适用的法律可以是不同的。[①] 而仲裁协议效力准据法并不涵盖上述所有因素。以《纽约公约》为例，其将当事人行为能力的准

① 参见陈卫佐：《国际性仲裁协议的准据法确定——以仲裁协议的有效性为中心》，载《比较法研究》2016 年第 2 期；朱克鹏：《国际商事仲裁的法律适用》，法律出版社 2000 年版，第 24 页；韩健：《现代国际商事仲裁法的理论与实践》，法律出版社 1993 年版，第 93 页；刘晓红：《国际商事仲裁协议的法理与实证研究》，华东政法学院 2004 年博士学位论文，第 177 ~180 页。

据法、争议事项可仲裁性的准据法与仲裁协议效力的准据法作了区分,当事人行为能力的准据法留给各国国内的冲突法规范来决定(根据国际私法的冲突规范原则,当事人的行为能力一般适用属人法,即自然人居住地法或公司注册地法),[①]争议事项可仲裁性的准据法确定为被申请承认及执行国国家的法律,另外专门规定了确认仲裁协议效力的准据法的冲突规范。[②] 因此本文所讨论的仲裁协议效力的准据法也不包含当事人行为能力的准据法与争议事项可仲裁性的准据法,而仅指认定仲裁协议效力的准据法。

(二)确定仲裁协议效力准据法的重要性

由于各国法律对仲裁协议效力的问题存在不同的规定,故对于同一项仲裁协议,适用某一国家的法律可能有效,但适用另一国家的法律可能会出现完全相反的结果。杨良宜先生在其著作中举过多个案例,比如,在信利保险公司[XL Insurance Ltd. V. Owens Corning (2000) 2 Lloyd's Rep. 500]一案中,仲裁协议如果适用纽约法则无效,而适用英国仲裁法则有效。[③] 因此,仲裁协议效力准据法的确定能直接影响协议效力认定的结果,是仲裁协议司法审查的关键问题之一。

该问题的重要性在我国尤为明显,因为我国《仲裁法》对仲裁协议要件的规定在国际中是"少见的严厉"[④],特别是要求仲裁协议必须有"选定的仲裁委员会",而绝大多数国家和地区均无"选定的仲裁机构"此要件,且允许适用临时仲裁。这就导致同一项仲裁协议,适用我国法律与适用他国法律可能导致完全相反的结果。比如,一项内容为"香港仲裁适用中华人民共和

① See The International Council for Commercial Arbitration, "ICCA's Guide to the Interpretation of the 1958 New York Convention: A Handbook for Judges", 2012, p. 53.

② 参见《纽约公约》第5条第1款甲项、第2款甲项。

③ 参见杨良宜、莫世杰、杨大明:《仲裁法——从1996年英国仲裁法到国际商务仲裁》,法律出版社2006年版,第92页。

④ 同上。

国法律”(Hong Kong Arbitration PRC law)的仲裁条款,适用我国法律因未约定仲裁机构而无效,但“根据香港仲裁法而言,是一个完全有效的随意仲裁条文。”①波罗的海国际航运公会推荐并被广泛采用的格式定期租船合同“波尔的姆1939”②中,规定了临时仲裁的仲裁条款,该条款如果适用我国《仲裁法》则无效,但适用1996年《英国仲裁法》则是有效的。

(三)确定涉外仲裁协议效力准据法的规则及国际发展趋势

1. 确定仲裁协议效力准据法的一般规则

从国际公约和多数国家的规定来看,仲裁协议效力准据法的确定遵循一些普遍的规则,一般是:(1)优先适用当事人在仲裁协议中明示或默示选择的、针对协议自身的准据法;(2)当第1项选择不存在时,适用仲裁地的法律。

优先适用当事人约定的准据法是国际普遍承认的原则,因为它体现了当事人的意思自治。“当事人选择适用合同的准据法的权利,几乎在全世界都得到了确认,以至于可以认为这项原则达到了超国家的程度。”③在当事人未能约定仲裁协议效力的准据法的情况下适用仲裁地法,是因为根据国际私法关于国际合同普遍适用的“最密切联系原则”,在仲裁这一法律关系所涉及的当事人国籍、争议标的物所在地、仲裁地点、仲裁所适用的语言等各种连接因素中,仲裁地点与仲裁有着最为密切的联系。④ 此处需要说明的

---

① 杨良宜、莫世杰、杨大明:《仲裁法——从1996年英国仲裁法到国际商务仲裁》,法律出版社2006年版,第92页。

② 格式仲裁条款的内容为:“本租约项下的任何争议须提交伦敦(或第24空格中约定的其他地点)仲裁。由船东指定一位仲裁员,如仲裁不能达成一致意见,则由他们指定的首席仲裁员决定,仲裁员或首席仲裁员的裁决是终局的并对双方有约束力。”

③ Peter Nygh, *Choice of Forum and Law in International Commercial Arbitration*, Kluwer Law International, 1997, p. 19.

④ 参见赵秀文主编:《国际商事仲裁法》,中国人民大学出版社2014年版,第65~66页;杨弘磊:《中国内地司法实践视角下的〈纽约公约〉问题研究》,法律出版社2006年版,第213页。

是,世界各国普遍确认的当事人约定准据法规则,是指当事人专门针对仲裁协议自身约定准据法,而非主合同中约定的合同准据法。由于仲裁协议多以主合同中的仲裁条款形式出现,当事人往往在主合同中已经约定了合同所适用的法律,如果当事人未就仲裁协议自身的准据法作出约定,对于主合同的准据法是否就是仲裁协议的准据法,世界各国并未达成共识(后文详述)。

国际公约层面,《纽约公约》第5条第1款甲项关于"第二条所称协定……依当事人作为协定准据法之法律系属无效,或未指明以何法律为准时,依裁决地所在国法律系属无效"的规定,间接地体现了确定仲裁协议的准据法的一般规则。公约中所谓的"裁决地"通常被理解为仲裁地。《美洲国家国际商事仲裁公约》《欧洲国际商事仲裁公约》[①]也都有同样的规定。

各国国内立法层面,采纳了联合国《示范法》的国家的立法情况可以通过《示范法》来说明。[②] 2006年修订的《示范法》第34条第2款规定的仲裁地国法院可以"撤销仲裁裁决"的事由之一为:"根据各方当事人所同意遵守的法律或在未指明法律的情况下根据本国法律,该协议是无效的。"结合《示范法》关于"本法只适用于仲裁地在本国领土内"以及仲裁地法院行使裁决撤销权的规定,第34条的"本国法律"就是仲裁地法。因此,联合国《示范法》关于撤销仲裁裁决程序中仲裁协议效力准据法的确定规则与《纽约公

① 1975年《美洲国家国际商事仲裁公约》的规定与《纽约公约》内容一致,而1961年《欧洲国际商事仲裁公约》第6条第2款的规定显得更为全面:"除了当事人能力和可仲裁性以外,仲裁协议是否存在或有效应依据当事人的仲裁协议所依据的法律;如未就此点确定时,应根据裁决地国家的法律;如当事人未约定且在向法院提出问题时还不能确定将在哪一国作出裁决,就根据受理争议的法院的冲突规则所决定的法律。"

② 现今有67个国家、93个法域为采纳《示范法》的国家和地区,如德国(1998)、希腊(1999)、印度(1996)、日本(2003)、韩国(1999)、俄罗斯(1993)、新加坡(1994)、西班牙(2003)、中国澳门(1998)、中国香港(2010)、爱尔兰(2010)、马来西亚(2005)、墨西哥(1993)、新西兰(2007)、乌克兰(1994)等。

约》一致。《示范法》关于外国裁决承认与执行程序也作了同样的规定。①《美国冲突法第二次重述》也采用了同样的规则。瑞典法律规定了国际仲裁协议应适用当事人协议的法律，而在当事人未选择准据法时，倾向于适用仲裁地法。②

2. 某些国家还采用以下准据法确定方法

(1)以主合同的准据法为仲裁协议的准据法。英国、德国、澳大利亚、印度和美国均有学者主张此种观点，认为从当事人在主合同中所约定的准据法，可以推测出当事人确定了合同中仲裁条款准据法的意愿。司法实践中，这种主张得到了一些英国法院的认可，如住友公司案[Sumitomo v. Oil & National Gas (1994) 1 Lloyd's Rep. 45]，埃贡奥尔登多头公司案[Egon Oldendorff v. Liberia Corporation (1995) 2 Lloyd's Rep. 64]，彼得森农场公司案[Peterson Farms Inc. v. C&M Farming Ltd. (2004) EWHC 121 (Comm.)]与托尼克斯达有限公司案[Tonocstar Ltd. v. American Home Assurance Co. (2004) EWHC 1234 (Comm.)]，法院均认定仲裁条文的准据法与主合同的准据法一致。在2012年的巴西杰瑞水电站案[Sulamerica Cia Nacional de Seguros SA v. Enesa Engenharia SA, (2012) EWCA Civ 638]中，该观点仍得到了法院的采纳。

(2)以申请执行仲裁协议所在地国家的法律(又称为法院地法)为仲裁协议准据法。法院地法的适用属于一种法律上的"推定"，是"为了解决当事人意思自治与最密切联系因素缺位时的法律拟制"。③ 如《欧洲国际商事仲

---

① 《示范法》第34条第2款第a项第i目和第36条第1款第a项第i目。

② 参见1999年瑞典《仲裁法》第48条。该条规定：(1)如果仲裁协议指定瑞典为仲裁地，或虽未指定仲裁地，但订立合同时至少有一方为瑞典居民，则仲裁协议的实质有效性应依瑞典法律来确定；(2)如果指明在瑞典境外进行仲裁，或虽未指明是在瑞典境内还是境外仲裁，但双方当事人均居住在瑞典境外，则审查仲裁协议是指有效性的仲裁裁决已经作出时，适用裁决作出地法；在仲裁裁决尚未作出，而仲裁协议指明某一特定国家为仲裁地时，适用该仲裁地法。即使仲裁协议未明确规定仲裁地，但如能根据仲裁协议以外的情况判定当事人意欲在某国仲裁，也适用该国法律来确定仲裁协议的实质有效性。

③ 杨弘磊：《中国内地司法实践视角下〈纽约公约〉问题研究》，法律出版社2006年版，第131页。

裁公约》即规定："如当事人未约定且在向法院提出问题时还不能确定将在哪一国作出裁决，就根据受理争议的法院的冲突规则所决定的法律。"①

(3)有利于仲裁协议有效的方法。为了有利于仲裁协议有效性得以实现，一些国家并非采用单一的"意思自治原则"，或者在"当事人选择的法律"和"仲裁地法"之间有条件地选择适用，而是规定若干可能适用的法律，只要仲裁协议符合其中的一种法律，仲裁协议即有效。最典型的就是瑞士法律，该法没有采用公约和大多数国家所采用的层级式规定方式，而是采用并列式规定的方式，在多个可适用的法律之中，仲裁协议只要符合其中之一的规定即可。② 这种选择性的冲突规则，显然有利于对仲裁协议的有效性作出认定，故被学者誉为"仲裁友好型"冲突规则或"有利于有效"规则。2011 年《西班牙仲裁法》第 9 条第 6 款、《阿尔及利亚民事诉讼和行政诉讼法典》第 458a 条第 3 款均仿效瑞士的立法例，采取了有利于仲裁协议有效性的原则。③

(4)辅助性适用能够使协议有效的实体法方法。有的国家认为，国际商事仲裁协议不受制于国内法律体系，其是否有效取决于实体规定。④ 例如，法国自 Dalico 案件后，采用"当事人意图标准"来认定仲裁协议的效力，即不再援引任何国内法的规定，只要当事人有仲裁的意愿，仲裁协议即为有效。1999 年非洲商法协调组织的《仲裁统一法》采用的也是此种方法。⑤

由此可见，在国际商事仲裁协议中，常见的准据法有当事人约定的法

---

① 《欧洲国际商事仲裁公约》第 6 条第 2 款。

② 1987 年《瑞士联邦国际私法法典》第 178 条第 2 款规定："如果仲裁协议符合当事人所选择的法律或适用于争议事项的法律尤其是主合同的准据法或瑞士法律的规定，即在实质上有效。"

③ 参见陈卫佐：《国际性仲裁协议的准据法确定——以仲裁协议的有效性为中心》，载《比较法研究》2016 年第 2 期。

④ Milo Molfa, "Pathological Arbitration Clauses and the Conflict of Laws", *Hong Kong Law Journal* 37, 2007, p.161.

⑤ 《仲裁统一法》第 4 条第 2 款规定："合同无效不影响仲裁协议的效力，只要当事人有共同的仲裁意愿，仲裁协议即为有效，无需援引任何国内法的规定"。

律、仲裁地法、主合同准据法、法院地法等,有些国家则采用多种准据法并列选择的方式以尽可能地支持仲裁协议得到执行。在《纽约公约》《示范法》影响下,大多数国家在准据法的确定上,都秉持尽可能使仲裁协议有效的原则,在国际商事交易日益频繁的今日,这一原则代表了国际商事仲裁的发展趋势。

二、我国确定仲裁协议效力准据法的实践及存在的问题

(一)我国的实践

我国于1995年起施行的《仲裁法》,对于仲裁协议的法律适用这一重要问题没作出规定,这导致人民法院在《仲裁法》颁布实施之初的很长一段时间里缺乏相关的法律依据。在当事人基本不对仲裁协议的准据法作特别约定的情况下,法院内部对适用仲裁地法律还是法院地法律的问题,产生了分歧,集中体现在当事人约定在境外仲裁的仲裁协议是否有效的问题上。主张适用法院地法的观点认为,如果适用裁决地法不仅放弃了我国对约定的外国仲裁案件的实体权利的监督,也放弃了程序上的监督。[①] 经过多年探索并通过数个请示案件的答复后,[②]最高人民法院于2006年颁布了《仲裁法解释》。该解释第16条明确规定:“对涉外仲裁协议的效力审查,适用当事人约定的法律;当事人没有约定适用的法律但约定了仲裁地的,适用仲裁地法律;没有约定适用的法律也没有约定仲裁地或者仲裁地约定不明的,适用法院地法律。”这一规定将准据法的确定划分为三个层次:当事人意思自治、仲裁地法律、法院地法律。可以说,这一规定除了将法院地法律作为第三层次的选择外,与我国在1987年加入的《纽约公约》中有关仲裁协议法律适用的

---

① 参见王彦君:《人民法院审查与协助执行涉外商事海事仲裁案件的法律与适用》,载万鄂湘主编:《涉外商事海事审判指导》(2008年第2辑),人民法院出版社2009年版,第181页。

② 如最高人民法院〔2003〕民四他字第23号复函、〔2004〕民四他字第13号复函。

规定是一致的。

我国于2011年4月1日起施行的《涉外民事关系法律适用法》,通过立法的形式确立了仲裁协议准据法的确定原则,该法对《仲裁法解释》的相关规定进行了调整。该法第18条规定:“当事人可以协议选择仲裁协议适用的法律。当事人没有选择的,适用仲裁机构所在地法律或者仲裁地法律。”该规定增加了仲裁机构所在地法律的适用,但取消了法院地法律适用的余地。2013年1月7日起施行的《法律适用法解释》第14条又补充规定:“当事人没有选择涉外仲裁协议适用的法律,也没有约定仲裁机构或者仲裁地,或者约定不明的,人民法院可以适用中华人民共和国法律认定该仲裁协议的效力。”

需要说明的是,我国《涉外民事关系法律适用法》及其司法解释的施行并不意味着《仲裁法解释》第16条再无适用的余地。人民法院适用哪一条冲突规范确定仲裁协议效力的准据法,取决于仲裁协议签订的时间。如果协议签订在《涉外民事关系法律适用法》施行之后,由于该法的法律效力高于《仲裁法司法解释》,则应当适用《涉外民事关系法律适用法》。如果协议签订在《涉外民事关系法律适用法》施行之前,则仍应适用《仲裁法解释》。但是实践中不少法院对此问题的认识仍然存在偏差,或是出于习惯,或是认为《涉外民事关系法律适用法》的规定不合理,处理仲裁协议签订于2011年4月1日《涉外民事关系法律适用法》施行之后的案件时也经常适用《仲裁法解释》第16条确定准据法,这一错误认识多次在请示案件中通过最高人民法院的复函得以纠正①。

对于涉港澳协议效力的审查,在实践中虽然一直参照适用涉外案件的有关规定,但是在很长一段时间内缺乏法律、司法解释的明确依据,也给人民法院审查相关案件时的论证说理造成困扰。第一次通过司法解释的形式

① 如最高人民法院〔2016〕民四他字第60号复函、〔2016〕最高法民他9号复函。

明确对涉及香港特别行政区、澳门特别行政区民商事合同的法律适用问题的，是2007年8月8日起施行的最高人民法院《关于审理涉外民事或商事合同纠纷案件法律适用问题若干问题的规定》，[①]但该司法解释被2013年4月8日最高人民法院《关于废止1997年7月1日至2011年12月31日期间发布的部分司法解释和司法解释性质文件(第十批)的决定》予以废止，相关规定不能再适用。2013年1月7日起施行的《法律适用法司法解释》第19条再次规定："涉及香港特别行政区、澳门特别行政区的民事关系的法律适用问题，参照适用本规定。"笔者认为该表述虽然存在瑕疵，[②]但还是体现了涉港、澳民事关系的法律适用参照涉外民事关系的有关规定这一基本原则。

(二)存在的问题

从上述司法实践探索的进程中不难发现，我国内地司法实践在认定仲裁协议效力的准据法问题上呈现了不断向国际靠拢的趋势，在当事人未约定仲裁协议效力的准据法时，人民法院从一律适用法院地法到适用仲裁地法是一大进步，也符合国际通行的做法。它反映了人民法院对仲裁态度经历了从严格控制到支持与适度监督结合的转变。《涉外民事关系法律适用法》将最高人民法院制定的司法解释条款上升为国家法律，在立法上首次明确规定了"仲裁地"概念，体现了立法的进步。《涉外民事关系法律适用法》及其司法解释的规定相比《仲裁法解释》而言，既有继承、创新，也遗留甚至增加了一些问题。具体而言：

---

① 该司法解释第11条规定："涉及香港特别行政区、澳门特别行政区的民事或商事合同的法律适用，参照本规定。"

② 该规定的制定本意应是想明确：涉港(澳)民商事关系的法律适用参照适用涉外民事关系的有关规定。然而《法律适用法司法解释》作为对《涉外民事关系法律适用法》的司法解释，应当是对《涉外民事关系法律适用法》的如何适用问题作出解释，而现在的司法解释第19条仅表述为"参照适用本规定"，因此仅明确了可以参照适用该解释，而未明确对于《涉外民事关系法律适用法》能否适用。如果将该司法解释第19条表述为："涉及香港特别行政区、澳门特别行政区的民事关系的法律适用问题，参照适用《涉外民事关系法律适用法》"则较为完美，可以在一定程度上解决涉港澳民事关系的法律适用问题。

1. 我国《涉外民事关系法律适用法》中"仲裁协议适用的法律"范围不明。如前所述，仲裁协议的诸多因素如确定协议主体行为能力、确定仲裁事项是否具有可仲裁性等，其所适用的法律不同，而该法没有明确其所规定的冲突规范针对的是仲裁协议所有因素的准据法，还是仅限于认定仲裁协议效力的准据法。相比之下，颁布时间早于该法的我国《仲裁法》第16条反而明确了是"认定仲裁协议效力的法律"。

2. 我国《涉外民事关系法律适用法》将仲裁机构所在地法律和仲裁地法律并列规定，并将仲裁机构所在地的法律置于仲裁地法律之前，尽管增加了仲裁协议被认定有效的可能性，但是不够科学。首先，根据"最密切联系原则"，仲裁地与仲裁有最密切的联系，因此以仲裁地法律作为对当事人意思自治原则的最重要补充，已经得到国际社会的广泛认同。[①] 而我国却将仲裁机构所在地法律置于仲裁地法之前，体现了我国立法者的"机构主义"思维和重机构轻个体的内在逻辑。其次，该法将两种法律并列规定的同时，未明确哪一种优先适用。从支持仲裁、尽量使协议有效的理念出发，应该理解为适用能使仲裁协议有效的法律，但是在两种法律均有效的情况下，应适用哪一种法律，是任意选择适用还是有优先的选择？该法未予明确，尽管适用哪一种法律都不会影响最终认定的结果，但容易造成认识的混乱，也不利于文书说理上的统一。

3. 适用法院地法增加了仲裁协议被认定无效的风险，且容易与我国履行《纽约公约》中的义务产生冲突，使司法实践陷入困境。

首先，如前所述，我国《仲裁法》规定未明确约定仲裁机构的仲裁协议无效，而国际上大部分的国家仲裁法都没有类似的规定。因此许多并未明确约定仲裁机构但依据别国法律会被认定有效的仲裁协议，都会被我国法院

---

① 参见于喜富：《仲裁协议的法律适用问题——涉外民事关系法律适用法第十八条的理解与适用》，载《人民司法》2011年第21期；杨敏：《从案例看我国国际商事仲裁协议实质效力准据法的确定规则》，载《贵州民族学院学报》（哲学社会科学版）2008年第5期。

认定无效。这与支持仲裁、尽量使协议有效的理念是相悖的。

其次，如果一方当事人（通常是中方当事人）以仲裁协议未约定仲裁机构为由，向人民法院申请确认该仲裁协议效力，而法院适用法院地法裁定该协议无效后，另一方当事人（外方当事人）仍有权依照外国法在国外申请仲裁，并依照《纽约公约》向我国法院申请承认和执行该外国仲裁裁决。此时由于裁决地已经确定，根据《纽约公约》第 5 条第 1 款甲项的规定，仲裁协议是有效的，那么该裁决能否得到我国法院的承认和执行呢？较为典型的有两个案件：一是 TCL 空调器（中山）有限公司与 CASTEL 电子公司（Castel Electronics Pry Ltd.）申请确认仲裁协议无效案；①二是"不予执行国际商会仲裁院第 18295/CYK 号仲裁裁决"案。② 这两个案件情形相似，均是仲裁协议已被我国法院认定无效，一方当事人又向我国法院申请承认和执行基于该仲裁协议作出的外国仲裁裁决。区别在于前一个案件中认定仲裁协议无效的裁定作出时间晚于外国仲裁裁决作出的时间，后一个案件反之。但是，两个案件审理的结果却大相径庭。前一个案件中，最高人民法院认为仲裁裁决不存在《纽约公约》第 5 条第 1 款规定的情形，而且法院作出仲裁协议无效的裁定晚于仲裁庭作出仲裁裁决的时间，因此，仲裁裁决并未违反我国的公共政策，因而被予以承认和执行。而在后一个案件中，最高人民法院认为，仲裁裁决是仲裁员在我国法院认定仲裁协议无效的前提下作出的，即我国法院裁定仲裁协议无效在先，外国作出仲裁裁决在后，我国法院认为承认和执行该仲裁裁决将与我国法院生效的裁定相冲突，违反了我国的公共政策，故未予承认和执行仲裁裁决。

在上述两案中，法院是依据我国法院认定仲裁协议无效与外国作出仲裁裁决孰先孰后，来判定我国应否承认和执行外国仲裁裁决的：外国仲裁裁决在先的，予以承认和执行；我国法院认定仲裁协议无效在先的，不予承认

---

① 最高人民法院〔2011〕民四他字第 36 号复函。

② 最高人民法院〔2016〕最高法民他 8 号复函。

和执行。这一分析从思路表面上看似乎有一定的道理,其实不然。第一,无论是我国法院认定仲裁协议无效在先还是外国作出仲裁裁决在先,如果我国法院裁定承认和执行该外国仲裁裁决,不仅将导致法院对同一案件作出前后两个自相矛盾的裁定,而且将造成后一裁定对前一生效裁定的直接否定。退一步说,即便前一裁定有误,也应先通过法定程序予以撤销,然后才能作出后一裁定,更何况事实上前一裁定并不存在错误。然而,审查裁决的法院却置本国法院已作出的具有法律效力的裁定于不顾,裁定承认和执行依据已被本国法院认定为无效的协议所作出的裁决,违反了法治统一性原则,应属于“违背社会公共利益”的情形。第二,根据公共政策“结果论”理论,认定是否构成对公共政策的违反,并非指仲裁裁决本身是否违反公共政策,而是指承认和执行该仲裁裁决导致的结果是否违反公共政策。在前一个案件中,当事人申请承认和执行该仲裁裁决的时间在我国法院作出仲裁协议无效的裁定之后,故承认和执行该外国仲裁裁决与我国法院之前作出的生效裁定相抵触,明显构成对“公共政策”的违反。因此,无论是前一案件还是后一案件,法院都应拒绝承认和执行该外国仲裁裁决。从上述分析可以看出,在我国现有仲裁法律的体系框架下,将法院地法作为第三层级的选择容易导致法院在处理上述类型的案件时陷入两难:如果从支持仲裁的角度出发,人民法院基于公约义务,应尽可能地承认和执行该外国仲裁裁决;但如果作出明显与之前裁定结果相悖的裁定,又有损我国司法主权,造成司法的混乱,且会被不诚信的当事人利用,成为满足其私利的工具。

三、完善我国仲裁协议效力准据法确定制度的建议

笔者建议,将我国有关确定仲裁协议效力准据法的冲突规范修改为:对仲裁协议效力的审查,适用当事人选择的法律;当事人没有选择法律的,适用仲裁地法律;根据当事人的约定无法确定仲裁地的,适用争议事项特别是主合同约定适用的法律,但当事人明确排除适用的除外。现将该观点作如

下阐释和论证：

1. 明确该准据法适用的范围仅是确定仲裁协议效力的法律，不包括确定争议事项可仲裁性及确定当事人行为能力的法律。

2. 沿用“梯次”标准，将当事人约定的准据法与仲裁地法作为前两个层级。

首先，这样规定能与《纽约公约》的规定相协调。我国已经加入了纽约公约，因此有必要将公约的规定国内化。其次，这样规定符合仲裁的规律。如前所述，适用当事人约定的法律是当事人意思自治的体现，而在当事人未约定的情况下适用仲裁地法是“最密切联系原则”的体现。无论是遵循当事人的意思自治还是与仲裁的最密切联系，均体现了仲裁的精神与规律。需要说明的是，此处的仲裁地并不强调是当事人“约定”的，它既包括当事人明确约定的仲裁地，也包括根据当事人的约定可以确定的仲裁地。

3. 将争议事项所适用的法律、特别是主合同的准据法作为第三层级。

在实践中，有些仲裁协议既无当事人约定的准据法，又无法确定仲裁地，故设立第三层级的准据法还是有必要的。笔者认为，将主合同的准据法作为第三层级比法院地法更为科学合理。理由是：

首先，意思自治是仲裁的灵魂，主合同的准据法也是当事人意思表示的体现，国际商务实践中当事人对合同中的仲裁条款单独约定法律适用的情形极为罕见，[①]此时推定仲裁协议适用的法律与基础合同适用的法律一致，是合乎逻辑与法理的，许多学者的论述与案例都支持了这一点。卢(Lew)教

① 正如赵秀文所言，在国际商事仲裁实践中，特别是在合同中的仲裁条款里，专门就仲裁条款的适用法律在该条款中作出规定的几乎没有。参见赵秀文主编：《国际商事仲裁法》，中国人民大学出版社 2014 年版，第 79 页。

授在《适用于仲裁条款形式和实质的法律》(*The law applicable to the Form and Substance of the Arbitration Clause*)一文中论述道:"将主合同的法律也适用于主合同仲裁条款,这个原则在许多案件中已经得到遵循,这甚至可以被默示成为当事人之间就适用于仲裁条款的法律达成的约定。"①梅尔金(Merkin)教授在《商事仲裁》(*Commercial Arbitration*)一书中写道:"整个合同的法律选择条款一般也被解释成是同时支配仲裁条款的,除非仲裁条款自身表明了极其相反的情形。"②英国法院在阿尔及利亚国家油气公司案[Sonatrach Petroleum Corporation (BVI) v. Ferrell International Ltd.]中也重申:"如果实体合同包含明确的法律选择,但是,协议未包含单独的法律选择,则后者通常适用当事人明确选择来适用于实体合同的法律主体。"③因此,无论是依据仲裁协议的理论还是外国的实践,主合同的实体法律都是不容忽视的法律,除非当事人对仲裁协议的准据法有专门的约定,否则适用主合同准据法作为仲裁协议的准据法是合理的。从前文所列举的各国立法、司法情况看,有些国家通过判例支持了此种观点。有的国家(如瑞士)直接将主合同的准据法列入了冲突规范,这也从侧面证明了这一观点的合理性。

其次,适用主合同的准据法认定仲裁协议的效力与仲裁协议独立性理论并不冲突。有观点认为,依据仲裁条款的独立性原理,约定涉外主合同适用的法律不能作为确认合同中仲裁协议效力适用的法律。我国司法实践至今严格坚持此观点,如最高人民法院作出的《第二次全国涉外商事海事审判工作会议纪要》第 58 条提出,"当事人在合同中约定的适用于解决合同争议的准据法,不能用来确定涉外仲裁条款的效力"。最高人民法院还在多个案

---

① Nigel Blackaby et al., *Redfern and Hunter on International Arbitration*, 6th ed., Oxford University Press, 2015, p.158.

② 杨良宜、莫世杰、杨大明:《仲裁法——从 1996 年英国仲裁法到国际商务仲裁》,法律出版社 2006 年版,第 115 页。

③ Nigel Blackaby et al., *Redfern and Hunter on International Arbitration*, 6th ed., Oxford University Press, 2015, p.159.

件关于仲裁条款效力问题请示的复函中重申了这一立场。① 笔者认为，该观点是对仲裁条款独立性原理狭隘而机械的理解，是值得商榷的。仲裁条款独立性是“随着国际商事交往的不断发展及各国立法普遍承认仲裁裁决的法律效力，以及国家确认通过仲裁解决商事争议的鼓励政策的发展而逐步确立与发展起来的”，②联合国《示范法》的起草者们在对仲裁条款这种可分离性进行评述时认为：“该原则的主要实践优势是……使当事人无法通过质疑主合同的效力来推翻仲裁协议。”③因此，仲裁条款独立性理论明显具有尽量使仲裁条款有效的政策性功能，该理论通过将仲裁条款从主合同中分离出来以防止主合同的瑕疵殃及仲裁条款的效力认定，从而使其被认定无效的概率远远低于主合同无效的概率。英国仲裁法学家雷德芬(Redfern)在其著作中论述道：“一般认为，仲裁条款同样适用当事人选择来适用于合同整体的法律或法律规则。不过应当强调，即使当事人已经明确选择了法律，法院或仲裁庭在确定适用于仲裁条款的法律时，也可能推翻这种选择。如果当事人对进行仲裁的约定具有特别的考虑时——例如，法律选择可能影响该约定的效力，则上述情况可能发生。”④易言之，仲裁协议的这种独立，用雷

---

① 最有代表性的案件就是最高人民法院〔2006〕民四终字第28号“中国恒基伟业集团有限公司、北京北大青鸟有限责任公司与广晟投资发展有限公司、香港青鸟科技发展有限公司借款担保合同纠纷案”、〔2012〕民四他字第4号“马来西亚航空公司与厦门太古飞机工程公司服务合同纠纷一案”。最高人民法院在〔2012〕民四他字第4号复函中指出：根据仲裁条款独立性及司法实践中掌握的普遍原则，当事人约定合同适用的法律不能当然视为仲裁协议效力的准据法。福建省高级人民法院关于当事人约定合同适用的法律即为仲裁协议效力准据法的意见欠妥。在当事人未对确定仲裁协议效力的准据法和仲裁地作出明确约定的情况下，应当适用法院地法即中华人民共和国法律对涉案仲裁协议效力进行审查。

② 赵秀文主编：《国际商事仲裁法》，中国人民大学出版社2014年版，第59页。

③ [英]艾伦·雷德芬等：《国际商事仲裁法律与实践》(第4版)，林一飞、宋连斌译，北京大学出版社2005年版，第173页。

④ Nigel Blackaby et al., Redfern and Hunter on International Arbitration, 6th ed., Oxford University Press, 2015, p.159.

德芬的话说就是“如有必要，其可以单独存在”(If necessary, it may stand alone)①的一种独立，当适用主合同的准据法能认定仲裁条款有效的情况下，其独立的必要性就不那么绝对了。法国评论者德兰(Derains)即认为：“仲裁条款的独立性和主合同的独立性不意味着它们彼此之间是完全独立的，这一点可以由接受合同伴随着对该条款的接受，而无须任何其他的形式这个事实予以证明。”②因此，仲裁条款的独立性并不意味着不能将主合同的准据法作为仲裁协议效力的准据法。

这里有个问题需要阐明，即如何区分“当事人约定的准据法”与“主合同准据法”，因为前者是第一层级的依据，后者是第三层级的依据，如果界限不清，就会造成第一、第三层级间的混淆和混乱。笔者认为，可以结合以下两个标准进行区分：一是文字内容，如果当事人在合同中对仲裁条款的准据法作出了明确的、一目了然的约定，则该法律就是专门针对仲裁协议约定的法律；二是出现的位置，如果当事人关于准据法的约定出现在合同的仲裁条款中，则是仲裁协议的准据法，如果出现在合同的其他部分，则是主合同的准据法。

第四节 仲裁协议效力扩张制度的完善

本节旨在对我国仲裁协议效力扩张制度所存在的问题进行探讨，并提出完善建议及其理论依据。

---

① Nigel Blackaby et al., Redfern and Hunter on International Arbitration, 6th ed., Oxford University Press, 2015, p.159.

② Derains, "The Icc arbitral process, Part Ⅷ: Choice of law applicable to the contract and international arbitration", *ICC International Court of Arbitration Bulletin* 6, pp. 16 – 17.

一、仲裁协议效力扩张的由来和界定

仲裁协议效力扩张,是指仲裁协议有效成立后,基于未签字第三方与仲裁协议所依附的实体权利义务关系之一方当事人之间的特定关系,赋予仲裁协议在某些特定情况之下对未签字第三方有效的制度。①

如前所述,仲裁协议是仲裁的基石。它既是当事人将争议提请仲裁的依据,也是仲裁庭行使管辖权的依据,还是法院判定仲裁裁决是否撤销、是否予以执行的重要依据。而仲裁协议是双方当事人合意的结果,本质上也是一种合同,且由于《纽约公约》影响,大多数国家的仲裁立法都对仲裁协议规定了"书面"和"签署"的要求,即双方当事人应采取书面的方式订立仲裁协议,并在仲裁协议上签字。如对"书面"和"签署"作狭义理解,那根据仲裁协议(合同)相对性原则,自然推导出如下论断:仲裁协议仅对签署了仲裁协议的当事人有约束力,凡是没有在仲裁协议上签字的人,都不受仲裁协议的约束。

但是,自 20 世纪 50 年代特别是 70 年代以后,伴随经济全球化的推进和经济贸易的发展,商事纠纷显著增多,对仲裁的需求也显著增加,仲裁在解决纠纷过程中的优势也进一步体现。在这一大背景下,一些人提出了鼓励和支持仲裁发展的理念。与此同时,人们重新思考仲裁中的某些传统理论和制度,通过理论创新和制度创新,有的赋予老制度以新的内涵,有的则创造出了新的理论和制度,以使古老的仲裁制度适应新形势的需要。其中在仲裁协议效力范围上,最突出的表现就是仲裁协议主体的效力范围出现了扩张的趋势,即"不少国家的立法、司法和仲裁实践、仲裁理论,逐步承认仲裁条款对某些未签字的当事人具有法律约束力,仲裁协议的'胳膊'正在'伸长'"。② 易言之,仲裁协议效力出现了向未在仲裁协议上签字的特定的第三

① 参见杨秀清:《协议仲裁制度研究》,法律出版社 2006 年版,第 187 页。

② 赵健:《长臂的仲裁协议:论仲裁协议对未签字第三人的效力》,载《仲裁与法律》2000 年第 1 期。

人扩张的趋势,如自然人死亡、法人合并与分立、合同转让之后,根据仲裁协议效力扩张理论,原当事人所签署的仲裁协议的效力就分别扩张于法定继承人、新法人、合同受让人,并对他们产生约束力,这些人就可代替原当事人,依据仲裁协议进行仲裁、解决纠纷。仲裁协议效力扩张的目的,是扩大仲裁协议效力的主体范围,从而使更多的争议能够纳入仲裁调整的范围。

在界定仲裁协议效力扩张时,必须厘清以下几个概念的区别:

一是仲裁协议效力扩张与"灵活解释'书面'含义"的区别。有观点认为,随着仲裁协议"手臂"的加长,仲裁协议对一些未签字人产生了效力,如通过灵活解释"书面"的含义以使仲裁协议未经签字即生效、法人的合并与分立、合同转让、提单转让、清偿代位、代理、傀儡公司、特定第三人等。[①] 该观点把这些都作为仲裁协议"手臂"加长的情形并无不当。但有人如果认为该处所列举的几种情形都是仲裁协议效力扩张,就有所不当。如这里的第一种情形即"通过灵活解释'书面'含义以使仲裁协议未经签字即生效"并不属于仲裁协议效力扩张,因为这两者具有明显区别:(1)仲裁协议的效力不同。仲裁协议效力扩张的前提是仲裁协议已经成立并有效;而"通过灵活解释'书面'含义",是仲裁协议根据原对"书面"含义作严格、刻板的理解是无效的,只有"通过灵活解释'书面'含义",仲裁协议才具有效力。(2)目的不同。仲裁协议效力扩张的目的在于使仲裁协议的效力及于未在协议上签字的第三人,从而使该第三人有资格参加仲裁。而"通过灵活解释'书面'含义"的目的是使仲裁协议具有效力(符合"书面"的要求),它是本章第二节"仲裁协议要件的完善"中研究的问题,而非本节研究的问题。(3)涉及的对象不同。仲裁协议效力扩张所涉及的对象是未在仲裁协议上签字的第三人,通过效力扩张,使该第三人成为仲裁当事人。而"通过灵活解释'书面'含义"所涉对象本来就是商事关系的当事人,而非商事关系的第三人。因

---

① 参见赵健:《长臂的仲裁协议:论仲裁协议对未签字第三人的效力》,载《仲裁与法律》2000年第1期。

此,“通过灵活解释‘书面’含义”并不属于仲裁协议效力扩张的范围。

二是仲裁协议效力扩张与“援引并入原则”的区别。所谓“援引并入原则”,是指当事人之间并没有签订直接明确的仲裁协议或仲裁条款,但在其来往的信件、文件中可以表明,当事人有通过援引其他合同中的仲裁条款解决纠纷的合意,据此即可认为当事人订有仲裁协议,可以选择仲裁作为解决争议的途径。有观点将“援引并入理论”作为仲裁协议扩张的一个理论基础,将“援引并入原则”作为仲裁协议效力扩张的一种形式来阐述。[①] 笔者认为,这是对仲裁协议效力扩张的误解。“援引并入原则”所要解决的是没有签订仲裁协议或仲裁条款的当事人,通过援引其他合同中的仲裁条款来认定当事人在该合同中也签订了仲裁条款,因而可以通过仲裁解决纠纷,其目的是使本没有仲裁协议的合同被认为具有仲裁协议。它与仲裁协议效力扩张使已有的仲裁协议的效力及于未在仲裁协议上签字的第三人,是性质不同的两个问题:前者要解决的是有没有仲裁协议的问题,后者要解决的是已有的仲裁协议效力对未签字的第三人是否具有约束力的问题。

三是仲裁协议第三人与仲裁第三人的区别。仲裁协议第三人即是仲裁协议效力扩张所及的第三人,该第三人通过仲裁协议效力的扩张,就成为了仲裁案件的当事人。而仲裁第三人,是指处于仲裁当事人之外,但仲裁案件的处理结果与其有利害关系的人。仲裁第三人不是仲裁当事人,而是仲裁当事人之外的第三人,他与通过协议效力扩张后即成为仲裁当事人的仲裁协议第三人具有很大的区别。为了保护仲裁第三人的合法权益,本书在第四章中专列一节,研究“仲裁第三人权利保护制度的完善”。因此,要防止把仲裁协议效力扩张中的仲裁协议第三人与仲裁第三人混为一谈。

二、我国仲裁协议效力扩张的内容

我国《仲裁法》未对仲裁协议效力扩张问题作出规定。《仲裁法解释》第

---

① 参见曾庆涛:《国际商事仲裁协议效力扩张理论问题研究》,南昌大学 2014 年硕士学位论文,第 16 页。

8条、第9条对比作了一些规定,其中第8条规定:"当事人订立仲裁协议后合并、分立的,仲裁协议对其权利义务的继受人有效。当事人订立仲裁协议后死亡的,仲裁协议对承继其仲裁事项中的权利义务的继承人有效。前两款规定情形,当事人订立仲裁协议时另有约定的除外。"其中第9条规定:"债权债务全部或部分转让的,仲裁协议对受让人有效,但当事人另有约定、在受让债权债务时受让人明确反对或者不知有单独仲裁协议的除外。"

但是,仲裁协议效力扩张作为仲裁法中的一项重要制度,应由我国《仲裁法》作出规定,如今由最高人民法院对法律未作规定的制度中的一些内容加以规定,已经超出了司法解释的权限范围;同时,仲裁协议效力扩张也不仅仅限于司法解释所列的当事人合并分立、当事人死亡、债权债务转让这三种情形。因此,在《仲裁法》修改时,建议除了将上述司法解释的内容规定至法律之外,还将以下内容规定为"仲裁协议效力扩张"的范围:

(一)规定仲裁协议对公司实际控制人的效力

随着经济全球化,公司的组织方式也早已出现新的变化。如今,公司集团化、集团公司跨国化早已成为国际贸易、金融投资等领域中较为普遍的现象。根据公司法原理,集团公司下属的各个子公司均是独立法人,以其自身资产对外独立承担有限责任。但是,由于集团公司内部控制因素的存在,一些集团公司的母公司对子公司存在过度控制,利用子公司转移资金、利润,进行商业欺诈等活动;有的母、子公司之间财产混同、业务混同,致使子公司成为完全受母公司控制、丧失独立意志的傀儡公司。在此情况下,与子公司签订商贸合同且在履约中遭受损失的一方当事人,就可依据"揭开公司面纱"理论,将其与子公司之间签订的仲裁协议的效力扩张于未签字的母公司,将该母、子公司一并列为对方当事人申请仲裁。

目前,国际上已不乏适用"揭开公司面纱"理论确定子公司签订的仲裁协议效力扩张到未签约的母公司的案例,如国际商会仲裁院1982年第4131

号案件、1988 年第 5730 号案件以及 1990 年第 5721 号案件;[①]瑞士联邦最高法院于 1993 年 9 月 1 日裁定支持仲裁庭将一方当事人与亚洲某国地方管理机构订立的含有仲裁条款的合同中的仲裁条款效力扩张至该国国家管理机构的案件等。[②] 其中也有涉及我国公司的案件,如在美国洁净能源企业美腾能源集团(Tang Energy Group)诉中国航空工业集团仲裁案中,与美国该能源企业签约的并非中国航空工业集团,而是中国航空工业集团美国公司(AVIC International USA)。但美国仲裁协会的国际争议解决中心(International Centre for Dispute Resolution, ICDR)仲裁庭对该案审理后认为,中国航空工业集团美国公司与中国航空工业集团是单一统一实体,公司股东中国航空工业集团存在滥用有限责任的问题,因而"揭开公司面纱",认定公司协议效力及于公司股东中国航空工业集团,并裁决该集团承担责任。又如,香港特别行政区某石油公司诉内地某市石油化工集团股份有限公司一案,仲裁庭认为,由于申请人既是被申请人绝对控股的子公司,又是被申请人公司集团内的一个下属公司,而且还存在两公司的法人代表为同一人、两公司主要经营地在同一地、其注册地址和实际办公地均在同一栋大楼、申请人有时代表被申请人有时代表其本人对外签署文件等事实,从而认定这是母子公司存在混同管理或统一管理的典型情况。因此,仲裁庭根据"揭开公司面纱"理论裁决:在没有被申请人的书面委托或指示的情况下,其所控股的子公司(申请人)的收货和付款行为可以被认定为是被申请人的行为。[③]

将仲裁协议效力扩张至符合条件的母公司的意义在于:首先,它符合对

---

① See JDI 1983, 899, JDI 1990, 1029 and JDI 1990, 1020, with a Note by Derains. 转引自 Dr. Marc Blessing: "The Arbitration Agreement-High-lights on Critical Issues in Law and Practice",载中国国际商事仲裁研究所编译:《国际商事仲裁文集》,中国对外经济贸易出版社 1998 年版,第 294 页。

② 参见 Dr. Marc Blessing: "The Arbitration Agreement-High-lights on Critical Issues in Law and Practice",载中国国际商事仲裁研究所编译:《国际商事仲裁文集》,中国对外紧急贸易出版社 1998 年版,第 52 页。

③ 参见刘晓红:《论仲裁协议效力扩张的法理基础》,载《北京仲裁》2004 年第 1 期。

方母子公司相互关系的客观实际。因为对方的子公司已丧失独立意志，其与母公司实际上是一体的，将它们一并拉入仲裁，符合对方公司的实际，也符合公司法原理。其次，它有利于维护债权人的合法利益。因为子公司的资金、业务乃至决策完全由母公司控制，如仅以子公司为对方当事人进行仲裁，债权人难以挽回已造成的损失。最后，它有利于提高维权效率。因为如不将母公司拉入仲裁，其结果必然导致债权人分别通过对子公司仲裁、对母公司诉讼这两种方式进行追偿，这会使债权人陷入仲裁、诉讼"两面作战"之苦，难免增加维权成本，降低维权效率，并可能造成仲裁与法院处理结果不相协调甚至互相矛盾的情况。

（二）规定代理人订立的仲裁协议对被代理人的效力

在商事活动中，代理被大量采用，它可避免商事主体事必躬亲。但代理制度在大陆和英美两大法系差异甚大，正如国际贸易法学家施米托夫所言，在国际贸易法中，没有哪一个分支中的法学理论与商业现实之间的区别像代理这样大。①

在大陆法系，代理分直接代理和间接代理。直接代理是指代理人以被代理人的名义对外进行法律行为，后果由被代理人承担。在直接代理中，被代理人是当事人，如签有仲裁协议，不涉及仲裁协议效力扩张的问题。间接代理是指代理人以自己的名义与第三人订立合同，对该合同直接享有权利并承担义务，而被代理人并不是合同的一方当事人，不直接享有权利、承担义务。在大陆法系国家，间接代理实际上是行纪，而不是代理。如果行纪人对外签订的合同中订有仲裁条款，则直接约束行纪人和相对人，对委托人（被代理人）并无约束力。故间接代理也不存在仲裁协议效力扩张的问题。可见，大陆法系国家的代理制度的特点是：注重代理的外部关系，即在代理

① 参见［英］施米托夫：《国际贸易法文选》，赵秀文译，中国大百科全书出版社 1993 年版，第 368 页。

人有委托事实存在的前提下，以代理人对外订立合同的名义主体来明确权利义务：如以被代理人的名义订立合同，则权利义务归属于被代理人；如以代理人自己的名义订立合同，则权利义务直接归属于代理人本人，而与被代理人无关。

在英美法系国家，代理分为披露本人（被代理人）的代理和未披露本人的代理。披露本人的代理又分显名代理和隐名代理：显名代理既表明为他人代理，又具体表明被代理人；隐名代理则只表明为他人代理，但并不指明被代理人是谁。未披露本人的代理则既不表明自己的代理人身份，又不指明被代理人。[①] 英美法系代理制度的理论基础是"等同论"，即代理人的行为等同于被代理人的行为，故其代理制度的特点是注重内部关系，只要有委托的事实存在，委托人（被代理人）就要对自己的委托行为负责，承担代理人代理行为的法律后果。因此，无论是披露本人的代理还是未披露本人的代理，委托人（本人或被代理人）都应对合同负责。具体地说：(1)在显名代理中，由于代理行为的法律后果直接由被代理人承担，被代理人是合同的一方当事人，如果合同中订有仲裁条款，该条款直接对被代理人和第三人产生约束力，因而不存在仲裁协议效力扩张的问题。(2)在隐名代理中，代理人虽以自己的名义对外签约，但其已向对方当事人表明自己代理人的身份，即合同不是为自己签订的，而是替他人签订的，委托人才是真正的当事人。委托人尽管未在合同上签字，但仍应承担合同中的法律责任。如果合同订有仲裁条款，其效力应扩张至被代理人。(3)在未披露本人的代理中，尽管委托人未在合同上签字，但委托人仍应对自己的委托行为所导致的代理人签约行为负责。如果合同中订有仲裁条款，则仲裁协议效力应扩张至委托人。据此，如果代理人由于第三人的原因不能向委托人履行义务，委托人可以依法行使"介入权"，直接向第三人主张合同权利（第三人在与代理人订立合同时

① 参见赵健：《长臂的仲裁协议：论仲裁协议对未签字人的效力》，载《仲裁与法律》2000 年第 1 期。

如果知道被代理人就不会订立合同的除外)，并通过仲裁解决纠纷。如果代理人由于委托人的原因不能对第三人履行义务，代理人应向第三人披露委托人，这时第三人可以依法行使“选择权”，向代理人或者委托人行使请求权，并通过仲裁解决纠纷。①

我国在1999年《合同法》颁布前，沿袭大陆法系的代理制度模式，只规定了直接代理，对间接代理则规定为行纪。如1986年《中华人民共和国民法通则》(以下简称《民法通则》)对代理仅规定：“代理人在代理权限内，以被代理人的名义实施民事法律行为。被代理人对代理人的代理行为，承担民事责任。”我国《合同法》第421条借鉴大陆法系的模式规定了行纪合同：“行纪人与第三人订立合同的，行纪人对该合同直接享有权利、承担义务。第三人不履行义务致使委托人受到损害的，行纪人应当承担损害赔偿责任，但行纪人与委托人另有约定的除外。”与此同时，该法又在第402条、第403条中规定了类似于英美法系的隐名代理和未披露本人的代理。②

我国《合同法》的上述规定，对大陆法的行纪(间接代理)与性质相同的英美法的隐名代理和未披露本人的代理，规定了不同的责任承担后果，实在让人费解。但既然法律已经作了规定，就应认真执行。因此，对隐名代理和未披露本人的代理，如果合同中订有仲裁条款，除法律规定的除外情形外，

① 参见刘晓红：《国际商事仲裁协议的法理与实证研究》，华东政法大学2004年博士学位论文，第138～139页。

② 《合同法》第402条规定：“受托人以自己的名义，在委托人的授权范围内与第三人订立的合同，第三人在订立合同时知道受托人与委托人之间的代理关系的，该合同直接约束委托人和第三人，但有确切证据证明该合同只约束受托人和第三人的除外。”第403条规定：“受托人以自己的名义与第三人订立合同时，第三人不知道受托人与委托人之间的代理关系的，受托人因第三人的原因对委托人不履行义务，受托人应向委托人披露第三人，委托人因此可以行使受托人对第三人的权利，但第三人与受托人订立合同时如果知道该委托人就不会订立合同的除外。受托人因委托人的原因对第三人不履行义务，受托人应当向第三人披露委托人，第三人因此可以选择受托人或者委托人作为相对人主张其权利，但第三人不得变更选定的相对人。委托人行使受托人对第三人的权利的，第三人可以向委托人主张其对受托人的抗辩。第三人选定委托人作为其相对人的，委托人可以向第三人主张其对受托人的抗辩以及受托人对第三人的抗辩。”

其效力应扩张于委托人。

但是，十二届全国人大五次会议通过的《中华人民共和国民法总则》（以下简称《民法总则》）“代理”一章中，没有类似于《合同法》第 402 条、第 403 条的规定，而且连提请会议讨论的《民法总则（草案）》曾作规定的第 142 条也删去了。[①] 这是《民法总则》又回到以往单采大陆法系代理制度的思路，还是有关内容将会放在下一步的《民法合同编》中加以规定，还有待观察和研究。《民事总则》于 2017 年 10 月 1 日生效，而《合同法》继续有效，在《民法总则》生效后如何处理该法与现行《合同法》关于代理的规定不一致的问题，有待最高人民法院作出司法解释。

（三）规定仲裁协议对代位求偿人的效力

所谓代位求偿，有两种情形：

一种情形是指与债的履行有利害关系的第三人，在为债务人向债权人作出清偿后，取得代位权，可以在其清偿的范围内，以自己的名义代位行使债权人的权利。这种代位求偿，又称“清偿代位”，以表示“清偿”在前，“代位”在后。例如，保险公司在向投保人作出赔付后，即在赔偿金额范围内取得投保人的地位，可以“代替”投保人向相对人进行追偿。对此，我国《保险法》第 60 条规定：“因第三者对保险标的损害而造成保险事故的，保险人自向被保险人赔偿保险金之日起，在赔偿金额范围内代位行使被保险人对第三人请求赔偿的权利。前款规定的保险事故发生后，被保险人已经从第三人取得损害赔偿的，保险人赔付保险金时，可以相应扣减被保险人从第三者已取得的赔偿金额。保险人依照本条第 1 款规定行使代位请求赔偿的权利，不影响被保险人就未取得赔偿的部分向第三者请求赔偿的权利。”

---

① 《民法总则（草案）》第 166 条规定：“代理人在代理权限内以自己的名义与第三人实施民事法律行为，第三人知道代理人与被代理人之间的代理关系的，该民事法律行为直接约束被代理人和第三人，但是有确切证据证明该民事法律性只约束代理人和第三人的除外。”

另一种情形是债务人怠于行使其对次债务人到期债权时,债权人为实现自己的债权,可以以自己的名义,代位债务人行使权利。我国《合同法》第73条第1款规定:“因债务人怠于行使其到期债权,对债权人造成损害的,债权人可以向人民法院请求以自己的名义代位行使债务人的债权,但该债权专属于债务人自身的除外。”有观点认为,这种“代位求偿权”与前文所述的“清偿代位权”是不同的两种权利。① 笔者认为,这两种权利确有所不同,即前一种是先清偿后代位,后一种是先代位后清偿,但其实质有相同之处。同时,我国《保险法》第60条第3款明确将保险中的清偿代位权规定为“代位请求赔偿的权利”,这也说明在立法者看来,“代位求偿权”与“清偿代位权”可以共用“代位求偿权”的名称。

对于上述两种形式的代位求偿权,如果债务人与次债务人(债务人的债务人)订有仲裁条款,其效力可否及于代位权人,即代位权人可否与次债务人通过仲裁解决纠纷?从国际商事仲裁司法审查的实践来看,一些国家对此持肯定态度。例如,美国最高法院在伟迈保险公司案[Vimar Seguros Y Reaseg v. M/V Sky Reefer,(1995) No. 94 - 623]中,保险公司在向货主作出赔偿进而取得代位权后,向货主承租的船舶公司起诉追偿,美国联邦最高法院判定提单中的仲裁条款对保险公司与承运人有效。在格朗豪斯案[Grumhaus V. Comerica Securities, Inc (2002) No. 99 - 4238]中,②法院认为尽管债权人与次债务人之前不存在直接交易关系,但债权人与债务人之间、债务人与次债务人之间的协议相互关联,应允许债权人在债务人怠于行使到期债权时通过仲裁提起代位请求,而不应以债权人当初未表达仲裁意愿而否定债权人的该项权利。③

---

① 参见杨秀清:《协议仲裁制度研究》,法律出版社2006年版,第192页。

② 同上。

③ 参见刘晓红:《国际商事仲裁协议的法理与实证研究》,华东政法大学2004年博士学位论文,第141~142页。

在我国,法学界对此存在不同认识:一种观点认为,应当允许代位人通过仲裁实现自己的债权;另一种观点认为,次债务人跟债务人订过仲裁条款,而没有与代位权人订立仲裁条款,故代位权人不能依据该仲裁条款提起仲裁请求。此外,法学界在对前述的《合同法》第73条规定的理解上也有不同认识:一种观点认为,法律只规定债权人可以诉请法院求偿,而没有规定可以通过仲裁求偿,且代位权人与次债务人之间没有订立仲裁条款,故代位权人不能通过仲裁求偿。另一种观点认为,法律规定债权人可以代位向人民法院起诉的同时,并未排除债权人向仲裁机构提起仲裁的权利,故债权人在债务人与次债务人订有仲裁协议的情况下,有权代位债务人通过仲裁向次债务人求偿。①

笔者认为,应通过完善立法,使代位权人有权根据债务人与次债务人订立的仲裁条款,通过仲裁实现自己的债权,即债务人与次债务人订立的仲裁协议的效力应当扩张于代位权人。其理由主要是:

首先,债权人在取得代位权后,应当认为其已相应地取得了为实现债权在程序上的仲裁求偿权。因为仲裁权作为程序上的权利,是为实现实体权利服务的,一般应当随实体权利义务的转移而转移。在债务人与次债务人订有仲裁协议的情况下,债权人代位取得债权后,就取得了通过仲裁向次债务人求偿的权利。对此,可适用后述的仲裁协议附随主合同转移理论。

其次,债务人与次债务人订有仲裁协议,表明双方当事人有通过仲裁解决纠纷的意愿,并排斥诉讼程序。当民事主体取得代位权后,该民事主体代债务人之位,通过仲裁解决与次债务人之间的纠纷,是尊重当事人意思自治原则的体现。

再次,代位权人代位债务人行使仲裁请求权,其所要解决的争议是债务人与次债务人之间的债权债务争议,争议的范围、内容、性质都没有变化,也

① 参见王生长:《仲裁协议及其效力确定》,载《仲裁与法律》2001年第5期。

不会对次债务人带来任何不利的影响。因此,把仲裁协议效力扩张于代位权人,是有利而无害的一种制度。

最后,债务人对债权人的债务拖延履行,却又怠于行使其到期债权,往往存在与次债务人恶意串通、故意拖延偿债等不正常因素。将仲裁协议效力扩张于债权人(代位权人),使其通过仲裁实现债权,有利于遏制商业败德行为,促进社会诚信建设。

(四)规定仲裁协议对利他合同中第三人的效力

随着经济社会的发展及契约关系的复杂化,利他合同逐渐产生并运用于社会生活。在利他合同中,虽然第三人未在合同上签字,其不是合同法律关系的当事人,但可以享受该合同规定的权利,并可直接请求债务人向自己履行义务,有权请求不履行义务的债务人承担违约责任或申请法院强制执行。[①] 在利他合同中,如果债权人和债务人之间的基础合同中订有仲裁条款,则该条款的效力应当扩张于未签字的第三人。

(五)规定仲裁协议对提单持有人的效力

提单"是指用以证明海商货物运输合同和货物已经由承运人接受或者装船,以及承运人保证据以交付货物的单证"。[②] 提单是国际贸易运输中的重要法律文件,其中常常载有仲裁条款。提单中的仲裁条款与一般合同中的仲裁条款相比,有两个明显的特点:(1)提单中的条款(包括仲裁条款)一般是承运人印制的格式条款,未经当事人之间反复协商。(2)提单主体的不特定性决定了提单中仲裁条款当事人的不确定性。因为提单是一种可转让的贸易单证,提单上仲裁条款当事人可以作为主体一方的签发提单的承运

---

① 参见王利明、崔建远:《合同法新论(总论)》,中国政法大学出版社 1997 年版,第 423 页。

② 《海商法》第 71 条。

人和作为主体另一方的托运人、收货人或其他的合法的提单持有人。[1] 由于上述特点的存在,因而对提单中仲裁协议效力是否及于提单持有人的问题存在不同认识,持异议的理由主要是:提单上的仲裁条款缺乏当事人之间的合意,不符合意思自治原则;提单中的仲裁条款一般未经托运人签字,更未经提单持有人签字,不符合仲裁协议书面形式“签署”的要求。持肯定意见的理由主要是:提单可视为承运人与托运人之间的默示合同,故提单中的仲裁条款具有合意性;当前国际公约和各国立法都对仲裁协议的书面形式要件作宽泛的解释,提单中的仲裁条款符合书面形式要件的要求。

笔者基本赞同后一种观点和理由。应当承认,在货物托运人与承运人之间,是存在货物运输合同的。但在实际操作中,双方通常不签订书面运输合同,双方的运输法律关系由承运人单方签发的提单予以证明,故提单既是运输法律关系的凭证,又是提取货物的凭证。如果提单中订有仲裁条款,只要货物托运人不持异议,就应认为是双方合意的结果。而提单是要流转的,提单流转后,提单持有人与货物承运人对提单上的仲裁条款是否具有合意呢?首先从承运人这方来分析,承运人深知提单的流转功能,但仍在提单上订有仲裁条款,这说明,他是愿意与任何一位提单持有人将争议提交仲裁的。再从提单持有人这方来分析,提单流转到他手上后,原来货物托运人与承运人之间“达成”的仲裁条款就附随着作为货物运输合同凭证的提单,整体转移到了他的手上,只要他对仲裁条款不持异议,就应认为认可该条款,仲裁协议的效力就应及于他 。况且国际立法趋势也认可提单仲裁条款的效力。如调整提单关系的1924年《统一提单的若干法律规定的国际公约》(又称《海牙规则》)、1968年《修改统一提单若干法律规定的国际公约议定书》(又称《维斯比规则》)、1978年《联合国海上货物运输公约》(又称《汉堡规则》),都认为提单条款在善意的第三方提单持有人与提单签发人之间是“合

① 参见刘晓红:《国际商事仲裁协议的法理与实证研究》,华东政法大学2004年博士学位论文,第151页。

同条款的最佳证据,在背书人中则成为唯一的证据”,[①]故国际航运界普遍对提单中的仲裁条款持肯定态度。[②] 同时,自20世纪下半叶以来,越来越多国家的仲裁立法或实践对提单中的仲裁条款都予以认可,并确认提单转让时仲裁条款的效力。如1998年《德国民事诉讼法典》第1031条第4款规定:“如海运提单明确援引了租船合同的条款,则提单的签发也可以达成仲裁协议。”1997年《澳大利亚海上货物运输法》第11条第3款规定:提单中的仲裁条款如果订明仲裁在澳大利亚进行,则该仲裁条款即为有效。此外,美国、英国、瑞士、荷兰、加拿大、挪威、新西兰等国家在实践中,都承认提单中仲裁条款的效力。[③] 总之,对提单中仲裁条款的效力问题,尽管存在不同认识,但考虑其法律关系的特殊性和航运时空条件的限制,从有利于争议解决、促进国际航运发展出发,不少国家的法律予以认可,且实务界普遍持支持态度。

我国1993年《海商法》第44条规定:“海上货物运输合同和作为合同凭证的提单或者其他运输单证中的条款,违反本章规定的,无效。此类条款的无效,不影响该合同和提单或者其他运输单证中其他条款的效力。”该法第95条还规定:“对按照航次租船合同运输的货物签发的提单,提单持有人不是承租人的,承运人与该提单持有人之间的权利义务关系适用提单的约定。但是,提单中载明适用航次租船合同条款的,适用该航次租船合同的条款。”可见,我国《海商法》明确规定了提单作为合同凭证的法律性质,以及提单条款在提单签发人与承租人及其他提单持有人之间的效力。但对提单中仲裁条款的效力问题,法律未予明确规定。

对此,最高人民法院在致广东省高级人民法院的《关于福建省生产资料总公司与金鸽航运有限公司国际海运纠纷一案中提单仲裁条款效力问题的复函》(1995年10月20日法函〔1995〕135号)中明确指出:“本案上诉人福

① [英]Stewart C. Body等:《Scrutton租船合同与提单》,郭国汀译,法律出版社2001年版,第99页。
② 参见蔡鸿达:《中国远洋运输提单仲裁条款问题评说》,载《仲裁与法律》2002年第5期。
③ 参见赵健:《长臂的仲裁协议:论仲裁协议对未签字人的效力》,载《仲裁与法律》2000年第1期。

建省生产资料总公司虽然不是租船合同和海上货物运输合同的签约人,但其持有承运人签发的含有合并租约和仲裁条款的提单,并明示接受该仲裁条款,因此,该条款对承运人和提单持有人均有约束力。”该批复认可了提单中仲裁条款对承运人和提单持有人均有约束力,这是在法律尚未明确规定的情况下的一个突破。但以提单持有人“明示接受该仲裁条款”为条件,要求又过高了,因为“明示接受”,无异于要求提单持有人与提单签发人达成新的仲裁条款,而不是对原仲裁条款法律效力的认可。笔者前已论及,根据提单流转的特点,只要提单持有人对提单中的仲裁条款不持异议,即应认为该条款的效力及于提单持有人。

三、仲裁协议效力扩张的理论依据

仲裁协议效力扩张的现实需要,呼唤着相关理论的创新和发展;而相关理论的创新和发展,又为仲裁协议效力扩张提供了理论支撑,从而促进了仲裁协议效力范围的扩大和仲裁业的发展。仲裁协议效力扩张主要来源于以下五个理论或原则:

(一)公平合理期待原则①

公平合理期待原则,是现代合同法对合同作解释时所适用的原则。该原则要求以合同当事人的合理利益来推定当事人的意图,如果当事人有不同于合同字面意思的意图,应当作出特殊的约定。也就是说,当合同内容发生疑义需要解释时,仲裁员和法官应探究合同当事人的意思,而不应拘泥于文字的字面意思,从而确定一个合理的标准来推定当事人的真实意图,以免合同法上的“合理期待”落空。由此可见,合同法上的公平合理期待原则的本质在于,通过探求当事人订立合同的真实意图,保护合同当事人的合理利益。

① 参见刘晓红:《论仲裁协议效力扩张的法理基础》,载《北京仲裁》2004 年第 1 期;杨秀清:《协议仲裁制度研究》,法律出版社 2006 年版,第 198 ~199 页。

对仲裁协议效力扩张而言,公平合理期待原则既是理论基础,又是指导原则。作为"理论基础",是指当社会对仲裁的需求扩大、各国纷纷要求鼓励和支持仲裁发展的情况下,人们就想到了这个既有基本精神又有一定弹性的原则,作为解释仲裁协议效力扩张的理论依据,认为根据公平合理期待原则,当商事关系之外的第三人在特殊情况下承担了商事实体权利义务时,原当事人签订的仲裁协议的效力应当扩张于该未签字的第三人,以便该第三人与对方当事人通过仲裁方式公平合理地实现自己的权利义务。作为指导原则,是指在斟酌决定某一个案的仲裁协议效力是否应当扩张于第三人时,应根据公平合理期待原则来衡量。经过衡量,若认为将仲裁协议效力扩张于第三人符合该原则的,则应予以扩张;反之则不应予以扩张。在国外,一些仲裁庭或法院常以公平合理期待为依据,仔细考察当事人的期待及这种期待的公平合理性,并参考具体案件的各个方面,以确定当事人的期待是否公平合理,进而确定仲裁协议效力范围的问题。① 有学者甚至提出这样的观点:"我们可以有把握地说,仔细考虑当事人的期望及这种期望的公平合理性,并参考具体案件的方方面面,这样做从来都不会有问题。"②

关于公平合理期待原则的适用,有学者建议仲裁庭和法院采取双重测试标准来确定"期待"的内容,即先考虑有关当事人的主观愿望,分析判断当事人的真实意图,然后运用诚实商人的谨慎和勤勉敬业标准作客观测试,以判断其能否达到该期待。在商事仲裁中,适用公平合理期待原则判定当事人是否应受仲裁协议的约束,最重要的是对合同及第三方当事人的利益是否"公平合理"进行分析,具体而言:一是该种利益应该是合理的,即应是当事人追求的合理利益,而不应是过分利益;二是该种利益应该是公平的,即合同一方当事人在考虑实现自己利益最大化时,必须同时兼顾对方当事人

① 参见韩健:《派生仲裁请求权和代位仲裁请求权之刍议》,载《仲裁与法律》2001 年第 2 期。

② Dr. Marc Blessing:《论仲裁协议——法律和实务中的重要问题》,载中国国际商会仲裁研究所编评:《国际商事仲裁文集》,中国对外经济贸易出版社 1998 年版,第 59 页。

的利益。如果认为通过仲裁协议效力扩张才能达致公平合理利益,那就符合公平合理期待原则,仲裁协议效力就应扩张于第三人。

(二)合同相对性原则的例外[①]

合同相对性原则,是一项被各国普遍接受的基本原则。根据该原则的内涵,合同关系发生在特定的债权债务人之间,债务人只对合同相对的债权人负有义务;相应地,债权人只能依据合同向债务人主张权利,即合同不具有约束第三方权利义务的功能,且第三方也不能随意介入合同关系。[②] 合同相对性原则是仲裁协议只对签署该协议的双方当事人产生约束力,而不对第三人产生约束力的重要理论依据,因为仲裁协议也是一种合同,自然要受合同相对性原则的约束。

但是,随着商事活动的发展商事关系的复杂化,传统“一对一”的简单经济关系逐渐发展成“一对多”的复杂经济关系,致使合同相对性原则不断被突破。首先,是利他合同的出现,即合同当事人一方不是为了自己而是为了第三人设定权利,并约定由合同另一方向第三人履行,第三人依合同当事人的这种约定而享有合同的权利。其次,一些国家的立法和判例学说进一步扩张合同对第三人的效力,使债务人对与债权人具有特殊关系的特定范围的人也负有保护和照顾的义务,在债务人违反此项义务时,该特定范围内的人所受到的损害,也应依据合同法的原则,承担赔偿责任。例如,德国联邦法院在20世纪50年代创设的“附保护第三人作用的契约”,要求合同一经成立,除在合同当事人之间发生权利义务关系外,债务人对于与债权人有特殊关系的第三人负有注意、保护的附随义务,债务人违反该义务,就该特定

① 参见刘晓红:《论仲裁协议效力扩张的法理基础》,载《北京仲裁》2004年第1期;赵健:《长臂的仲裁协议:论仲裁协议对未签字人的效力》,载《仲裁与法律》2000年第1期;王小莉:《仲裁协议效力扩张的主要表现形式及其问题研究》,载《仲裁研究》2010年第2期。

② 参见王利明:《论合同的相对性》,载《中国法学》1996年第4期。

范围内的人所受的损害负赔偿责任。[①]《美国统一商法典》确立了“利益第三人担保责任”，要求“卖方的明示担保或默示担保延及买方家庭中的任何自然人或买方家中的客人，只要可以合理设想上述任何人将使用或消费此种货物或受其影响，并且上述任何人因卖方违反担保而受到人身伤害，卖方不得排除或限制本条的适用”。[②] 以上这些所表现出来的合同的权利义务关系超出了合同相对性范围而及于当事人之外的第三人的情形，就是合同相对性原则的例外。

既然合同相对性原则是仲裁协议只对协议签署人产生约束力的重要理论依据，那么，当客观情事要求突破原来的局限而将仲裁协议的效力扩张至特定第三人时，人们很自然地就以合同相对性原则的例外作为仲裁协议效力扩张的理论依据，因为仲裁协议效力的扩张，也是合同相对性（仲裁协议相对性）原则的一种例外。

（三）揭开公司面纱制度

揭开公司面纱制度又称刺破公司面纱制度或公司法人人格否认制度，它是指当公司的独立人格和股东有限责任被公司背后的股东滥用时，根据具体法律关系中的特定事实，否定公司的独立法人人格，将公司与其背后的股东视为一体，追究其共同的连带法律责任，以保护公司债权人或其他相关人的利益，实现公平正义的一种法律措施。[③] 揭开公司面纱与公司人格独立原则相对，前者是对后者的补充和突破。

公司制度的精髓在于有限责任制度，法律赋予公司独立的人格，股东仅以其对公司的出资为限对公司债务承担有限责任。公司作为独立法人，也仅以自己的资产对外承担有限责任。有限责任制度的最大意义就在于清晰

---

① 参见王泽鉴：《民法学说与判例研究》（第2册），台北，三民书局1979年版，第35页。

② 《美国统一商法典》（Uniform Commercial Code, UCC）第2篇“买卖”。

③ 参见朱慈蕴：《公司法人格否认与艺人公司的规制》，载《法学评论》1998年第5期。

产权、明确责任边界，鼓励股东大胆投资，从而把社会分散的资金集中起来成为巨大的资本，并激励企业积极营利。但在现实生活中，股东滥用权力、公司滥用法人独立地位，损害其他股东或债权人利益的情况时有发生，特别是有的母公司对子公司实行过度控制，通过损害子公司其他股东和债权人合法利益的手段来谋取自身的不当利益，在此情况下，与子公司有业务往来的债权人如果仅以子公司作为相对方提请仲裁或诉请法院，就难以有效维护自身的合法权益，而需要揭开公司面纱，把隐藏在"面纱"背后的母公司一并作为对方当事人提请仲裁或诉请法院。因此，揭开公司面纱既是公司人格独立原则的例外，又是公司人格独立原则的保障，因为有揭开公司面纱制度的存在，才能遏制破坏公司人格独立的行为，从而更好地维护和坚持公司人格独立原则。可见，揭开公司面纱对公司人格独立原则的突破，其目的不是否定公司人格独立原则，而是维护和更好地坚持公司人格独立原则。

依据揭开公司面纱理论将仲裁协议效力扩张至公司的实际控制人，必须符合一定的标准。就母子公司来说，一般认为，只要符合以下三个条件，即可揭开公司面纱：(1)行为要件。母公司对子公司存在过度控制，即母公司对子公司具有完全的支配权，这种支配具有广泛性、连续性、持续性，致使子公司已没有独立意志。(2)目的要件。母公司对子公司的控制已被用来进行欺诈或其他违法、不当行为，以谋取不正当利益。(3)危害结果要件。母公司对子公司的控制和违法不当行为，造成了子公司债权人或其他股东的损害。① 一方当事人如果认为对方当事人的母公司存在上述情形，造成自己的损失，需要将仲裁协议效力扩张至对方公司的母公司的，则需要提供相关的证据。

我国《公司法》第20条第3款规定了揭开公司面纱制度，该款规定："公司股东滥用公司法人独立地位和股东有限责任，逃避债务，严重损害公司债

① 参见石静遐：《母公司对破产子公司的债务责任——关于"揭开公司面纱"理论的探讨》，载《法学评论》1999年第3期；朱慈蕴：《公司法人格否认法理的适用要件》，载《中国法学》1998年第5期。

权人利益的,应当对公司债务承担连带责任。”该规定为把仲裁协议效力扩张至符合条件的母公司或其他实际控制人,提供了理论依据和法律依据。

(四)禁止反言原则①

“反言”就是自反前言,即一个人的言行与其之前的言行相矛盾。禁止反言,就是不允许人们的言行出尔反尔、自相矛盾。禁止反言原则是依托衡平理念发展起来的,它源于中世纪的法谚“estoupail”,意为阻止一方当事人用相互矛盾的语言和行为来主张自己对他人的权利,其本质在于要求当事人言行前后一致,不允许当事人通过违背其先前所作的允诺和行为而造成对另一方权益的损害。通俗地说,如果某人言行前后矛盾、出尔反尔、翻云覆雨,在主张自己权利和在他人向他主张权利时言行前后不一,就违反了禁止反言原则。例如,我国《仲裁法》第 20 条第 2 款规定:“当事人对仲裁协议的效力有异议,应当在仲裁庭首次开庭前提出。”如果在仲裁庭首次开庭前没有提出,就相当于放弃了对仲裁协议效力的异议,或者已经认可了仲裁协议的效力。在此之后,如果该当事人又对仲裁协议的效力提出异议,那其提出异议的行为就构成了其先前未提异议行为的“反言”,对该“反言”,法律不予认可。因此,最高人民法院《仲裁法解释》第 13 条第 1 款规定:依照仲裁法第 20 条第 2 款的规定,当事人在仲裁庭首次开庭前没有对仲裁协议的效力提出异议,而后又向人民法院申请确认仲裁协议无效的,人民法院不予受理。该条规定即体现了禁止反言原则。

除了在仲裁协议是否具有效力上禁止反言,在仲裁协议效力是否应当扩张上,同样禁止反言。在西方的一些国家如美国,适用禁止反言原则的一系列判例,已使该原则发展成为确定仲裁条款在相关方之间效力问题的一个重要判断标准,特别是许多牵涉到非签字方的仲裁条款的效力问题都依

---

① 参见杨秀清:《协议仲裁制度研究》,法律出版社 2006 年版,第 200 页;刘晓红:《论仲裁协议效力扩张的法理基础》,载《北京仲裁》2004 年第 1 期。

赖其来解决。① 且美国有关判例已经确定了禁止反言原则适用的标准，认为禁止反言原则在两种情况下支持仲裁协议未签字方要求仲裁的请求：

第一种情形是，仲裁条款的签字方先利用合同中的实体条款来主张自己对非签字方的权利，而后其又否认非签字方的仲裁权利，是不被允许的。因为签字方依合同的实体条款主张其对非签字方的权利，这实际上承认了其与非签字方存在合同关系，而在非签字方援引作为合同一部分的仲裁条款参与仲裁时，签字方又以协议形式要件问题（非签字方未在协议上签字）否定此条款对非签字方的效力。此时，禁止反言原则将会阻止签字方对仲裁条款的否定，使其只能与非签字方进行仲裁。

第二种情形是，如果仲裁条款的签字方主张的权利是针对其他签字方和非签字方在本质上相互依存、不可分割的不当行为而提出的，则非签字方可以援引仲裁条款。因为在此种情形下，由于仲裁协议另一签字方与非签字方的行为"相互依存、不可分割"，申请人（签字方）针对该行为通过仲裁主张权利，等于认可了非签字方的仲裁当事人地位，非签字方当然可以援引仲裁条款参与仲裁。非签字方也只有参与仲裁，才能针对对方的指控，就自己是否具有"不当行为"进行有效辩护，从而有效地维护自己合法的实体权利和仲裁权利。

这里需要说明的是，理解禁止反言原则，并非指仲裁协议的非签字方只有在仲裁签字一方提请仲裁并涉及自己的时候，他才能守株待兔式地被动参与仲裁。例如，在上述两种情形下，仲裁协议签字方的行为已经将非签字方列入争议当事人的地位，此时，仲裁协议非签字方如果提起仲裁，签字方是无法提出异议的，因为如他提出异议，就构成对自己的"反言"，而为禁止反言原则所不许。

① 参见徐镭：《禁止反言原则在美国仲裁实践中的发展》，载《当代国际法学理论与实践研究文集》（国际私法卷），中国法制出版社2002年版，第255~256页。转引自刘晓红：《论仲裁协议效力扩张的法理基础》，载《北京仲裁》2004年第1期。

（五）仲裁协议随主合同转移理论

该理论是指当民商事主体所订立的主合同的权利义务合法转移给第三人时，旨在解决主合同纠纷的仲裁协议应附随主合同转移给第三人，但主合同权利义务转移时，受转移人对仲裁协议明确表示反对或者不知有单独仲裁协议的除外。笔者认为，该理论主要建立在以下理由之上：

首先，仲裁权作为程序上的从权利，除特殊情况外，一般要随实体主权利的转移而转移。因为当事人签订仲裁协议的目的，就是为主合同服务的。仲裁协议与主合同的关系是服务与被服务的关系、从与主的关系，当主合同依法转移时，旨在为解决主合同纠纷服务的仲裁协议就应随主合同的转移而转移。否则，当初订立仲裁协议就失去了意义。

其次，仲裁协议独立性原则并不妨碍仲裁协议随主合同转移。一是因为规定仲裁协议独立原则的目的，在于尊重当事人通过仲裁解决合同纠纷的意愿，尽量使纠纷通过仲裁解决，从而促进民商事活动发展，而绝不是妨碍仲裁协议的适用。二是如前文所述，仲裁协议独立性的内涵特指"仲裁协议的效力应独立判断"，不随主合同的无效或其他变化而无效，而不意味着仲裁协议不能附随主合同转移。宋连斌、黄进的《〈中华人民共和国仲裁法〉（建议修改稿）》第 19 条规定："仲裁协议的效力应当独立判断。仲裁协议如构成合同的一部分，则合同的存在与否、变更、解除、终止、无效，不影响仲裁协议的效力。"①笔者认为，该规定中"仲裁协议效力应当独立判断"的表述，精准地揭示了仲裁协议独立性的内涵。就已有的法律而言，只要我们准确理解，也可得出相同的结论。如联合国《示范法》第 16 条第 1 款规定："构成合同的一部分的仲裁条款应当视为独立于合同其他条款的一项协议。仲裁庭作出关于合同无效的决定，在法律上不导致仲裁条款无效。"我国《仲裁

---

① 宋连斌、黄进：《〈中华人民共和国仲裁法〉（建议修改稿）》，载《法学评论》2003 年第 4 期。

法》第19条第1款规定:“仲裁协议独立存在,合同的变更、解除、终止或者无效,不影响仲裁协议的效力。”可见,仲裁协议独立性的要旨在于“主合同无效不导致仲裁条款无效”“主合同效力不影响仲裁协议的效力”,它回答的是仲裁协议的效力是否受主合同效力或其他变化而影响的问题,而不是回答仲裁协议可否随主合同转移的问题。三是从仲裁协议独立性原则的名称来看,该原则又称“仲裁协议可分性原则”,这里的“可分”特指在主合同无效情况下的“可分”,而不意味着仲裁协议不能随主合同转移。因此,仲裁协议随主合同转移与仲裁协议独立性原则并不矛盾。可以说,仲裁协议随主合同转移是原则,不随主合同转移是例外,这个“例外”就是,主合同转移时,受转移人对仲裁协议明确表示反对,或者不知有单独仲裁协议。同时,“不知有单独仲裁协议”这种情形,该仲裁协议必须是单独存在的(不与主合同在一起),合同受转移人应以一定的依据证明对该仲裁协议确实“不知”。

最后,既有的司法解释说明,仲裁协议通常是应当附随主合同转移的。最高人民法院《仲裁法解释》第8条、第9条关于当事人合并、分立、死亡以及债权债务转让的情况下,仲裁协议对权利义务继受人、继承人、受让人有效的规定,就明确地说明了仲裁协议通常是应当附随主合同转移的。

第五节　自裁管辖权制度的完善

仲裁庭受理仲裁案件须以对该案件具有管辖权为前提,法院对仲裁进行司法审查也往往要审查仲裁庭是否具有管辖权。本节旨在探讨当仲裁管辖权发生争议时,应由哪个主体来决定仲裁管辖权的问题,并进而对我国自裁管辖权制度的完善提出建议。

一、自裁管辖权概述

(一)自裁管辖权的概念和产生

自裁管辖权,是指仲裁庭在当事人对仲裁协议的效力以及仲裁庭的管辖权有异议时,有权对仲裁协议的效力和仲裁庭是否拥有管辖权作出决定。[①] 易言之,就是当案件当事人对仲裁协议效力以及仲裁管辖权提出异议时,仲裁庭有权决定其自身是否具有管辖权。

当事人意思自治是仲裁的灵魂,双方当事人在协商一致基础上所订立的仲裁协议是仲裁的基石。如果当事人对仲裁协议的效力及仲裁庭是否拥有管辖权问题提出异议,仲裁庭对该案是否具有管辖权就存在疑问。根据传统的仲裁理论,遇到这种情况就必须由法院就仲裁协议效力及仲裁庭是否具有管辖权问题作出决定,而不能由仲裁庭自己决定,因为"任何人都不能当自己案件的法官",仲裁庭亦然。

但是自20世纪50年代,欧洲出现了一种新的理论观点,认为仲裁庭有权对仲裁协议的效力和仲裁庭是否拥有管辖权作出决定。1955年国际商会仲裁院在《国际商会仲裁规则》第6条第2款首次规定:仲裁庭有权就当事人"对仲裁庭管辖权提出的异议作出决定"。其后,1961年《关于国际商事仲裁的欧洲公约》、1965年《解决国家和他国国民间之投资争端公约》、1966年《欧洲统一仲裁法》都采纳了仲裁庭自裁管辖权理论。联合国《贸法会仲裁规则》《示范法》也先后赋予了仲裁庭决定仲裁管辖的权力,[②]《示范法》第16条第1款规定:"仲裁庭可以对其管辖权,包括对仲裁协议的存在或效力的任何异议作出裁定。"由于《示范法》的影响,许多国家的仲裁法和主要国

---

① 参见赵健:《国际商事仲裁的司法监督》,法律出版社2000年版,第89页。

② 参见申黎:《国际商事仲裁的司法介入制度研究》,华东政法大学2014年博士学位论文,第74页;熊小芳:《我国仲裁管辖权异议若干问题探析》,载《北京仲裁》2015年第2期。

际仲裁机构都纷纷仿效。目前,大部分国家都接受了自裁管辖权理论,并在相关立法中予以体现,自裁管辖权也就“成为当代仲裁法的一项基本原则”。① 该原则就被称为仲裁庭自裁管辖权原则(也称管辖权或管辖权原则),仲裁庭所拥有的就当事人对仲裁协议效力及仲裁庭管辖权异议作出决定的权力,就是“仲裁庭自裁管辖权”。

由于各国对自裁管辖权的权力来源的认识不尽一致,因而对自裁管辖权是否受当事人意志左右的问题,各国规定不尽相同。有三种类型:第一类是以《示范法》《法国民事诉讼法典》为代表,认为仲裁庭自裁管辖权来源于国家强制性的法律规定,而不是来源于当事人约定,故仲裁庭拥有自裁管辖权,无须经当事人同意。如《法国民事诉讼法典》规定:“如果当事人抗辩仲裁员的管辖权,该仲裁员应当就原则或范围等各事项决定自身的权限。”②第二类是以英国为代表,认为自裁管辖权既来源于法律规定,又来源于当事人赋予,故该国的仲裁庭自裁管辖权可被当事人约定排除。1996 年《该国仲裁法》规定:“除非当事人另有约定,仲裁庭可裁定其实体管辖权。”③第三类以美国为代表,认为自裁管辖权来源于当事人授权。《法国统一仲裁法》规定:“法院应决定仲裁协议是否存在或争议事项是否属于仲裁协议的范围。”④该规定排除了仲裁庭自裁管辖权,但美国在有关判例中确认:“如果当事人授予仲裁庭自裁管辖权,仲裁庭就可以对有关管辖权问题作出决定。”⑤

(二)自裁管辖权的特点

笔者认为,自裁管辖权最大的特点在于:它是有风险底线前提下的仲裁庭自我授权。第一,它是在当事人对仲裁协议效力及仲裁庭管辖权存在异

---

① 赵健:《国际商事仲裁的司法监督》,法律出版社 2000 年版,第 89 页。

② 《法国民事诉讼法典》第 1466 条。

③ 1996 年《英国仲裁法》第 30 条。

④ 《美国统一仲裁法》第 6 条第 2 款。

⑤ 赵健:《国际商事仲裁司法监督》,法律出版社 2000 年版,第 98 ~99 页。

议情况下,仲裁庭自己决定自己对案件管辖的权力;第二,仲裁庭的这种自我授权是有风险底线的,并不会导致仲裁权的滥用。因为如果仲裁庭滥用自裁管辖权,当事人就会提出异议,法院就应对异议进行审查,并有权撤销或不予执行仲裁裁决。不少国家的法律还规定,法院有权对仲裁庭的自裁管辖权进行复核,并对仲裁庭是否具有管辖权问题作出最终的判定。正因为授予仲裁庭自裁管辖权也不至于造成仲裁权的滥用,所以,自裁管辖权制度得到了多数国家的欢迎和认可。可以说,仲裁庭自裁管辖权是一项有利而无害的制度创新。因而被誉为“现代仲裁取得的一项重要成就”。①

(三)赋予仲裁庭自裁管辖权的意义

自裁管辖权理论一经提出,便得到多数国家青睐并将其入法,说明该理论顺应了仲裁事业发展的需要,具有强大的生命力和重要的意义。其意义主要表现在:

1. 有利于仲裁程序不间断进行,提高仲裁效率。高效、便捷和低成本是仲裁较之诉讼的优势,也是当事人选择仲裁的原因。如果遇有管辖权异议就要提请法院裁判,就会增加审查环节和费用开支,从而对仲裁的“高效率”和“低成本”这两大优势产生消极影响。而由仲裁庭自身对管辖权异议直接作出裁决,可以使仲裁程序在无须法院介入的情况下得以继续,从而减少法院介入的时间消耗,节省当事人费用开支,且有利于仲裁程序不间断地进行。

2. 有利于防止和减少当事人借故“恶意拖延和破坏仲裁程序”。② 提出

① Jan Paulsson, “Accepting International Arbitration in Fact — and Not Only in Words”, in Eugene Cotran and Austin Amissah, eds. , *Arbitration in Africa*, Kluwer International, 1996, pp. 31 – 45. 波尔森(Paulsson)为现代仲裁制度总结了6项成就,其他5项为:可以将未来的争议提交仲裁;可以在仲裁程序中指定仲裁员(当事人无须在仲裁协议中就指定仲裁员);仲裁条款具有独立性;法院不审查仲裁裁决的实体;仲裁程序可在国外进行。

② 赵健:《国际商事仲裁的司法监督》,法律出版社2000年版,第93页。

管辖权异议是当事人最常用的拖延战术之一。如果只要有管辖权异议就需要法院介入,就会给那些不愿参加仲裁或确信自己将会败诉的当事人恶意拖延仲裁程序提供了可乘之机。这不仅会降低仲裁效率,而且助长了仲裁中的败德行为,不利于社会诚信建设。而赋予仲裁庭以自裁管辖权,一些本想通过管辖权异议来拖延仲裁程序的当事人就可能望而却步,不再提出异议,这一是因为仲裁庭了解案情(即使在仲裁程序之初,仲裁庭也比法院了解案情),当事人提出管辖权异议后仲裁庭能较快地作出决定。二是因为当事人的败德失信做法可能给仲裁庭留下不良印象,从而在裁决时给当事人带来不利影响。退一步而言,当事人即使提出管辖权异议,其拖延的时间也会比法院裁判所费时间要短得多。

3. 有利于减轻当事人和法院负担。就当事人而言,如果管辖权异议要由法院裁决,他就要经受仲裁庭和法院两头奔波、"两面作战"之苦。以中国为例,根据最高人民法院《仲裁法解释》规定:"申请确认涉外仲裁协议效力的案件,由仲裁协议约定的仲裁机构所在地、仲裁协议签订地、申请人或被申请人住所地的中级人民法院管辖。"①故案件的仲裁地与法院地很可能不在一地,其负担就更显沉重。就法院而言,也增加了受理并审查的工作量。赋予仲裁庭自裁管辖权,可使当事人避免两地奔波、"两面作战"之苦,节约当事人仲裁成本,也有利于法院减轻工作负担,节约国家的司法成本。

(四)法院对自裁管辖权的监督

在赋予仲裁庭自裁管辖权的国家,在法院是否对仲裁庭自裁管辖权进行监督的问题上,有两种模式:

一种是"仲裁庭终局决定模式",即仲裁庭的自裁管辖决定具有终局性,即使当事人对自裁管辖权决定有异议,也不能在仲裁程序运行过程中向法

---

① 《仲裁法解释》第12条第2款。

院申请救济,而只能在仲裁裁决作出后,以仲裁协议无效等事由申请法院撤销或不予执行仲裁裁决。采这种模式的有法国、比利时、意大利等国。如《法国民事诉讼法典》第 1458 条规定:"在仲裁庭依据仲裁协议而受理的争议被提交至国家法院时,该法院应当宣告无管辖权。如仲裁庭尚未受理案件,除仲裁协议明显无效之外,法院也应当宣告无管辖权。"1985 年《比利时司法法典》第 1697 条第 3 款规定:"仲裁庭关于它有管辖权的规定不得提交司法当局进行抗辩,除非在同一程序中对主要问题也同时作出了裁决,司法当局可根据一方当事人的请求决定关于仲裁庭无管辖权的裁定是否有理由。"2006 年《意大利民事诉讼法》第 819 条规定:"在仲裁程序尚未结束前,关于仲裁协议无效的任何申请不得提交给司法机关。"

另一种是法院"最终决定模式",即仲裁庭对管辖权问题作出决定后,如果一方当事人不服,可以向法院寻求救济,要求法院对该决定进行复核,法院具有最终判定仲裁庭是否具有管辖权的权力。采这种模式的有联合国《示范法》以及德国、瑞典、加拿大等国。实行这种模式的一般有两个特点:一是仲裁庭的自裁管辖权决定既可以在仲裁程序中作出,也可以在仲裁裁决中一并处置。与此相对应,法院介入审查的时机也随仲裁庭作出决定的时机而定,可能在仲裁程序中介入审查,也可能在仲裁裁决作出后介入审查。二是如果仲裁庭在仲裁程序中作出自裁管辖决定,一方当事人向法院提出异议,实行法院审查"不停止仲裁原则",以避免法院介入审查而影响仲裁程序的正常进行。如《示范法》第 16 条第 3 款规定:"仲裁庭可以根据案情将本条第(2)款所指抗辩作为一个初步问题裁定或在实体裁决中裁定。仲裁庭作为一个初步问题裁定其拥有管辖权的,任何一方当事人可在收到裁定通知后三十天内请求第 6 条规定的法院对此事项作出决定,该决定不得上诉;在对该请求未决期间,仲裁庭可以继续进行仲裁程序和作出裁决。"《德国民事诉讼法》第 1040 条第 3 款也规定:"仲裁庭认为自己有管辖权时,对于管辖权异议,在一般情况下可以作出中间裁决。此时,任何一方当事人在收到裁决后一个月内可以申请法院裁判。仲裁庭可以继续进行仲裁程序并作出仲裁裁决。”

二、完善我国自裁管辖权制度的建议

我国《仲裁法》第20条第1款规定：“当事人对仲裁协议的效力有异议的，可以请求仲裁委员会作出决定或者请求人民法院作出裁定。一方请求仲裁委员会作出决定，另一方请求人民法院作出裁定的，由人民法院裁定。”最高人民法院《关于确认仲裁协议效力几个问题的批复》第3条规定：“当事人对仲裁协议的效力有异议，一方当事人申请仲裁机构确认仲裁协议效力，另一方当事人请求人民法院确认仲裁协议无效，如果仲裁机构先于人民法院接受申请并已作出决定，人民法院不予受理；如果仲裁机构接受申请后尚未作出决定，人民法院应予受理，同时通知仲裁机构中止仲裁。”

根据以上法律规定和司法解释，我国的仲裁自裁管辖权制度与《示范法》及多数国家所规定的自裁管辖权制度相去甚远，且需要予以修改完善。其具体的修改完善建议和理由如下：

（一）取消当事人可以请求法院裁定仲裁协议效力的规定，赋予仲裁庭完全的自裁管辖权

1. 我国的仲裁管辖权与外国的自裁管辖权相去甚远。其差异主要表现在：

（1）在外国，自裁管辖权全由仲裁庭行使，即只要当事人对仲裁协议效力及仲裁管辖权提出异议，都由仲裁庭审查并作出决定。而我国的仲裁机构只有部分自裁管辖权或称“不完全的自裁管辖权”，即仲裁机构只有在当事人未向法院提出管辖权异议或仲裁机构在法院受理当事人异议申请前已经作出自裁管辖决定的情况下，才具有自裁管辖权。且从实际情况看，凡对方当事人想恶意拖延仲裁的，一般都会采取向法院提出异议申请的做法，故

仲裁机构实际能行使的自裁管辖权十分有限。

(2)在外国,仲裁庭作出自裁管辖决定后,有的是法院在仲裁程序中不就此进行审查。有的是仲裁庭自裁在前,法院复核在后。而我国则是由法院和仲裁机构对仲裁协议效力及管辖权异议实行“分流处理”,即由法院和仲裁机构分掌对该异议的决定权,且实行法院优先原则。

(3)在外国,自裁管辖权在法院介入审查后不停止仲裁程序。而我国法院在受理仲裁协议效力及管辖权异议申请后即中止仲裁程序。

(4)在外国,自裁管辖权由仲裁庭行使,而我国的自裁管辖权由仲裁机构行使。

通过以上对比可以发现,我国的自裁管辖权与外国的自裁管辖权相去甚远,其中自裁管辖权的不完全性是重要方面,要完善我国自裁管辖权制度,就必须赋予仲裁庭完全的自裁管辖权。

2. 不赋予仲裁庭完全的自裁管辖权存在诸多弊端。如前所述,仲裁庭自裁管辖权有三个益处,且它是仲裁庭在有风险底线前提下的自裁管辖权,有利而无害。但我国规定的是由仲裁机构和法院分掌对仲裁协议效力及管辖权异议决定权的模式,如果双方当事人都向仲裁庭提出仲裁协议效力和管辖权异议,则可收自裁管辖权之利。而只要有一方当事人向法院提出异议,则自裁管辖权之利全无,且会产生诸多弊端:一是影响仲裁效率,增加仲裁成本。法院的介入增加了一个审查环节,且其所需时间必然多于由仲裁庭“自裁”所需时间,加上法院审查期间中止仲裁程序,对仲裁效率的影响将会更大,而且还会使当事人遭受两地奔波、“两面作战”之苦。二是不利于当事人权益的保障。如果法院就仲裁庭管辖权作出的裁定有误,则其提交仲裁的意愿就无法得到实现,而在我国现有法律制度下,当事人对该错误裁定几乎没有任何救济的渠道;[①]相反,如果仲裁庭享有完全的自裁管辖权,则即便仲裁庭就管辖权的认定有误(如审理了其并无管辖权的案件),法院也可以在仲裁裁决司法审查阶段纠正这一错误,这对当事人的权利保障而言无疑更为科学。三是给恶意拖延、破坏仲裁程序的当事人以可乘之机,不利于对仲裁领域败德行为的遏制和社会诚信建设。四是加重法院负担,增加财政开支。五是不利于提高我国仲裁机构的国际竞争力。由于仲裁庭权力的大小、仲裁效率的高低、仲裁需要当事人花费资源的多少,是当事人选择仲裁机构时需要考量的重要因素,我国不完全的自裁管辖权可能造成的上述弊端,难免会影响仲裁机构在国际上的竞争力。因此,我国应当借鉴多数国家的做法,赋予仲裁庭完全的自裁管辖权。

(二)调整自裁管辖权行使的主体

如前所述,我国仲裁机构仅拥有部分自裁管辖权,且该权力由仲裁机构行使而不是由仲裁庭行使,这一规定同样存在一些弊端:一是违反了仲裁权配置的原理。如前所述,仲裁权归属于仲裁庭,仲裁机构所拥有的是仲裁的监督管理权。自裁管辖权属于仲裁权,理应由仲裁庭行使,将其配置给仲裁机构实为不当。二是违反了自裁管辖权的初衷。赋予仲裁庭自裁管辖权,就是为了使仲裁庭在遇到仲裁协议效力的管辖权异议时,可以自行作出决定,并继续仲裁程序,提高仲裁效率,而不至于将仲裁程序停下来,造成程序拖延。[②] 而由仲裁机构行使自裁管辖权,就难以实现自裁管辖权的初衷,因为仲裁机构不了解案情,需要从头了解情况、审阅相关证据材料,有的还要听取当事人陈述,因此必然要比仲裁庭直接行使该权力花费更多时间,造成

---

① 根据我国现有法律规定,法院就仲裁司法审查案件作出的裁定,当事人无权提起再审申请,检察院也无权抗诉,但法院是否有权依职权再审尚无定论。然而即便法院可以依据职权进行审判监督,这一纠错程序也会耗费当事人大量的时间与精力,延误纠纷解决,对当事人权益保障非常不利。

② 参见赵健:《国际商事仲裁的司法监督》,法律出版社 2000 年版,第 102 页。

仲裁程序不必要的拖延。三是由仲裁机构行使自裁管辖权可能使仲裁庭成为仲裁机构的附庸,影响仲裁庭的独立性和自主性,并可能使当事人对仲裁庭的公正性产生怀疑。① 因此,要将自裁管辖权行使的主体由仲裁机构调整为仲裁庭。

当然,如果管辖权异议发生在仲裁庭组成前,则除了仲裁庭马上就能组成的可由仲裁庭行使自裁管辖权外,其他的应由仲裁机构行使自裁管辖权,其中因管辖权异议,一方当事人拒绝组庭或拒绝选定仲裁员的,则必须由仲裁机构行使自裁管辖权。

(三)将法院对自裁管辖权的监督时机规定在仲裁裁决作出之后

如前所述,国际上在处理仲裁庭自裁管辖权与法院司法审查权的关系上,有"仲裁庭终局决定"和"法院最终决定"这两种模式,前一种模式是仲裁庭自裁管辖决定具有终局性,法院不在仲裁程序中对仲裁管辖权问题进行审查,而是在裁决作出后,就当事人提出的撤销裁决的申请或不予承认和执行裁决的抗辩进行审查。在后一种模式下,如果仲裁庭在仲裁程序中作出自裁管辖权决定,那么法院要根据当事人的异议申请即时审查;如果仲裁庭在仲裁裁决中将管辖问题和实体问题一并作出裁决,那法院也只能在此时根据当事人的申请,作撤销或不予承认和执行仲裁裁决的审查。可见,在前一种模式下,法院只能在仲裁裁决作出后才能介入审查;在后一种模式下,法院对一部分案件也只能在仲裁裁决作出后才能介入审查。

借鉴外国的做法,根据本国的实际,并考虑现代国际商事仲裁司法审查的发展趋势,笔者建议:将我国法院对仲裁管辖权异议审查的时机规定在仲裁裁决作出后。其理由主要是:

首先,法院在仲裁裁决作出后再介入审查,有利于支持仲裁庭依法独立

---

① 参见宁敏、宋连斌:《评国际商事仲裁管辖权原则》,载《法学评论》2000 年第 2 期。

行使自裁管辖权。法律既然赋予仲裁庭自裁管辖权，就应让仲裁庭依法独立行使该权力，而不必在仲裁程序进行过程中过多地给予牵制，且法院不即时对仲裁庭自裁管辖权进行审查，并不是没有机会对其进行审查，因为任何一个国家的法院，都有权对本国的仲裁裁决依法进行司法追诉（撤销审查），并有权依法对在本地申请执行的仲裁裁决不予执行。如果当事人对仲裁庭的自裁管辖决定不服，可以在仲裁裁决作出后以仲裁协议无效等事由申请法院撤销仲裁裁决，或要求法院不予承认和执行仲裁裁决。法院审查后，作出是否撤销仲裁裁决或不予承认和执行仲裁裁决的裁定。如果法院认为仲裁协议无效而撤销或不予承认和执行仲裁裁决，这既是对仲裁协议效力和仲裁裁决的否定，也是对仲裁庭自裁管辖权决定的否定。既然在仲裁裁决作出后，法院仍可对仲裁的自裁管辖决定是否适当进行审查，那就不必在仲裁程序中横加干预，对仲裁庭自裁管辖决定即时进行审查。

其次，法院在仲裁裁决作出后再介入审查，有利于保证仲裁的效率。法院在仲裁裁决作出后再介入审查，能确保仲裁程序不停顿地、顺利地进行。相反，如果法院在仲裁自裁管辖决定作出后即介入审查，我国就算借鉴《示范法》等规定，实行不停止仲裁原则，但当事人基于对法院审查结果不确定性的顾虑，仍会对仲裁庭继续审理的信心产生消极影响。同时，在仲裁裁决作出后，当事人还可能因其他事由如“仲裁程序与仲裁规则不符”“裁决的事项不属于仲裁协议的范围”等，申请法院撤销裁决，这就会造成法院对该案两次介入审查，不仅不利于仲裁程序顺利进行和保证仲裁的效率，也不利于节约法院的司法资源。

有人可能认为，法院在仲裁裁决作出后再介入审查，如果认为仲裁协议无效、仲裁庭的自裁管辖决定不当而撤销仲裁裁决，那就会使仲裁庭对仲裁案件的审理都归于无效，当事人只能提请再次仲裁，或者诉请法院裁判，这会对仲裁的效率产生更消极的影响。笔者认为，这种可能性确实存在，但法院对仲裁管辖异议审查的后移，并不至于造成仲裁庭自裁管辖权的滥用，仲裁庭一般都会审慎地行使这一权力。因为对仲裁庭而言,仲裁协议是否有效,仲裁庭是否具有管辖权,最终的决定权并不在自身,而在法院;如果滥用自裁管辖权,当事人必然要提出异议,法院即使不即时审查,也会在仲裁裁决作出后进行审查,如果仲裁裁决被撤销或不予承认和执行,不仅会使自己"前功尽弃",而且有损自己的声誉。因此,法院在仲裁裁决作出后再对仲裁管辖异议进行审查,比在仲裁庭作出自裁管辖决定后即介入审查更影响仲裁效率的可能性虽然不能完全排除,但是这种可能性较小。通过概率分析和总体的利弊权衡,法院在仲裁裁决作出后再介入审查更有利于保证仲裁的效率。

再次,法院在仲裁裁决作出后再介入审查,符合现行司法解释的精神,也符合现代国际商事仲裁司法审查的发展趋势。最高人民法院《关于确认仲裁协议效力几个问题的批复》第3条规定:"当事人对仲裁协议的效力有异议,一方当事人申请仲裁机构确认仲裁协议效力,另一方当事人请求人民法院确认仲裁协议无效,如果仲裁机构先于人民法院接受申请并已作出决定,人民法院不予受理……"该司法解释对仲裁庭的自裁管辖决定,采的是"仲裁机构终局决定"模式,它既有保证仲裁效率的考虑,又蕴含尊重仲裁独立性和仲裁自裁管辖决定的精神。笔者认为,在对自裁管辖权制度进行修改完善时,对司法解释所体现的这一精神,仍应予以坚持。法院在仲裁裁决作出后再介入审查,就是对司法解释这一精神的坚持。

最后,如前所述,现代国际商事仲裁呈现出法院对仲裁司法审查后移的趋势,即由以往在仲裁起始阶段和仲裁过程中对仲裁的审查监督,逐步后移至仲裁裁决作出以后。① 因此,法院在仲裁裁决作出后再对仲裁协议是否有效、仲裁庭是否有管辖权介入审查,是符合现代国际商事仲裁司法审查发展趋势的。

---

① 见本书第二章第三节"当代国际商事仲裁和司法审查的发展趋势"。

本章小结

1. 仲裁协议是仲裁的基石。有效的仲裁协议既是仲裁庭取得仲裁权的根据,也是法院司法审查时据以判定仲裁裁决是否应当撤销、是否予以承认和执行的重要依据。仲裁协议的效力应当独立判断,不受主合同效力的影响。法院审查仲裁协议主要审查仲裁协议是否存在、是否有效或失效、是否能够执行。

2. 我国《仲裁法》规定的仲裁协议要件存在过于严格、僵硬的问题,应予以修改完善。建议完善关于仲裁协议形式要件和实质要件的规定,将"书面形式"的界定范围扩大为"有书面证据可以证明存在仲裁协议"和"当事人通过特定行为可以证明存在仲裁意愿"这两种情形。取消"选定的仲裁委员会"这一实质要件,以降低仲裁准入门槛,扩大仲裁的适用面。同时,分步走地允许临时仲裁,即先对海事纠纷和在自贸区注册的商事主体之间的纠纷允许临时仲裁,以此作为试点,为下一步全面允许临时仲裁积累经验。

3. 仲裁协议效力准据法确定制度所解决的是适用何国法律来确定仲裁协议效力的问题。我国《仲裁法》未对此作出规定,《仲裁法解释》规定了"当事人约定、仲裁地法、法院地法"三个层次,《涉外民事关系法律适用法》规定,"当事人可以协议选择适用的法律,当事人没有选择的,使用仲裁机构所在地法律或者仲裁地法律"。但该规定尚存缺陷,应予以修改完善。建议将确定仲裁协议效力准据法的顺序规定为:当事人约定的法律、仲裁地法律、主合同适用的法律,使之更加科学合理。

4. 根据合同相对性原则,仲裁协议作为一种合同,只对签署仲裁协议的双方当事人产生效力。但是 ,根据公平合理期待原则、合同相对性原则的例外、"揭开公司面纱"制度、"禁止反言"原则和仲裁协议随主合同转移理论,在某些特定情况下,仲裁协议效力可及于未在仲裁协议上签字的第三人,这就是仲裁协议效力扩张制度。我国《仲裁法》未对仲裁协议效力扩张问题作出规定;《仲裁法解释》仅对合同分立、合同当事人死亡、债权债务转让情况下仲裁协议效力扩张问题作了规定,应当予以补充完善。建议将《仲裁法解释》规定的内容规定至《仲裁法》,并增加规定:仲裁协议对公司实际控制人、隐名代理和未披露本人代理中的被代理人、代位求偿人、利他合同的第三人、提单持有人有效。

5. 根据传统的仲裁理论,当事人对仲裁庭是否具有管辖权问题产生争议后,只能申请法院决定。但20世纪50年代,欧洲创新了一种理论认为:仲裁庭有权对仲裁协议的效力和仲裁庭是否拥有管辖权作出决定。此后,各国基本上都赋予了仲裁庭自裁管辖权,因为它增强了仲裁的自足性,有利于仲裁不间断进行,提高仲裁效率;有利于防止当事人恶意拖延仲裁程序;有利于减轻当事人和法院负担。我国《仲裁法》仅赋予仲裁机构“不完全的自裁管辖权”,应予修改完善。笔者建议:取消当事人可以请求法院裁定仲裁协议效力的规定,赋予仲裁庭完全的自裁管辖权;将行使自裁管辖权的主体由仲裁机构调整为仲裁庭,并将法院对自裁管辖权的监督安排在仲裁裁决作出之后,以强化仲裁的效能。

第四章　仲裁程序司法审查制度的完善

根据仲裁的当事人意思自治原则，仲裁程序除遵守仲裁所在国强制性法律规定外，当事人有权自由约定。但它并不排除法院对仲裁程序进行必要的介入和审查，特别是在仲裁程序推进遇到困难需要采取必要的强制性措施时，法院介入审查就更加有必要。本章旨在针对我国仲裁程序司法审查法律制度中存在的问题，就如何完善该制度进行探讨，具体就保全制度、法院协助取证制度、合并仲裁制度、仲裁第三人权利保护制度等，提出完善的建议。其中仲裁第三人权利保护制度中有一部分属于仲裁裁决司法审查的内容，但由于都是仲裁第三人权益保护制度的组成部分，不宜按仲裁流程加以切割，故都放在本章加以阐述。

第一节　仲裁程序概述

仲裁程序具有许多不同于诉讼程序的特点，且仲裁程序对于仲裁具有特别重要的地位和意义，法院审查国际商事仲裁案件主要审查仲裁程序。研究仲裁程序，对于理解和把握仲裁的特点和规律，更好地谋划国际商事仲裁程序司法审查制度的完善,具有重要意义。因此,本章特设一节,就国际商事仲裁程序的几个基本问题作简要论述。

一、仲裁程序的概念和意义

仲裁程序是指仲裁法律关系的主体(包括双方当事人及代理人、仲裁庭和仲裁机构以及其他仲裁参与人)进行仲裁活动所应遵循的各项程序规则的总和。仲裁程序有三种不同意义上的程序:第一种是不针对具体案件的抽象意义上的“仲裁程序”,它一般包括仲裁法中有关仲裁程序的规定和仲裁机构制订的仲裁程序规则;第二种是由当事人和仲裁庭在遵守有关国家强制性仲裁程序规范的前提下所确定的拟适用于某一具体案件的仲裁程序;第三种是仲裁庭在仲裁某一具体案件时实际适用的仲裁程序。第三种程序与第二种程序可能相同或基本相同,也可能存在较大差异。本节探讨的“仲裁程序”主要指后两种仲裁程序。

仲裁程序往往是当事人意愿、仲裁法规定以及仲裁庭意见相结合的产物,所体现的是当事人意思自治和国家意志的有机统一,其“基础是当事人的约定与法律的规定”。[①] 因为仲裁贯彻当事人意思自治原则,仲裁程序亦然。其可由双方当事人约定,如仲裁机构的选择、仲裁庭仲裁员人数的确定、仲裁的地点、仲裁所适用的实体法、仲裁语言等;如果当事人没有约定或虽有约定但存在约定未尽事项,则由仲裁庭决定。如联合国《示范法》第19条规定:“(1)在不违反本法规定的情况下,当事人可以自由约定仲裁庭进行仲裁时所应当遵循的程序。(2)未达成此种约定的,仲裁庭可以在不违背本法规定的情况下,按照仲裁庭认为适当的方式进行仲裁。”1996年《英国仲裁法》第34条第1款规定:“在不违背当事人有权商定任何事项的前提下,仲裁庭得决定所有程序和证据事项。”仲裁庭在决定程序事项时,一般在遵守

---

① 赵秀文主编:《国际商事仲裁法》,中国人民大学出版社2014年版,第160页。

有关国家强制性仲裁程序规范的前提下，按照所在仲裁机构的仲裁规则（也可以是其他仲裁规则），结合案件的实际情况，灵活作出决定。从实际情况来看，由于仲裁庭对程序安排有丰富经验，而当事人却可能知之不多，因而当事人约定的往往只是其特别关注的某些程序事项，其余事项一般都由仲裁庭作出决定。仲裁庭要正确处理程序决定权和程序建议权的关系，对不了解仲裁程序特点的当事人要详解程序特点，并按照正当程序的要求，提出程序安排的合理化建议，供当事人参考。但是，无论是当事人议定还是仲裁庭决定，都不得违反仲裁地所在国规定的仲裁法，特别是其中的强制性规范，否则，有的会被仲裁庭拒绝受理案件，有的会影响仲裁程序顺利进行，有的虽作出了裁决，但会被法院撤销或拒绝承认和执行。

仲裁程序始于当事人申请仲裁，终于仲裁庭作出裁决，①一般分为三个阶段：(1)审前阶段。其任务是启动程序并为庭审做好准备，工作内容主要是受案、组庭、确定仲裁程序、进行庭审其他准备。(2)庭审阶段。这是仲裁的中心环节，其任务是查明案件事实，确定适用的法律，工作内容包括审阅材料、勘察现场、听取双方陈述、举证、质证、辩论、认定事实、证据等。(3)裁决阶段。其任务是作出裁决，工作内容包括裁决的作出、送达及进行必要的补正。

仲裁程序具有如下重要意义：

首先，仲裁程序确定了仲裁活动的“时间表”和“路线图”，它为仲裁法律关系主体参与或进行仲裁提供了程序依据，也为仲裁活动有效展开提供了程序保障。

其次，仲裁程序是衡量和检验仲裁案件质量的一个基本依据。无论是诉讼还是仲裁，程序都是实体的保障，且程序本身又有其独立的价值。同

---

① 仲裁程序有广义和狭义之分。一般认为，广义的仲裁程序始于当事人签订仲裁协议，终于裁决得到承认和执行。狭义的仲裁程序始于当事人申请仲裁，终于仲裁庭作出裁决。参见江伟主编：《仲裁法》，人民大学出版社 2012 年版，第 155 页。本书采狭义。

时，无论是诉讼还是仲裁，都要追求公正，而公正包括实体公正和程序公正。但是，诉讼程序和仲裁程序在案件整体公正中的地位和重要性不尽相同：在诉讼中，实体和程序应当并重，但人们往往更重视实体。而在仲裁中，程序在案件整体公正中的地位和重要性比在诉讼中更为突出。因为：第一，仲裁比诉讼更重视效率，这难免对案件的实体公正有所减损，从而使程序公正在整体公正中的比重上升。第二，仲裁程序具有自治、灵活、简便等特点，而不像诉讼程序那样统一、规范和严谨，包括证据制度也不像诉讼那样统一和规范，即当事人可以自由约定证据规则，在当事人没有约定的情况下，仲裁庭可以按照其认为适当的方式决定有关证据的一切事项。众所周知，程序是实体的保障，证据是证明案件事实的根据。仲裁程序和证据制度的上述特点，同样会对案件的实体公正有所减损，从而使程序公正在案件整体公正中的比重上升。第三，在仲裁中，有关人员对程序的关注甚于诉讼中对程序的关注。因为仲裁程序是“活”（灵活可变）的，诉讼程序是“死”（固定不变）的，作为仲裁当事人，他们要关心仲裁实际适用的程序是否就是自己约定的程序。作为负责仲裁司法审查的法院，也要关注仲裁实际适用的程序是否就是当事人约定和国家法律规定的程序，因为依据《纽约公约》和各国立法，程序问题是法院撤销或不予承认和执行国际商事仲裁裁决的主要依据。因此，仲裁程序“在很大程度上影响以至决定着仲裁裁决的质量，没有科学、合理的仲裁程序，就难以保证仲裁过程的公平性、公正性，也难以保证仲裁裁决的正确性”。[①] 也因为程序在仲裁中所具有的特殊重要性，因而如前所述，作为英国仲裁法基本原则之一的“自然公正”，指的主要是程序公正。

最后，仲裁程序是法院对仲裁进行司法审查的重要内容和依据。其中当事人约定的和国家法律规定的程序，是法院对仲裁进行司法审查的重要依据。仲裁实际进行的程序，是法院对仲裁进行司法审查的对象和重要内

① 江伟主编：《仲裁法》，人民大学出版社2012年版，第154页。

容。例如,根据《纽约公约》第 5 条的规定,对"仲裁庭的组成或仲裁程序与当事人间的协议不符,或当事人间没有这种协议,同进行仲裁的国家的法律不符的",法院有权拒绝承认和执行仲裁裁决。显然,在这里,当事人间协议的仲裁程序或国家法律规定的仲裁程序是法院司法审查的依据,而仲裁实际进行的程序("仲裁庭组成或仲裁程序")是法院司法审查的对象和重要内容。

二、仲裁程序的基本原则

仲裁程序的基本原则,是指仲裁法律关系主体确定、参与或进行仲裁程序所应当遵循的基本准则。仲裁程序主要包括当事人意思自治、遵守正当程序、诚实信用这三项基本原则。现分别予以阐述:

(一)当事人意思自治原则

当事人意思自治原则,是指仲裁程序除遵守法律的强制性规定外,要由当事人确定,并根据当事人共同的意思表示来进行仲裁程序的原则。在仲裁中,当事人对仲裁程序的确定有广泛的权利,如有权选择仲裁机构和仲裁地,有权确定仲裁员人数和选定仲裁员,有权选择仲裁类型(是依法仲裁还是依原则仲裁)和审理方式(是开庭审理还是书面审理),有权选择仲裁语言,有权选择裁决书是否写明争议事实和裁决理由等。可以说,除遵守国家强制性规定外,当事人都有权予以选择和确定仲裁程序。因此,在仲裁程序上,当事人行使的是程序的确定权,仲裁庭行使的是程序的执行权。虽然仲裁庭也决定某些仲裁程序,如联合国《示范法》规定,对当事人未就仲裁程序达成约定的,"仲裁庭可以在不违背本法规定的情况下,按照仲裁庭认为适当的方式进行仲裁"。一些国家的仲裁法也有类似的规定,但程序决定权的本源在当事人,仲裁庭只能根据当事人的委托作出决定,或者对当事人的约定进行查漏补缺,对约定中的未尽事项加以决定,而绝无超越当事人的权力。正如英国仲裁法所规定的,“在不违背当事人有权商定任何事项的前提下”,仲裁庭才有权“决定所有程序和证据事项”。

(二)正当程序原则

正当程序原则,是指为公平合理地解决纠纷,仲裁程序的确定、参与或进行都必须遵循程序正当性的原则。正当程序的内涵主要为:(1)平等对待各方当事人。即对各方当事人都应一视同仁、不偏不倚,而不可厚此薄彼、搞双重标准、差别待遇。“平等对待各方当事人”,这是仲裁庭中立性的必然要求,也是公平合理地解决纠纷的必要前提。如果仲裁庭不能平等对待当事人,那裁决就不可能公平;退一步说,即使裁决客观上是公平的,当事人也会觉得不公平。因此,联合国《示范法》第 18 条规定:“应当对当事人各方平等对待”。1996 年《英国仲裁法》第 23 条规定:“公平公正地对待双方当事人”。“平等对待各方当事人”,首先要求仲裁员与所审理案件的利益无涉,因为任何人都不能当审判自己案件的法官,即不能审理自己或与自己有利害关系的案件,否则他就违反了中立性,不可能做到对各方当事人平等对待、不偏不倚。同时,还包括平等地给予各方当事人权利、义务,平等地听取并对待各方当事人的主张和陈述。(2)适当通知。即在仲裁程序进行过程中的每一个步骤和事项上,仲裁庭都应给予各方当事人合理的通知,使其能够知晓并进行必要的准备。否则,根据《纽约公约》,“没有给予进行仲裁程序的适当通知”,是法院不予承认和执行裁决的法定事由之一。(3)充分机会。即给予当事人陈述意见的充分机会。这是仲裁庭全面客观地了解案情、实现“兼听”,并在此基础上作出公平合理裁决的必要前提。因此,《示范法》第 18 条规定:“应给予当事每一方充分的机会陈述其案情”;《纽约公约》规定,当事人不能对案件陈述意见,是拒绝承认和执行裁决的事由;1996 年《英国仲裁法》第 33 条规定:“给予他们(指当事人)以合理的机会陈述案情和评论对方意见”。“陈述案情和评论对方意见”,包括陈述案情和对案件的主张、理由和依据,对对方请求的反请求和反驳,对对方所举证据予以质证并发表意见等。这里的"充分机会",既包括让当事人把话讲完的机会,还包括给当事人作必要准备的机会。例如,对一方当事人突然提出的主张和证据,仲裁庭一般不宜要求另一方当事人立即发表意见,而应给予必要的准备时间,否则,对方当事人有权不予立即质证和发表意见。(4)合理的程序安排。即仲裁程序的安排必须科学、合理、紧凑,以避免不必要的迟延和费用。如1996年《英国仲裁法》第33条明确规定:"仲裁庭应根据特定案件的具体情况采取合适的程序,避免不必要的延误或开支。"因为高效率和低费用是仲裁相对于诉讼的优势所在,如果程序安排不合理,造成不必要的迟延和开支,仲裁的比较优势就不复存在,当事人选择仲裁就没有必要。因此,"合理的程序安排"除了要求程序安排要科学、合理、紧凑之外,还要求当事人对仲裁庭违反自己约定的行为立即提出异议,如果过分迟延就视为放弃提出异议的权利。

(三)诚实信用原则

诚实信用原则,是指仲裁法律关系主体在仲裁程序中应当秉持诚实、信守承诺的原则。诚实信用原则是私法领域的"霸王条款",最早起源于罗马法中的"诚信契约"和"诚信诉讼"。"诚信契约"已逐步发展成为民法上的诚实信用原则,并为各国民法所承认。而对于"诚信诉讼"是否应当发展为民事诉讼的诚实信用原则的问题上,大陆法系学者经过漫长的争议,于19世纪末20世纪初,肯定说才成为主流并迅速转化为立法。[①] 我国2012年修改的《民事诉讼法》增加规定了"诚实信用原则"。该法第13条规定:"民事诉讼应当遵循诚实信用原则。"

我国《仲裁法》未对诚实信用原则作出规定。但是,既然诚实信用已经

① 参见蔡章麟:《民事诉讼法上诚实信用原则》,载杨建华主编:《民事诉讼法论文选辑》(上),台北,五南图书公司1984年版,第9页。

规定为民事诉讼的一项基本原则,那它同样可以而且应当是仲裁(含仲裁程序)的一项基本原则,其理由是:首先,民事诉讼和仲裁都是解决商事纠纷的机制,他们解决的纠纷相同。① 其次,在新形势下,违反诚信的情况在诉讼和仲裁中都时有发生。在民事诉讼领域,有双方当事人恶意串通,通过捏造事实虚假诉讼骗取法院裁判文书;隐匿、伪造证据,贿买证人或妨碍证人作证;滥用诉讼权利,妨碍诉讼正常进行,损害对方合法权益或社会公共利益;转移隐匿财产逃避判决执行等。除当事人外,还有证人虚假作证,鉴定人虚假鉴定,代理人不尽职责,审判庭办关系案、人情案甚至徇私枉法等。正是因为这些违反诚信情况较严重的存在,2012 年我国《民事诉讼法》将诚实信用规定为基本原则。与诉讼相似,上述违反诚信的行为在仲裁中同样存在。最后,仲裁程序与民事诉讼程序相比,具有自治、灵活、简便等特点,当事人及其他仲裁参与人如果不诚信,其不诚信的范围和危害比在诉讼中更大。因为在民事诉讼中,不诚信的行为主要表现在参与或进行诉讼程序中;而在仲裁中,不诚信行为除表现在参与或进行仲裁程序中之外,还可以表现在确定仲裁程序中,也就是说,在仲裁中发生不诚信的范围可以更广,其危害也就可能更大。因此,将诚实信用原则作为仲裁程序的一项基本原则,很有必要。

在仲裁程序中贯彻诚实信用原则,就当事人而言:一是正确运用仲裁程序确定权,防止翻云覆雨、约定程序后又不认账。当然,仲裁程序约定后如认为有不当之处,经双方当事人约定可以加以修正,这是当事人正当的权利,与不诚信无涉。二是正确运用仲裁权利,包括仲裁申请权、管辖异议权、答辩抗辩权、申请仲裁人回避权等权利,②防止滥用这些权利搞虚假仲裁或

① 民事诉讼受案范围广于仲裁,但就平等主体之间发生的合同纠纷和其他财产权益纠纷而言,诉讼和仲裁都能受理。

② 当事人在仲裁中的权利还有裁决撤销申请权、裁决承认与执行抗辩权等,由于本书将仲裁程序的范围界定为"始于仲裁申请、终于作出裁决",因而没有涉及裁决作出后的不诚信行为。

用以拖延合同义务的履行、阻碍仲裁的顺利进行。三是实事求是地提供证据,反对一切违反事实真相的行为,如弄虚作假、隐匿伪造证据、妨碍证人作证或贿买证人作伪证、贿买鉴定人作不实事求是的鉴定。四是禁止反言,防止出现前后自相矛盾的言行。

就仲裁参与人而言,应当实事求是地提供证据、发表意见、出具鉴定意见、履行代理职责,防止弄虚作假和自相矛盾。

仲裁庭作为商事纠纷的公断人,自应模范遵守和践行诚实信用原则:一是正确行使仲裁程序决定权和程序进行权,防止滥用该权利。要以尊重当事人意思自治为原则,根据当事人的委托决定程序,或对当事人未约定的事项作出决定。要按照当事人约定的程序进行仲裁,确需修正程序的,须经双方当事人同意。要践行平等对待当事人和适当通知、充分机会、合理程序的要求,确保程序的正当性。二是正确行使仲裁权,包括自裁管辖权、调查取证权、认证采证权、裁决权等,根据事实、符合法律规定、公平合理解决纠纷,防止对仲裁权的滥用。三是在仲裁过程中,对当事人不诚信言行,必要时要提醒其注意乃至加以制止,并不予采信,从而使庭审活动充满正气。

三、仲裁程序与民事诉讼程序的区别

仲裁程序与民事诉讼程序都是解决私法领域纠纷的程序,必然有许多相同之处:如都要经历从受案到裁决(裁判)的过程;都采取“两造对抗、公断人居中裁断”的构造;都要围绕事实和证据进行举证、质证和辩论,都要在查明事实的基础上适用法律、作出判断。但这里重点阐述二者之间存在的区别,因为明确二者间的区别,对于仲裁司法审查人员更好地理解和把握仲裁制度的特点和规律,防止以诉讼的理念和标准进行司法审查,完善仲裁司法审查制度,都具有重要意义。

仲裁程序与民事诉讼程序的区别主要表现在:

1. 性质不同。民事诉讼程序是作为国家司法机关的法院进行民事司法审判活动所适用的程序；而仲裁程序是作为民间性的仲裁庭（包括仲裁机构）进行仲裁活动所适用的程序。[①] 前者为官方解决纠纷的程序，后者为民间解决纠纷的程序。

2. 价值追求不同。如前所述，无论是诉讼还是仲裁，都要兼顾公正与效率，但他们处理公正与效率的关系是有区别的。诉讼的价值追求是"公正优先、兼顾效率"；而仲裁却是"效率本位"，[②]即在实现底线公正的前提下最大限度地追求效率。[③] 诉讼程序与仲裁程序在价值追求上不尽相同的侧重点，避免了两种解纷机制的同质化，为当事人解决纠纷提供了两种各具优势和特色的途径选择。

3. 受案范围不同。民事诉讼程序受理公民之间、法人之间、其他组织之间以及他们相互之间因财产和人身关系提起的民事诉讼案件；而仲裁程序仅受理平等主体的公民、法人和其他组织之间发生的合同纠纷和其他财产权益纠纷案件，与人身有关的婚姻、收养、监护、扶养、继承纠纷以及应由行政机关处理的争议则不能受理。可见，仲裁程序的受案范围要小得多。[④]

4. 程序确定权的归属不同。民事诉讼程序由国家法律规定，民事诉讼法律关系的主体只能依法参与或进行诉讼，而无灵活变通、决定诉讼程序的权利。以管辖为例，当事人只能按照法律关于地域管辖、级别管辖、专属管辖等规定，向有关法院提起诉讼，并无选择的余地。故民事诉讼程序的特点是固定和规范。而仲裁程序除法律强制性规定外，充分尊重当事人意愿，赋予当事人广泛的约定权。如前所述，对是否提请仲裁、提请何地何仲裁机构何仲裁员仲裁、适用何种法律和语言进行仲裁，裁决书是否要写争议事实和裁决理由等，当事人都有权予以约定；当事人未约定的，仲裁庭有权决定以

---

① 参见赵秀文主编：《国际商事仲裁法》，人民大学出版社 2014 年版，第 161 页。

② 汪祖兴：《效率本位效率回归——论我国仲裁法的效率之维》，载《中国法学》2005 年第 4 期。

③ 详见本书第一章第五节"国际商事仲裁司法审查的基本原则"。

④ 参见黄进、宋连斌、徐前权：《仲裁法》，中国政法大学出版社 2008 年版，第 136 ~137 页。

适当的程序进行仲裁。正因如此,仲裁程序具有自治、灵活和简便的特点。

5. 审理的方式不同。(1)在庭审方式上,一审民事诉讼适用普通程序审理的,除法律另有规定外,一般实行开庭审理;而在仲裁程序中,只要双方当事人协议不开庭,就可以不开庭审理。(2)在透明度上,民事诉讼公开是原则(公开审理、公开宣判),不公开是例外;而仲裁则相反,不公开是原则,除非当事人协议公开审理。(3)在裁判文书上,民事诉讼的裁判文书有严格、统一的格式,且要深化说理,合议庭成员都要在文书上署名;而仲裁裁决书可以根据当事人的约定不写明争议事实和裁决理由,对裁决持不同意见的仲裁员可以不签名。如我国《仲裁法》第54条规定:当事人协议不愿写明争议事实和裁决理由的,可以不写。对裁决持不同意见的仲裁员,可以签名,也可以不签名。(4)在审级上,民事诉讼除简易程序中标的额仅为当地就业人员年平均工资30%以下的案件外,实行二审终审制,确有错误的还可以再审,这体现了对公正价值的追求;而仲裁一律实行一裁终局制,体现了对效率价值的重视。

6. 职能部门的权力不同。法院作为国家的司法机关,其行使的权力具有强制性。而仲裁庭的权力既来源于法律规定,更来源于当事人的授权,故其行使的权力不具有强制性,其作出的裁决在败诉方不履行时,胜诉方只能申请法院强制执行。同时,法院的权力具有对世性,除可以约束当事人外,还可以约束诉讼参与人及其他人,如对扰乱法庭秩序、妨碍诉讼顺利进行的人有权采取罚款、拘留等强制措施,构成犯罪的依法追究刑事责任;而仲裁庭的权力由于主要来源于当事人赋予,故只能约束当事人,对其他人则不具有约束力。如我国《仲裁法》虽然规定"仲裁庭可以收集证据",但如果有关人员拒绝提供证据,仲裁庭不能强制,根据一些国家的立法,在这种情况下,仲裁庭就只能请法院协助取证。

7. 重要性不同。如前所述,仲裁程序在仲裁案件整体公正中的地位和重要性,比诉讼程序在诉讼案件中的地位和重要性更为突出,仲裁程序在很大程度上影响以至决定着仲裁裁决的质量，仲裁程序已经成为衡量和检验仲裁案件质量的一个基本依据。由于其理由已在前面作了阐述，故此处不再赘述。

第二节　保全制度的完善

仲裁中的保全措施又称“临时措施”“临时救济”“中间救济”，是指国际商事仲裁的有关职能部门为了保障仲裁程序顺利进行和仲裁裁决的有效执行，根据当事人的请求，对被申请人的证据、财产及行为依法采取的各种强制性保护或支配措施。它对于及时收集固定证据，准确判断案件，保障仲裁程序顺利进行和仲裁裁决有效执行，维护当事人合法权益，维护仲裁裁决的权威性和公信力，都具有重要意义。保全措施的种类主要包括证据保全、财产保全和行为保全。证据保全的方法主要有：对书证予以提取或复印，对物证予以提取保存、拍照、摄像、绘图或制作勘验笔录，对证人证言予以制作笔录或录音录像；财产保全的方法主要有查封、扣押、冻结、将货物交由第三方保存；行为保全的方法主要有责令其为一定行为或禁止其为一定的行为，如责令提供证据、出庭作证、停止侵害、消除妨碍、维持现状、恢复原状等。

保全措施的特点：一是临时性。它是仲裁程序开始前或仲裁程序进行中采取的临时性的措施，待作出仲裁裁决并履行给付义务后，即予解除。二是紧迫性。如不立即采取保全措施，证据就有可能被毁损灭失，财产就可能被转移，侵权行为就可能继续，从而给一方当事人造成损害。三是保障性。其目的是保障仲裁程序顺利进行和仲裁裁决有效执行，保障当事人的合法权益不受损害。

根据我国《仲裁法》和原《民事诉讼法》的规定，仲裁保全限于证据保全和财产保全。2012 年修订的《民事诉讼法》新赋予了利害关系人在申请仲裁前申请保全的权利,并新规定了行为保全。[①] 这样,仲裁保全在申请的主体上,利害关系人和当事人都可以提出申请;在申请的时间上,在申请仲裁前和申请仲裁后都可以申请保全;在保全种类上,包括证据保全、财产保全和行为保全,从而使仲裁保全措施有了完善。

但是,我国的仲裁保全措施仍有进一步完善之必要。具体有以下三点:一是世界上多数国家都赋予了仲裁庭(机构)决定保全措施的权力。而我国法律却规定,仲裁中的保全措施只能由法院决定并执行,仲裁庭无权决定保全措施。为强化仲裁的功能,支持我国国际仲裁事业发展,我国也应赋予仲裁庭(机构)该权力。二是既然赋予仲裁机构审查和决定保全措施的权力,就应设立紧急仲裁员制度,以保障仲裁机构在仲裁庭组成前采取保全措施的需要。三是为保证申请仲裁前保全措施的落实,提高保全的效率,当事人申请法院保全的,应直接向法院申请,而不宜由仲裁机构提交。现分别对该三个问题加以论述。

一、赋予仲裁庭保全措施决定权

(一)域外保全措施决定权的配置

域外保全措施决定权的配置,主要采取两种模式:一种是法院与仲裁庭双轨制模式;另一种是法院或仲裁庭单轨制模式。其中,联合国《示范法》和

① 2012年修订的《民事诉讼法》第101条规定:"利害关系人因情况紧急,不立即申请保全将会使其合法权益受到难以弥补的损害的,可以在提起诉讼或者申请仲裁前向被保全财产所在地、被申请人住所地或者对案件有管辖权的人民法院申请采取保全措施。申请人应当提供担保,不提供担保的,裁定驳回申请。人民法院接受申请后,必须在四十八小时内作出裁定;裁定采取保全措施的,应当立即开始执行。申请人在人民法院采取保全措施后三十日内不依法提起诉讼或者申请仲裁的,人民法院应当解除保全。"第100条第1款规定:"人民法院对于可能因当事人一方的行为或者其他原因,使判决难以执行或者造成当事人其他损害的案件,根据对方当事人的申请,可以裁定对其财产进行保全、责令其作出一定行为或者禁止其作出一定行为;当事人没有提出申请的,人民法院在必要时也可以裁定采取保全措施。"

多数国家采第一种模式,少数国家采第二种模式。

1. 法院与仲裁庭双轨制模式。即把保全措施的决定权同时配置给法院和仲裁庭,由当事人选择请求法院还是仲裁庭决定保全措施。采这种模式的以联合国《示范法》为代表,如 2006 年修订的《示范法》第 9 条规定:“在仲裁程序开始前或进行期间,一方当事人请求法院采取临时保全措施和法院准予采取这种措施,并不与仲裁协议相抵触。”第 17 条第 1 款规定:“除非当事人另有约定,仲裁庭经一方当事人请求,可以准予采取临时措施。”俄罗斯、德国、澳大利亚、保加利亚、印度、乌克兰、瑞士等国都采该模式。① 除了多数国家法律规定法院和仲裁庭都有权决定保全措施外,世界上大部分国际商事仲裁机构的仲裁规则,也都规定仲裁庭有权决定是否采取保全措施。

2. 法院或仲裁庭单轨制模式。即只有法院或只有仲裁庭有权决定保全措施,采这种模式的不占主流。采法院单轨制模式的如意大利,《意大利民事诉讼法》第 669 条规定:“仲裁协议的当事人可以向法官请求临时措施。”该法第 818 条还规定:“仲裁庭不能作出扣押或采取其他临时保全措施的决定。”采仲裁庭单轨制模式的如韩国,1986 年经最高法院修正的《韩国商事仲裁院商事仲裁规则》第 40 条规定:“在任何一方当事人提出申请的基础上,仲裁庭可以在不损害对方当事人利益、不影响争议结果的前提下,决定采取必要的保全措施,以保护仲裁项下的财产。”美国一些法院认为,凡是存在有效仲裁协议,法院就不得裁定临时措施。一方当事人向法院申请临时措施,就是违反仲裁协议、逃避约定的争端解决方式,为《纽约公约》所不允。②

---

① 参见申黎:《国际商事仲裁的司法介入研究》,华东政法大学 2012 年博士学位论文,第 89 页。

② 参见笪恺:《论国际商事仲裁中的财产保全——兼论我国的立法和司法实践》,载《法学评论》1995 年第 4 期。

(二)域外仲裁庭保全措施决定的效力

仲裁庭作出的保全措施,决定对当事人当然具有约束力。但当决定的义务方拒绝履行仲裁庭所作的决定、需要申请法院强制执行时,仲裁庭所作的保全决定对法院是否有约束力,各国的态度就不尽一致。目前多数国家法律未对此作出规定,但 2006 年修订后的联合国《示范法》和荷兰、英国、瑞士、德国的法律对此作了肯定性的规定,美国、法国则在实践中承认仲裁庭保全决定的可执行性。[①] 如联合国《示范法》第 17H 条规定:"仲裁庭发出的临时措施应当被确认为具有约束力,并且除非仲裁庭另有规定,应当在遵从第 17I 条各项规定的前提下,经向有管辖权的法院提出申请后加以执行,不论该措施是在哪一国发出的。"该规定不仅明确了仲裁庭所作的保全决定对法院的约束力,而且赋予了其国际性的效力。联合国《示范法》第 17I 条第 2 款还进一步规定:"受理承认或执行请求的法院不应在作出这一裁定时对临时措施的实质内容进行审查。"可见,《示范法》的上述规定鲜明地表明了在保全措施上支持仲裁的意向。荷兰通过对《民事诉讼法》第 1051 条立法解释释明:仲裁中的临时措施决定可由当事人合意授权仲裁庭通过简易程序作出,该决定具有裁决的效力,可以按照执行裁决或部分裁决的方式予以执行。[②] 1979 年《英国仲裁法》第 42 条规定,除非当事人另有约定,法院可以

---

① 参见于喜富:《国际商事仲裁的司法监督与协助——兼论中国的立法与司法实践》,知识产权出版社 2006 年版,第 325 页。

② 《荷兰民事诉讼法》第 1051 条规定:"当事人可以协议授权仲裁庭或首席仲裁员通过简易程序作出裁决;通过简易程序作出的裁决视为仲裁裁决。"

在符合条件的情况下发出命令，要求当事人遵守仲裁庭作出的强制性裁定。[①] 1987 年《瑞士联邦国际私法法典》第 187 条规定："除非有相反的协议，仲裁庭可应一方当事人的申请，采取临时措施或保全措施；如果一方当事人不自愿服从这些措施，仲裁庭可以请求有管辖权的法官予以协助，法院适用自己的法律。"《德国民事诉讼法》第 1041 条规定，经一方当事人申请，法院可以准许执行仲裁庭作出的保全措施决定，也可以撤销或者修改仲裁庭的决定。[②] 总之，联合国《示范法》和部分国家的法律赋予了法院执行仲裁庭所作的临时措施决定的效力，且《示范法》的规定还反映了促进仲裁庭所作决定在各国都具有执行力的导向。

（三）我国赋予仲裁庭保全措施决定权的必要性

借鉴联合国《示范法》的规定和多数国家的做法，根据我国实际，在赋予法院对保全措施决定权的同时，应当赋予仲裁庭对保全措施的决定权，其必要性和意义表现在：

首先，保全措施决定权应当是仲裁庭应有的权利。保全措施决定权作为程序上的权利，是为解决案件实体问题服务的。仲裁庭既然拥有对案件实体问题的裁决权，自然就应拥有程序上的保全措施决定权。也许有人认

---

① 1996 年《英国仲裁法》第 42 条规定："（1）除非当事人另有约定，法院可以发出命令要求当事人遵守仲裁庭作出的强制性规定。（2）根据本条申请发出命令可以：（a）由仲裁庭（经通知各当事人后）提出；（b）由一方当事人经仲裁庭准许后（且通知其他当事人）提出；或（c）如当事人已约定法院根据本条具有此种权力，可提出申请。（3）除非法院认为申请方对不遵从仲裁庭裁定的行为已用尽了其可以利用之仲裁程序，否则不应作出命令。（4）除非法院认为仲裁庭裁定所指令当事人未在该裁定规定的期限内或未规定期限时合理的时间内未遵从仲裁庭的裁定，否则不应作出命令。（5）对本条项下法院决定的上诉应取得法院的准许。"

② 《德国民事诉讼法》第 1041 条规定："（1）除非当事人另有约定，仲裁庭经一方当事人的请求，可以命令对争议的标的物采取仲裁庭认为有必要的临时保全措施。仲裁庭可以要求任何一方当事人对此等措施提供适当的担保。（2）法院经一方当事人请求，可以准予执行本条第 1 款所规定的措施，除非当事人已经向法院申请相应的保全措施。为了执行该措施，如有必要法院可以重新作出保全的命令。（3）经申请，法院可以撤销或修改第 2 款规定的决定。"

为,如果赋予仲裁庭保全措施决定权,那么在当事人不愿履行的情况下,还是要由法院来执行,故还不如由法院自己决定并执行保全措施。笔者认为,仲裁庭握有仲裁权,赋予仲裁庭保全措施决定权之后,会有部分当事人因有所顾忌而予以配合,履行仲裁庭作出的保全决定。因此,赋予仲裁庭保全措施决定权还是有积极意义的,它有利于减轻法院负担。

其次,赋予仲裁庭保全措施决定权有利于仲裁程序快捷顺利进行,并强化仲裁的功能。仲裁庭负责审理仲裁案件,熟悉案情,对是否需要保全较为清楚;在确需采取保全措施的案件中,对保全的紧迫性也会有比法院有更为直接和深刻的感受。赋予仲裁庭决定保全措施的权力,有利于其快捷迅速地采取保全措施,从而保障仲裁程序的快捷顺利进行。同时,赋予仲裁庭保全措施决定权,对国家和社会而言,有利于权力的优化配置,使仲裁机构一家能解决的问题尽量让仲裁机构去解决,否则,如果只允许法院采取保全措施,则会使仲裁和保全分属两个机构去完成,难免增加社会成本。对仲裁机构而言,有利于提高仲裁的自足性,使之"如虎添翼",从而强化仲裁的功能;就仲裁当事人而言,选择仲裁就是希望仲裁机构一家能解决其问题,并排除法院的管辖,故赋予仲裁庭决定保全措施的权力,符合当事人的意愿,也可免去他们在仲裁机构和法院两个部门之间来回奔波之苦。

最后,赋予仲裁庭保全措施决定权有利于我国仲裁法律制度国际化,促进仲裁业发展。如前所述,《示范法》和世界上多数国家都采法院与仲裁机构均有权决定保全措施的模式,鉴于国际商事仲裁的特殊性,我国有必要与国际通行做法相协调。同时,赋予仲裁机构决定保全措施的权力,也有利于吸引境外人员将纠纷提请中国仲裁机构仲裁,从而增强我国仲裁机构在国际上的竞争力,促进我国仲裁业的发展。

(四)仲裁庭保全措施决定权与法院司法审查权、强制执行权的关系

处理该二者关系,应明确以下几点:

1. 法律应当赋予仲裁庭就保全措施所作决定的法律效力。其一,因为只有赋予其法律效力,才便于在被申请人不配合的情况下由法院强制执行,否则,仲裁庭所作的保全措施决定就失去了最主要的意义。其二,仲裁庭对仲裁案件的实体处理都有权作出具有法律效力的裁决,保全措施作为仲裁程序中为当事人实现实体权利服务的临时措施,更应有权作出具有法律效力的决定。其三,如前所述,联合国《示范法》关于仲裁庭所作的保全措施决定的效力的规定,反映了促进仲裁庭所作决定在各国都具有执行力的导向。从支持仲裁原则出发,我国应当顺应这种导向,赋予仲裁庭所作决定可由法院(包括他国法院)强制执行的效力。

2. 法院应对仲裁庭作出的保全措施决定进行形式审查。仲裁庭作出保全措施决定后,如果被申请人拒绝执行,申请人就会转请法院强制执行。借鉴联合国《示范法》的规定,法院要对仲裁庭的决定进行形式审查。至于形式审查的内容,根据《示范法》第17I条第1款的规定,限于七个方面:(1)仲裁协议的当事人无行为能力或者协议无效的;(2)该方当事人未得到指定仲裁员或进行仲裁程序的适当通知,或因其他原因未能陈述其案情的;(3)裁决超出协议范围的;(4)仲裁庭的组成或仲裁程序与当事人的协议不一致,或并无这种协议的;(5)未遵守仲裁庭就临时措施作出的提供担保的决定,或该临时措施已被仲裁庭终止或中止,或经授权,被仲裁地国法院或被依据其法律准予采取措施的国家的法院终止或中止的;(6)经法院认定,临时措施不符合法院权限的;(7)根据本国的法律,争议事项不能通过仲裁解决,或者承认和执行该裁决与本国的公共政策相抵触的。可见,这些情形与拒绝承认和执行仲裁裁决的情形近似,除第7项外,其余都是程序性事项。如果我国赋予仲裁机构决定保全措施的权利,则也应借鉴联合国《示范法》及有关国家的规定,对法院审查保全措施的内容作出规定;对不具有法定情形的,法院应予强制执行。

二、设立紧急仲裁员制度

紧急仲裁员制度也称紧急仲裁庭制度或应急仲裁员制度，是在仲裁庭组成前“为当事人在紧急情况下提供紧急临时救济的制度”。[①] 对该制度，有以下问题需要阐明：

（一）设立紧急仲裁员制度的必要性

如果我国法律赋予仲裁机构采取保全措施的权力，仲裁机构就要有人办理保全措施的审查、决定和落实事宜。在仲裁庭组成后，仲裁庭自然是办理保全措施的主体。但是，由于仲裁庭的组成是双方当事人合意的结果，有些案件仲裁庭组成过程耗时较长，有的甚至长达数月，而当事人对保全措施的需求却极为迫切，往往不能等到仲裁庭组成之后。为此，一些仲裁机构就在其规则中创立了紧急仲裁员制度，使当事人申请的保全措施在仲裁庭组成前能够得到落实。

在国外，最早在仲裁规则中规定紧急仲裁员制度的是2009年《美国仲裁协会国际仲裁规则》。2010年《瑞典斯德哥尔摩商会仲裁院仲裁规则》附件二则对应急仲裁员制度作了比较系统的规定，包括对应急仲裁员的指定、申请、通知、临时措施的决定，应急决定的约束力和应急程序费用等。受其影响，不少国际商事仲裁机构的仲裁规则，如2012年《国际商会仲裁规则》、2013年《新加坡国际仲裁中心仲裁规则》、2014年《日本商事仲裁协会仲裁规则》、《澳大利亚国际商事仲裁中心仲裁规则》、《香港国际仲裁中心仲裁规则》等，均以条文概括规定和附件具体规定相结合的方法，规定了详细的紧

① 上海国际仲裁中心国际商事仲裁研究中心、华东政法的大学中国自由贸易区法律研究院：《〈中国（上海）自由贸易区仲裁规则〉解读》（内部资料），第13页。

急仲裁员制度。①

在我国,一些较大的仲裁机构的仲裁规则如《中国国际经济贸易仲裁委员会仲裁规则》《中国(上海)自由贸易试验区仲裁规则》等也已对紧急仲裁员制度作了规定,以满足国外当事人来该仲裁机构仲裁时的需要。毫无疑问,我国法律如果赋予仲裁机构决定保全措施的权力,自然就应同时规定紧急仲裁员制度。

(二)紧急仲裁员的确定及权力、义务

在仲裁庭组成前,当事人需要紧急保全的,应向仲裁委员会提交紧急仲裁员程序申请并说明理由,然后由仲裁机构主任指定一名仲裁员担任紧急仲裁员。

紧急仲裁员的权力始于仲裁机构主任指定,终于仲裁庭组成。其权力主要是对保全措施申请进行审查并作出是否采取紧急性保全措施的书面决定。在审理中,有权要求申请人提供一定的担保,有权也有义务听取有关当事人的陈述。

紧急仲裁员的义务主要是:(1)披露义务。紧急仲裁员应在接受指定的同时签署声明书,向仲裁机构披露可能引起对其公正性和独立性产生合理怀疑的任何事实和情况。仲裁机构应将其声明书和披露的信息移交各方当事人并接受监督。(2)公正办案义务。紧急仲裁员应独立于各方当事人,平等对待各方当事人。(3)不得担任该仲裁案件仲裁员的义务。仲裁员必须不偏不倚、客观公正地履行职责。为了防止紧急仲裁员因办理过保全措施而对一方当事人有所偏袒,也为了防止另一方当事人怀疑仲裁员的公正性,

① 参见上海国际仲裁中心.国际商事仲裁研究中心、华东政法大学.中国自贸区法律研究院:《〈中国(上海)自由贸易试验区仲裁规则〉解读》(内部资料),第14页;王欣:《国际商事仲裁中的紧急仲裁员制度之探究》,载《法律博览》2015年第6期;赵魏健:《紧急仲裁员制度之浅探》,载《法制与社会》2015年第9期。

紧急仲裁员应实行任职回避制度，即不能担任该案的仲裁员。(4)移交案卷材料义务。在仲裁庭组成后，紧急仲裁员应向仲裁庭移交全部案卷材料。[①]

(三)紧急仲裁员所作决定的效力

紧急仲裁员作出的采取紧急保全措施的决定，对案件当事人立即产生法律效力，当事人有履行的义务。但对仲裁庭，一方面，仲裁庭必须接受既成的事实，即接受紧急仲裁员所作的决定，在该决定的基础上进行仲裁活动；另一方面，紧急仲裁员所作的决定并不具有固定的约束力，仲裁庭可以根据案件的需要，修改、中止或终止紧急仲裁员的决定。这与刑事诉讼中的强制措施需要根据案件实际情况予以变更、解除是一样的道理。至于紧急仲裁员是否具有与仲裁庭同等的法律地位，其决定在当事人拒不执行的情况下，对法院是否有强制执行的效力的问题，世界各国都持谨慎态度，目前只有少数国家和地区的法律对此有明确的规定。如2012年《新加坡国际仲裁法》明确承认了紧急仲裁员的法律地位，从而使其决定可以同仲裁庭的命令一样得到执行。[②] 我国香港特别行政区《仲裁条例》也规定，紧急仲裁员作出的紧急救济决定具有相同于法院命令的效力。[③] 在我国，一些仲裁机构的仲裁规则已经对紧急仲裁员所作决定的效力作出了规定，如《中国国际经济贸易仲裁委员会紧急仲裁员程序》第6条第4项规定："紧急仲裁员决定对双方当事人具有法律约束力。当事人可以依据执行地国家或地区有关法律规定向有管辖权的法院申请强制执行。"如果我国法律规定了紧急仲裁员制度，笔者倾向于赋予其所作决定的法律效力，以支持我国仲裁业的发展。因

① 参见上海国际仲裁中心国际商事仲裁研究中心、华东政法大学中国自贸区法律研究院：《〈中国(上海)自由贸易试验区仲裁规则〉解读》(内部资料)，第14页；王欣：《国际商事仲裁中的紧急仲裁员制度之探究》，载《法律博览》2015年第6期；赵魏健：《紧急仲裁员制度之浅探》，载《法制与社会》2015年第9期。

② 参见赵巍健：《紧急仲裁员制度之浅探》，载《法制与社会》2015年第9期。

③ 参见王欣：《国际商事仲裁的紧急仲裁员制度之探究》，载《法制博览》2015年第6期。

为紧急仲裁员是在仲裁庭组成前,根据当事人的申请和仲裁机构负责人的指定,行使保全措施决定权的,其作出的保全措施决定是经仲裁机构授权的,故与仲裁庭作出的决定应当具有同等的效力。更何况,如果其所作决定没有法律约束力,那在当事人不愿自动履行的情况下,该决定就失去了意义,设立仲裁员制度的价值就会大为减损。因此,既然联合国《示范法》及许多国家的法律规定仲裁庭作出的保全决定具有法律效力或执行效力,那么,对紧急仲裁员作出的保全决定也应当被赋予同等的效力。如果我国设立紧急仲裁员制度,也应明确其所作的保全决定的效力。

三、规定当事人可直接向法院申请保全

我国《仲裁法》把保全措施的决定权授予法院,规定:"涉外仲裁的当事人申请证据保全的,涉外仲裁委员会应当将当事人的申请提交证据所在地的中级人民法院。"①《民事诉讼法》规定:"当事人申请保全的,中华人民共和国的涉外仲裁机构应当将当事人的申请,提交被申请人所在地或财产所在地的中级人民法院。"②据此,一些人民法院规定,只有仲裁委员会提交的保全申请法院才予受理,当事人不得直接向人民法院提出保全申请。

笔者认为,法律赋予仲裁机构决定保全措施的权力后,如果仲裁机构决定保全后,一方当事人不愿意履行保全义务,需要法院强制执行的,自然应由仲裁机构向法院提出申请。但对于当事人申请法院采取保全措施的,则可以由当事人直接向法院申请,而不宜以仲裁机构提交为必要条件。其理由主要是:

首先,申请仲裁前的保全申请,利害关系人只能直接提交法院。因为修订后的《民事诉讼法》明确规定,利害关系人在申请仲裁前需要申请证据保全的,应"向证据所在地、被申请人住所地或者对案件有管辖权的人民法院

① 《仲裁法》第68条。

② 《民事诉讼法》第272条。

申请保全证据”;[①]在申请仲裁前需要申请财产保全的,“向被保全财产所在地、被申请人住所地或者对案件有管辖权的人民法院申请采取保全措施”。[②]况且,仲裁庭(机构)对案件的管辖须由双方当事人议定,因而在仲裁机构受理仲裁前,无论当事人是否订立了有效的仲裁协议,仲裁机构都难以在受理案件前就受理保全申请。因此,对于申请仲裁前利害关系人提出的保全申请,是不可能由仲裁机构受理后提交法院的。

其次,由仲裁机构提交保全申请影响效率。对于当事人请求法院采取保全措施的,让当事人直接向法院提出申请更为直接和便捷,如由仲裁机构提交保全申请,徒增一个环节,难免影响保全的效率。在国际上,对于申请法院保全的,由当事人直接向法院申请是通行做法。

最后,当事人直接向法院申请保全,不会比仲裁机构提交申请更增加法院的风险。有些法官可能认为,由仲裁机构提请申请保全,可以确信该案是仲裁机构已经受理的,法院采取保全措施的风险比较小;而当事人直接向法院申请保全,法院会增加采取保全措施的风险。笔者认为,该顾虑虽有一定道理但理由并不充分。因为根据《民事诉讼法》规定,利害关系人或当事人申请财产保全,“应当提供担保,不提供担保的,裁定驳回申请”。[③] 如果利害关系人、当事人申请错误,造成被保全人损失,应由申请人负责赔偿。因此,让当事人直接向法院申请保全,不至于增加法院风险,也不会增加工作量。

综上所述,对于申请仲裁前的保全申请,利害关系人只能直接向法院提出申请;对于申请仲裁后的保全申请,当事人可根据自己的意愿,直接向仲裁机构或人民法院申请保全。当然,对于申请法院保全的,如果仲裁机构与保全法院不在一地,从便民的原则出发避免当事人两地奔波,法律也可以允许当事人向仲裁机构提出保全申请,然后由仲裁机构提交法院采取保全措

---

① 《民事诉讼法》第81条。

② 《民事诉讼法》第101条。

③ 同上。

施,但是,法院受理保全申请不应以仲裁机构的提交为必要条件。

第三节 设立法院协助取证制度

仲裁实行“谁主张、谁举证”原则,当事人如果难以提供必要的证据证明自己主张的正确性,就要承担不利的后果。但当事人取证能力毕竟有限,有些证据的收集非当事人力所能及,故各国法律在要求当事人承担举证责任的同时,还赋予仲裁庭一定的取证权利和责任,以便仲裁庭全面准确地认定案件事实,作出正确裁决。如我国《仲裁法》第43条第2款规定:“仲裁庭认为有必要收集的证据,可以自行收集。”但是,仲裁庭的取证不具有强制力,其是建立在取证对象配合基础之上的。如果取证对象不配合,如证人不作证特别是拒绝出庭作证,物证、书证、视听资料、电子数据持有人拒绝提供证据,仲裁庭对此往往无能为力,需要求助法院,由法院强制证人作证包括出庭作证,强制证据持有人提供证据。但是,我国《仲裁法》却未就法院协助取证问题作出任何规定,故亟须设立法院协助取证制度。

需要说明的是,这里的“取证”与前述的“证据保全”并不重复。从广义上讲,前述的证据保全也是一种取证措施,但它并非取证的全部,因为保全以“情况紧急”为前提,如证人已病危或马上要出国,物证有毁损灭失腐烂之虞,书证(如账册、单据、来往文件等)有被销毁转移可能等。而不属于“情况紧急”的证据则难以成为保全的对象。因此,取证与证据保全既相联系又相区别。这里的“取证”,是与证据保全相并列的狭义的概念,指的是除证据保全之外的取证活动。

一、我国设立法院协助取证制度的必要性

我国设立法院协助仲裁取证制度很有必要。首先,这是确保仲裁案件

质量的需要。证据是认定案件事实的证据,取证不全面,该取的证据特别是重要证据如果未能取到,难免会影响对案件事实的正确认定和仲裁裁决的质量。其次,这是保证仲裁顺利进行、提高仲裁效率的需要。仲裁取证如果缺乏法院必要的协助,当事人或仲裁庭为了求得证人、证据持有人的配合,不得不花时间沟通、联系和等待,且不一定能达到取证目的,这难免影响程序的顺利推进和仲裁效率,还增加证据被毁损灭失的风险。再次,这是使两种解纷机制优势互补、提高解纷整体效能的需要。仲裁机构和法院都是解决社会纠纷的重要主体,各有其长处和短处,只有使二者优势互补,才能提高仲裁和诉讼这两种解纷机制的整体效能。法院协助取证,就是将法院所具有的国家强制力用之于仲裁,实现了法院优势与仲裁优势的有机结合,从而提高了解决纠纷的整体效能。从表面上来看,法院协助仲裁取证,似乎是法院单方面的付出,其实不然,法院通过对仲裁取证的协助,促使仲裁机构多办案、办好案,从而分流了案源,疏解了诉讼压力,减轻了法院负担,这同样是对法院的重要支持。因此,法院协助仲裁取证,既是对仲裁的协助,又有利于自身,更重要的是有利于国家和社会。最后,它是促进我国仲裁业繁荣发展的需要。仲裁能否得到当地法院较好的支持和规制,是当事人选择仲裁机构和仲裁地的重要因素。我国法院如能在取证、保全等方面给予仲裁以较好的支持,无疑有利于促进我国仲裁事业繁荣发展。综上所述,我国设立法院协助仲裁取证制度势在必行。

二、域外法院协助取证的立法情况

在域外,法院对在本国进行的仲裁提供取证协助已得到比较广泛的认可,而对外国仲裁则通常不提供取证协助。[①] 在法院对本国仲裁提供取证协助上,联合国《示范法》第 27 条规定:"仲裁庭或一方当事人在仲裁庭同意之

---

① 参见于喜富:《国际商事仲裁的监督与协助——兼论中国的立法与司法实践》,知识产权出版社 2006 年版,第 331 页。

下，可以请求本国之管辖法院协助取证。法院可以在其权限范围内并按照其关于取证的规则执行上述请求。”凡采纳《示范法》的国家如俄罗斯、德国、瑞士、荷兰、比利时、英国、瑞典以及我国台湾地区、澳门特别行政区的法律都规定了法院协助本国或本地区仲裁取证的制度。如《俄罗斯联邦国际商事仲裁法》第 27 条规定：仲裁庭或当事人征得仲裁庭许可，可以请求俄罗斯联邦有管辖权的法院协助取证。法院可以在其权限范围之内并遵循其取证规则执行上述请求。《德国民事诉讼法》第 1050 条规定：仲裁庭或经仲裁庭许可的一方当事人，可以向法院申请协助进行仲裁庭无权进行的取证或其他司法行为。除非认为申请不可接受，法院应根据其取证或其他司法行为方面的程序规定执行此项申请。《瑞士联邦国际私法法典》第 184 条规定：仲裁庭可以自行取证；如果取证时需要国家司法机关协助，仲裁庭或者获得仲裁庭支持的当事人，可向仲裁庭所在地的法官请求协助，该法官适用自己的法律。我国台湾地区“仲裁法”第 26 条规定：仲裁庭得通知证人或鉴定人到场应询，但不得令其具结；证人无正当理由不到场者，仲裁庭应声请法院令其到场。还有些国家虽然允许仲裁庭书面传唤证人出庭作证，但是如果证人不合作，仲裁庭还须请求法院协助。如《美国联邦仲裁法》第 7 条规定：经仲裁庭全体或者过半数同意，可以书面传唤任何人出庭作证，并且可以命令提交被认为是案件实质证据的簿册、记录、证件或者文件。如果被传唤作证的人拒绝或者拖延出庭，全体或者过半数仲裁员所在地区的美国法院根据请求，可以强制该证人出庭，或者按照美国法院关于保证证人出庭或者处罚拖延、拒绝出庭的规定，给予处罚。①

三、法院协助取证的原则

借鉴域外立法，根据我国实际，法院协助仲裁取证应坚持以下原则：

---

① 参见于喜富：《国际商事仲裁的监督与协助——兼论中国的立法与司法实践》，知识产权出版社 2004 年版，第 332 ~334 页；赵健：《国际商事仲裁的司法监督》，法律出版社 2000 年版，第 127 页。

（一）仲裁庭出面或同意申请原则

联合国《示范法》和有关国家的立法，几乎都把申请法院协助取证的主体规定为“仲裁庭或一方当事人经仲裁庭同意”，说明申请法院协助取证必须由仲裁庭决定。因为当事人如果遇有自身难以获取的证据，应先请求仲裁庭获取，只有在仲裁庭也难以获取的情况下，才能请求法院协助获取。故仲裁庭对证据是否“难以获取”，必须由仲裁庭自己来把握。而如果将该权力下放给当事人，由当事人越过仲裁庭直接向法院申请，那么当事人往往基于尽快取得证据的迫切心情，而降低申请法院协助取证的标准，并可能打乱仲裁庭取证的计划安排。

（二）“不得已”求助原则

当事人或仲裁庭只有在依靠自身力量取证确有困难，必须得到国家强制力支持的情况下，才能申请法院协助。在这里，“强制力”是检验“不得已”的标准，即非用法院强制力就难以取得证据时，才能求助法院。因此，仲裁庭应先穷尽自身可采取的一切办法，只要自己能解决的问题，就尽量不求助法院。

（三）形式审查原则

对仲裁庭提出的协助取证申请，法院要先进行司法审查，然后再决定是否予以协助。但法院对仲裁庭的请求只作形式审查，而不作实质性审查，即只审查法院获取该证据是否合法。至于该证据与仲裁案件是否具有关联及其关联程度，仲裁庭要求获取该证据是否有必要及必要性大小，该证据对待证事实是否有证明力及证明力大小等，法院均不予审查。

（四）依据本国诉讼法取证原则

凡规定法院协助取证的国家，一般都规定了法院取证所适用的法律。

如联合国《示范法》规定的是“按照其关于获取证据的规则”，俄罗斯法规定的是“遵循其取证规则”，德国法规定的是“根据其取证或其他司法行为方面的程序规定”，瑞士法规定的是“适用自己的法律”。笔者认为，这些规定都说明，法院协助取证应依据本国的民事诉讼法中关于取证的规定。

第四节　设立合并仲裁制度

恰当的合并仲裁具有诸多意义，但我国《仲裁法》未对合并仲裁作出规定。本节就我国设立合并仲裁制度问题进行探讨。

一、合并仲裁的意义

所谓合并仲裁，是指将两个或两个以上争议事项具有关联性的仲裁案件，合并在一个仲裁程序中进行审理并作出裁决。在民事诉讼中，我国法律对合并诉讼有明确的规定，通过合并诉讼，将数个关联案件合并到一个诉讼程序中加以审理，从而“一揽子”解决众多关联当事人的争议。但在商事仲裁中，我国《仲裁法》对合并仲裁未作规定，导致一些仲裁机构的有关规定各不相同，在实践中也各行其是，法院对合并仲裁案件进行审查也常遇到某些难以把握的问题，并发生过合并仲裁后有关法院不予认可、要求重新仲裁的情况，①

---

① 该案案情为：A 与 B、B 与 C 分别签订了合同，两合同为连环合同，后发生争议。两个合同的当事人分别依据合同中的仲裁条款向中国海事仲裁委员会提请仲裁，仲裁委员会分别予以立案并分别组成仲裁庭。两仲裁庭有两名仲裁员是相同的。在仲裁程序中，经三方当事人同意，两案仲裁庭对两案合并审理，并分别作出裁决书。此后，一方当事人不服，申请天津海事法院撤销裁决。法院审理后认为：“虽然，仲裁庭对上述两案合并开庭审理前，曾征得两案各方当事人同意，但是，却出现了由四位仲裁员、两个仲裁庭、三方当事人参加的同时审理的局面，其做法导致在审理每一个争议案中均有一方无直接法律关系的当事人和一名仲裁员进行旁听。此种做法与《仲裁规则》有关规定不符”，故要求仲裁庭对两案分别重新仲裁。参见 1997 年 1 月 22 日天津海事法院向中国海事仲裁委员会发出的〔1996〕津海法审通字第 296 -2 号《关于限期重新仲裁的通知》。转引自赵健：《国际商事仲裁的司法监督》，法律出版社 2000 年版，第 147 页。

故有必要研究合并仲裁问题。

随着市场经济的发展，经济关系越来越复杂，社会分工越来越细密和专业化，传统的“一对一”的简单经济关系逐渐发展为“一对多”“多对一”“多对多”的复杂的经济关系，多方交易、连环交易、项目系列交易司空见惯。如果一个交易环节出现问题，就会出现“多米诺骨牌”效应，导致一系列纠纷。恰当的合并仲裁，具有多方面的意义：一是有利于全面查清案件事实。合并仲裁把有关联的案件合并在一起解决，有利于全面查清案件事实，防止盲人摸象般作出片面判断。如在连环交易中，供货商可能知道产品质量问题之所在，终端使用人则掌握产品损害结果的证据，但中间交易商对产品所存在的问题可能并不知情，如终端使用人仅和上一手交易人进行仲裁，难免影响证据的全面收集和事实的正确判断。二是有利于关联案件一次性解决，提高效率，降低成本。如果各个交易环节分别单独解决纠纷，难免费时费力，增加各关联当事人、证人、鉴定人及其他有关人员的资源耗费。三是有利于防止作出相互矛盾的裁决（判决）。关联案件如不合并仲裁，而由不同的仲裁庭与法院之间分案审理，不仅同案不同“裁”（判）的情况在所难免，而且互相矛盾的处理结果也有可能出现。总之，合并仲裁只要把握恰当，是能够带来诸多益处的。

二、域外合并仲裁立法情况

研究设立合并仲裁制度，需要先了解域外的有关情况。

联合国贸法会《示范法》未对合并仲裁作出规定，但不少国家的仲裁立法和大部分国际知名仲裁机构的仲裁规则都规定了合并仲裁制度。在国家立法中，有英国、澳大利亚、美国、加拿大、新西兰、荷兰等国的立法；在仲裁机构的仲裁规则中，有《国际商会仲裁院仲裁规则》《斯德哥尔摩商会仲裁院仲裁规则》《香港国际仲裁中心仲裁规则》《瑞士国际仲裁规则》《中国国际经济贸易仲裁委员会仲裁规则》等。但是，有关国家和仲裁机构关于合并仲裁的规定存在较大差异，从合并仲裁的提出和决定方面来看，主要有以下几种模式：

（一）当事人合意仲裁庭决定模式

英国、澳大利亚的立法即属此。如1996年《英国仲裁法》第35条规定："（1）当事人可以自由约定，以按其可能达成一致的条件，合并两个仲裁程序或同时举行庭审。（2）除非当事人同意将此种权力授予仲裁庭，仲裁庭无权命令程序合并或同时举行庭审。"

（二）当事人合意法院决定模式

如《加拿大仲裁法》规定，只要所有当事人在各自仲裁协议中或以其他方式同意合并因那些仲裁协议而发生的仲裁，根据一方当事人申请并经所有其他当事人同意，高等法院认为有必要，可以命令合并仲裁。美国的加利福尼亚、俄勒冈、得克萨斯、俄亥俄、北卡罗来纳等州的立法，也采当事人合意基础上的法院决定模式。[①]

（三）当事人合意仲裁庭决定法院复审模式

《新西兰仲裁法》规定，在当事人合意基础上，仲裁庭可以决定合并仲裁，同时还规定，如果仲裁庭拒绝作出合并仲裁的命令，当事人可进一步向法院申请合并，并由法院作出裁定。[②]

（四）一方当事人申请法院决定模式

如《美国统一仲裁法》第10条规定，如果一方当事人提出动议，法院可

---

① 参见于喜富：《国际商事仲裁的司法监督与协助——兼论中国的立法与司法实践》，知识产权出版社2006年版，第343页。

② 同上书，第344页。

以发布命令将全部或部分仲裁程序合并,除非当事人曾在仲裁协议中约定明确反对合并仲裁。[①]《荷兰民事诉讼法》第1046条规定,如果在荷兰境内已开始的一个仲裁庭的仲裁程序的标的与在荷兰境内已开始的另一个仲裁庭的仲裁程序的标的有联系,任何当事人可以请求阿姆斯特丹地方法院院长发布合并仲裁的命令,当事人已另有协议的除外。院长在给予所有当事人和仲裁员陈述意见的机会后,可以全部或部分地准许或拒绝请求。[②]

三、合并仲裁的条件设计

合并仲裁的诸多益处,是以合并的"恰当性"为前提的。否则,如不讲条件,不恰当地予以合并,则不仅可能导致审理的混乱和仲裁的迟延,而且可能违反仲裁基本理念,损害仲裁的根基。借鉴域外立法,同时具备以下四个条件的案件,才能合并仲裁:

(一)各方当事人都同意合并

这是合并仲裁的主观要件。域外合并仲裁的四种模式,如以各方当事人是否同意为标准,可以分为两种类型:一种是自愿的合并,即数个仲裁案件的当事人均同意将其仲裁案件进行合并审理,从而一并解决争议;另一种是非自愿合并,即多个仲裁案件的当事人并不都愿意将仲裁案件进行合并,

① 《美国统一仲裁法》第10条的全文为:"a.除非本条第c款另有规定,一旦仲裁协议或仲裁程序的一方当事人提出动议,则法院可以就所有的或部分的仲裁请求命令独立的仲裁程序合并,如果:(1)相同的当事人之间存在独立的仲裁协议或独立的仲裁程序,或其中一方是与第三人的独立仲裁协议或仲裁程序的一方当事人;(2)受仲裁协议约束之请求产生于相同交易或系列相关交易的实质性部分;(3)存在共同的法律或事实问题使不同仲裁程序中作出相互冲突的决定成为可能;且(4)未合并引起的损害大于不正当的拖延风险或反对合并的当事人的权利或努力的损害。b.就某些请求,法院可以命令独立仲裁程序的合并;对其他请求,仍然可通过独立的仲裁程序解决。c.如仲裁协议禁止合并,法院不得命令仲裁协议的当事人的请求合并审理。"

② 参见于喜富:《国际商事仲裁的司法监督与协助——兼论中国的立法与司法实践》,知识产权出版社2006年版,第344页。

而是法院根据一方当事人的申请并依据一定的条件进行合并。笔者认为，只有各方当事人都同意的自愿合并才是合理的合并，非自愿合并不具有合理性。首先，仲裁以当事人自愿为前提，其根源是当事人意思自治原则。各方当事人同意的自愿合并，等于各方当事人达成了一个新的协议，符合意思自治原则。而非自愿的合并，即使提高了效率，节约了资源，却违反了意思自治原则和协议相对性原则，损害了仲裁的根基。其次，《纽约公约》明确规定，“仲裁庭的组成或者仲裁程序与当事人之间的协议不符”是仲裁裁决不予承认和执行的重要事由，非自愿合并的仲裁案件的一方当事人一旦以此提出不予执行抗辩，仲裁裁决就很容易被有关国家法院拒绝承认和执行。最后，从前面介绍可知，在允许合并仲裁的国家立法和仲裁机构仲裁规则中，多数以各当事人同意为条件。如英国、澳大利亚、新西兰、加拿大等国立法和《国际商会仲裁规则》《斯德哥尔摩商会仲裁院仲裁规则》《香港国际仲裁中心仲裁规则》《瑞士国际仲裁规则》《中国国际经济贸易仲裁委员会仲裁规则》等，都规定合并仲裁须经各方当事人同意。①

（二）争议事项具有关联性

这是合并仲裁的客观要件。争议事项的关联，有多种形式：有的是争议主体关联，即各案件的主体相同；有的是争议标的关联，即标的系同一种类；有的是合同关联，如合同是主从合同、连环合同；有的是法律关系性质关联，即争议所涉及的法律关系性质相同；有的是解决争议所依据的协议关联，即协议相同或者协议内容相同或相容。正是因为争议事项的关联性，才使有关争议事项能够合并在一起仲裁。如2014年《中国国际经济贸易仲裁委员会仲裁规则》第19条规定的争议事项具有关联性因而可以合并的情形有：(1)各案仲裁请求依据同一个仲裁协议提出；(2)各案仲裁请求依据多份仲

---

① 参见上海国际仲裁中心国际商事仲裁研究中心、华东政法大学中国自贸区法律研究院：《〈中国(上海)自由贸易试验区仲裁规则〉解读》(内部资料)，第20页。

裁协议提出,该多份仲裁协议内容相同或相容,且各案当事人相同、各争议所涉及的法律关系性质相同;(3)各案仲裁请求依据多份仲裁协议提出,该多份仲裁协议内容相同或相容,且涉及的多份合同为主从合同关系;(4)所有案件的当事人均同意合并仲裁。因此,争议的关联性,是合并仲裁的客观性基础。如无这个基础,则既无合并的可能,也无合并的必要。当然,"关联"必须严格限制在一定范围内,而不能作宽泛解释。

同时,拟合并的案件一般应为同一个仲裁机构管辖,这样,合并工作在同一个仲裁机构内进行,遇到问题也便于沟通协调。相反,如分属不同仲裁机构管辖,则合并的难度较大,因为它涉及案件管辖的改变和仲裁机构的经济收益,合并到另一仲裁机构去的案件的当事人还要向新的仲裁机构缴纳费用,不同仲裁机构间沟通协调也相对不易。

(三)当事人已就仲裁合并后的仲裁庭组成问题议定办法

拟合并仲裁的案件,仲裁庭可能已经组成,合并时需要对仲裁庭以及仲裁员进行约减。我们知道,原仲裁庭的组成是当事人合意、选定或委托仲裁委员会主任指定的结果,体现了合并前当事人的意志。约减仲裁庭和仲裁员,关涉对当事人意志的尊重,关涉原仲裁员的尊严和利益。同时,根据我国《仲裁法》、《民事诉讼法》和《纽约公约》的规定,如果仲裁庭的组成与当事人间的协议不符,是法院撤销或不予承认和执行仲裁裁决的重要事由,故合并时必须谨慎处理。正因为约减仲裁庭及仲裁员难度较大,所以,有的仲裁机构的仲裁规则,如《中国(上海)自由贸易实验区仲裁规则》把"各仲裁案件仲裁庭的组成人员相同"作为仲裁合并的一个条件。① 但笔者认为,符合此条件的案件甚少,如以此为条件,那设立合并仲裁制度的意义十分有限,因此不能把条件局限在"各仲裁案件仲裁庭的组成人员相同"上,而应有所

---

① 上海国际仲裁中心国际商事仲裁研究中心、华东政法大学中国自由贸易区法律研究院:《〈中国(上海)自由贸易试验仲裁规则〉解读》(内部资料),第21页。

拓展：(1)合并时几个案件的仲裁庭均未组成的，只要由当事人议定组庭方法即可。由于我国《仲裁法》规定的是当事人为二人情况下的组庭方法，它不适用于当事人为多人的案件，故应由当事人议定办法(如采取各当事人推举一名或数名仲裁员的方法投票，由得票多的仲裁员组成仲裁庭)。(2)拟合并的案件中有一个案件已组庭、其他案件尚未组庭的，应以已组成的仲裁庭为合并后的仲裁庭。此原则应征得各方当事人同意，当事人如有异议，也可另行议定组庭方法。(3)拟合并的几个案件均已组庭的，根据仲裁合并应合并至最先开始仲裁程序的案件的原则(理由会在后文论及)，应以最先开始仲裁程序的那个案件的仲裁庭为合并后全案的仲裁庭。此原则应征得各方当事人同意，当事人如有异议，也可另行议定组庭方法。(4)拟合并的数个案件均已组成，且各案仲裁庭的组成人员相同的，不存在重新组庭问题。

当事人对上述各类情形的协商情况和意见应当留有证据。

合并仲裁在同一个仲裁机构内进行的，如果该仲裁机构仲裁规则中有关于合并仲裁包括合并后仲裁庭组成事宜的规定，且各当事人都同意按该仲裁规则进行合并的，那按该仲裁规则进行组庭等合并事宜即可，因为当事人同意按仲裁规则合并，就等于在合并后仲裁庭组成等问题上达成了合意。当然，当事人如不同意按仲裁机构仲裁规则办理，也可另行议定。

(四)仲裁庭(仲裁机构)同意合并

合并仲裁还需仲裁庭同意，并由仲裁庭决定。因为即使有关案件符合合并仲裁的主客观条件和仲裁庭组成人员条件，但是否需要或应当合并，还需要由仲裁庭予以权衡同意，并由其作出决定。如果合并时仲裁庭尚未组成，则由仲裁机构秘书处决定是否同意合并仲裁。

这里还有一个问题需要研究：如果拟合并的几个案件的仲裁庭都已组成，那仲裁程序后开始的案件的仲裁员将面临合并后离去的问题。在这种情况下，如由仲裁庭决定是否合并，由于需要决定的事项牵涉部分仲裁员自身的利益,因而违反仲裁庭的中立性,不利于对是否合并问题作出客观公正的判断。因此,当涉及原仲裁庭仲裁员去留的合并,宜由仲裁委员会主任决定是否合并。

四、合并仲裁的程序设计

1. 合并仲裁应由一方或双方当事人提出申请,仲裁庭(或仲裁委员会秘书处)可将该当事人的请求送所涉案件的有关当事人征求意见;提出请求的当事人也可主动联系有关当事人达成合并仲裁合意,待符合条件后由仲裁庭(或仲裁委员会主任)决定。同时,有关各方同意合并仲裁的情况和仲裁庭(仲裁委员会主任)的决定都要留有书面凭据。

2. 除非各方当事人另有约定,合并的仲裁案件应合并至最先开始仲裁程序的仲裁案件。因为按先来后到排序,既是自然法则,也是社会法则,它符合事物发展的一般逻辑,也容易为人们所接受。而且最先开始仲裁程序的案件,往往也是仲裁庭和当事人参与程度最深、仲裁庭对案件情况最为熟悉的。按此原则办理,有利于减少各当事人协商成本,保障合并仲裁顺利进行。

3. 除非各方当事人一致请求作出一份仲裁裁决,仲裁庭应对各仲裁案件分别作出裁定书,这有利于与仲裁协议所对应的仲裁请求相一致,也有利于裁决得到顺利执行。

4. 合并仲裁案件的仲裁程序,根据具体情况分别予以确定:(1)数个案件的仲裁协议对仲裁程序有约定,且约定相同的(如"按某仲裁规则进行仲裁"),从其约定;(2)仲裁合并前有的案件已经开始仲裁程序的,一般以已经开始仲裁程序案件的仲裁程序为合并后全案的仲裁程序,但当事人也可对该仲裁程序加以补充、调整或者另行议定;(3)仲裁合并前有的案件已确定仲裁程序,其他案件尚未确定的,按(2)的方法办理;(4)合并仲裁前数个案件均未约定或确定仲裁程序的,由各当事人共同确定,或者当事人委托合并后的仲裁庭确定。

当事人对上述各类情形的协商情况和意见应当留有证据。

五、合并仲裁的司法审查

如前所述,在域外立法中,有些国家的合并仲裁由法院决定;有的国家的合并仲裁由仲裁庭决定、法院复审。在研究设立我国合并仲裁制度时,笔者不主张我国法院介入合并仲裁程序,即法院对是否合并仲裁问题既不作决定,也不作复审,而是在仲裁裁决作出后,对裁决进行是否撤销或是否承认和执行的审查。其理由:一是法院不介入合并程序而由仲裁庭(机构)决定,可减少法院介入审查这一环节,有利于仲裁程序快速、顺利地进行,提高仲裁效率。二是由仲裁庭决定合并事宜,不至于出现大的问题,因为仲裁裁决作出后当事人如有异议会申请法院监督。三是法院不介入合并程序有利于仲裁保密。保密是仲裁的特点之一,它要求尽量控制知情面,而公开确是法院司法的特点之一,它要求尽量让社会公众获知相关信息,因此法院介入合并仲裁的审查,难免会影响仲裁的保密性。四是法院不介入合并程序,符合当今世界法院对仲裁司法审查后移的趋势。

法院不介入仲裁合并程序,并不意味着法院不对合并仲裁实施监督,恰恰相反,由于合并仲裁往往要对当事人原先的约定作不同程度的改变甚至否定。在此过程中,容易发生违背当事人意愿的情况,因此必须把它作为司法审查在案件类型上的一个重点。法院在审查合并仲裁案件的裁决时,要重点审查以下内容:(1)合并仲裁是否经各方当事人同意;(2)仲裁庭的组成方法是否经各方当事人同意,并通过该方法产生仲裁庭;(3)仲裁程序有无征求各当事人意见,是否与当事人约定的相符;(4)裁决的事项是否属于当事人协议的范围,仲裁机构是否有权仲裁。对于当事人分别以合并仲裁未经所有当事人同意、仲裁庭的组成或仲裁程序与当事人约定不符、裁决的事项不属于当事人协议范围或不具有可仲裁性为由,申请撤销或不予承认和执行仲裁裁决的,法院要认真审查(对外国裁决,可仲裁性事项要主动审查),依法作出裁定。总之,要通过司法审查,既支持符合条件的案件合并仲裁,以最大限度地发挥合并仲裁的积极作用,又对合并仲裁加以必要的规制,防止仲裁庭滥用合并仲裁权。

第五节　仲裁第三人权利保护制度的完善

国际商事仲裁第三人,是指不属于国际商事仲裁案件的当事人,但仲裁案件的处理结果与其有利害关系的人。我国目前对仲裁第三人保护明显不足,本节旨在对仲裁第三人权利保护制度的完善提出建议。

一、完善仲裁第三人权利保护制度的必要性

前已述及,随着经济关系的复杂化,某一项交易往往只是复杂的交易链条中的一个环节。当这一交易环节发生纠纷时,涉及的往往不仅是双方当事人,还可能涉及多方人员,尤其在国际航运、国际贸易、建筑等领域更是如此。因此,在国际商事仲裁中,往往会涉及除当事人之外的第三人。但是,由于仲裁的自治性、契约性和协议的相对性,第三人较难参与仲裁程序,其所了解的事实、证据和所持的意见、主张也没有机会向仲裁庭反映,其合法权益在仲裁中很容易受到损害。特别是在当前,无论是在民事诉讼中还是仲裁中,当事人恶意串通,进行虚假诉讼、虚假仲裁,损害他人或公共利益的案件屡见不鲜,这就使第三人权利保护问题更显重要。

在民事诉讼中,法律对第三人的权利保护作了较为完备的规定:一是在案件审理时有权参加诉讼。根据我国《民事诉讼法》第56条的规定,诉讼第三人可以分为有独立请求权的第三人和无独立请求权的第三人,他们都有权参加诉讼,其中有独立请求权的第三人还有权作为独立的诉讼主体提起

诉讼。二是在判决生效后，第三人有权对损害其合法民事权益的错误裁判提起撤销之诉。① 三是在执行程序中有权对执行行为和执行标的提出异议。② 四是在对执行行为提出异议被驳回后，可以向上一级人民法院申请复议；在对执行标的提出异议被裁定驳回后，还可以通过审判监督程序或提起执行异议之诉进行救济。③ 可见，法律赋予了诉讼第三人在案件审理时、审理后、判决执行时以及执行异议被驳回后共四个环节通过四种方式维护合法权益的权利。

但是，对仲裁第三人的法律保护就显得十分薄弱。一是在仲裁中，由于仲裁是民间自治性的纠纷解决机制，贯彻契约自由原则，只有订立仲裁协议的当事人才能参加仲裁，第三人一般无权参加仲裁，加上仲裁具有保密性，第三人也难以及时得知他人已提请仲裁的信息。二是在仲裁裁决作出后，只有仲裁的当事人才有权依照《仲裁法》第 70 条、《民事诉讼法》第 274 条的规定，请求人民法院撤销涉外仲裁裁决，第三人则不具有这一权利。三是在仲裁裁决执行中，也只有作为当事人一方的“被申请人”才有权依照《仲裁法》第 71 条和《民事诉讼法》第 274 条的规定请求不予执行仲裁裁决，第三人同样没有这一权利。第三人可以维护自己合法权益的途径仅有：根据我

① 《民事诉讼法》第 56 条第 3 款规定：第三人“因不能归责于本人的事由未参加诉讼，但有证据证明发生法律效力的判决、裁定、调解书的部分或者全部内容错误，损害其民事权益的，可以自知道或者应当知道其民事权益受到损害之日起 6 个月内，向作出该判决、裁定、调解书的人民法院提起诉讼。人民法院经审理，诉讼请求成立的，应当改变或者撤销原判决、裁定、调解书；诉讼请求不成立的，驳回诉讼请求。”

② 《民事诉讼法》第 225 条规定：“当事人、利害关系人认为执行行为违反法律规定的，可以向负责执行的人民法院提出书面异议。当事人、利害关系人提出书面异议的，人民法院应当自收到书面异议之日起 15 日内审查，理由成立的，裁定撤销或者改正；理由不成立的，裁定驳回。当事人、利害关系人对裁定不服的，可以自裁定送达之日起 10 日内向上一级人民法院申请复议。”该法第 227 条还规定：“执行过程中，案外人对执行标的提出书面异议的，人民法院应当自收到书面异议之日起 15 日内审查，理由成立的，裁定中止对该标的的执行”。

③ 《民事诉讼法》第 227 条规定，在对执行标的提出异议被裁定驳回后，“案外人、当事人对裁定不服，认为原判决、裁定错误的，依照审判监督程序办理；与原判决、裁定无关的，可以自裁定送达之日起 15 日内向人民法院提起诉讼。”

国《民事诉讼法》第225条的规定,作为“利害关系人”,对违反法律的执行行为提出异议;根据我国《民事诉讼法》第227条的规定,作为“案外人”对执行标的提出异议。对后一异议,人民法院进行审查后认为理由成立的,也只是中止对该标的的执行;如认为理由不成立,则裁定驳回,且一旦驳回,只有执行标的与仲裁裁决无关的,案外人才可以提起执行异议之诉,如果仲裁裁决错误,则无别的救济途径。

上述对比分析说明,法律对诉讼第三人的保护与对仲裁第三人的保护相差悬殊。照理说,法律对仲裁第三人的保护应当比诉讼第三人的保护更为周密,因为仲裁比诉讼更追求效率,加上仲裁强调保密,外部监督少,难免对公正有所减损,且仲裁实行一裁终局,不像诉讼那样还有二审、再审。因此,仲裁结果出错的可能性明显大于诉讼,相应地,仲裁第三人合法权益被侵害的可能性也会明显大于诉讼第三人,故对仲裁第三人合法权益的法律保护应当比诉讼第三人更为周密。然而,实际情况恰恰相反,对仲裁第三人的法律保护远不能与诉讼第三人相比,故亟须改革完善仲裁第三人的权利保护制度。

西方国家是仲裁制度的先行者,要研究仲裁第三人权利保护问题,有必要了解域外的做法。

二、域外仲裁第三人权利保护的措施

综观域外对仲裁第三人权利保护制度,主要采取以下法律措施:

(一)允许第三人有条件地加入仲裁程序

从一些国家的法律规定来看,对第三人加入仲裁程序问题,主要采取两种立法模式:直接立法模式和间接立法模式。所谓直接立法模式,是指在仲裁立法中明文规定允许仲裁第三人参加仲裁,并就其参加仲裁设置相应需要满足的法律要件。如荷兰、比利时等国采此种模式。《荷兰民事诉讼法典》第1045条规定，经与仲裁程序的结果有利害关系的第三人提出书面申请，仲裁庭可以允许该第三人参加或介入仲裁程序。如果第三人根据他与仲裁协议的当事人之间的书面协议参加仲裁，其参加、介入或联合索赔仅可由仲裁庭在听取当事人意见后许可。一旦获准参加、介入或联合索赔的，第三人即成为仲裁程序的一方当事人。《比利时司法法典》第1696条规定，允许第三人书面向仲裁庭申请参加仲裁程序，而当事人也可以向仲裁庭申请第三人加入仲裁程序，但无论是第三人抑或是当事人申请，第三人都应与当事人重新达成新的仲裁协议。① 所谓间接立法模式，是指仲裁立法中并不直接明确规定仲裁第三人可以参加仲裁，而只是作出一些原则规定，然后通过仲裁庭或法院的自由裁量权在某些情况下允许第三人参加仲裁。如澳大利亚、加拿大采此种模式。《澳大利亚国际仲裁法》第18条规定，仲裁程序必须保证仲裁过程中每一方当事人得到平等对待，且应当给予每一方当事人陈述其主张的机会。依此规定，如第三人不参加仲裁可能导致一方当事人不平等的地位，或者导致一方当事人在缺少第三人的情况下不能充分陈述己方之观点，则仲裁庭会考虑引入第三人。又如，加拿大最具代表性的仲裁法《英属哥伦比亚仲裁法案》第19条规定，仲裁第三人可以就仲裁的程序性事项达成协议，如果不能达成一致的，仲裁员有权以其认为合适的方式审理案件。②

在仲裁规则层面，世界上一些较大的仲裁机构所规定的仲裁规则，如《贸法会仲裁规则》《国际商会仲裁规则》《伦敦国际仲裁院仲裁规则》《日本商事仲裁协会商事仲裁规则》《新加坡国际仲裁中心仲裁规则》《瑞士国际仲裁规则》等，都规定了第三人可以有条件地参加仲裁程序。如《伦敦国际仲裁院仲裁规则》规定，在任何时间，除非当事人另有约定，仲裁员应任何当事

---

① 参见刘晓红：《国际商事仲裁协议的法理与实证》，商务印书馆2005年版，第252页；宋连斌、林一飞译编：《国际商事仲裁新资料选编》，武汉大学出版社2001年版，第76页。

② 参见萧凯、罗骁：《仲裁第三人的法理基础与规则制定》，载《法学评论》2006年第5期。

人的申请,可以颁布作为中间救济措施之一的追加第三人的措施,仲裁员追加第三人的权力依赖于第三人的同意和仲裁程序当事人之间没有相反的协议表示反对。①

(二)第三人(案外人)提起取消仲裁裁决之诉

取消仲裁裁决之诉,是在仲裁裁决作出后,第三人为了直接对抗并否定仲裁裁决而提起的诉讼。如《法国民事诉讼法典》仲裁篇第1470条规定,案外人因仲裁裁决损害其利益的,有权提起取消仲裁裁决之诉。②

(三)第三人提起执行异议之诉

这是第三人在仲裁裁决执行程序中提起的诉讼。德国、法国、日本等国法律,均规定第三人有权提起执行异议之诉。如《德国民事诉讼法》第771条规定,第三人可以根据案件具体情况提起四种异议之诉。③

综上所述,域外在仲裁中、仲裁裁决作出后、仲裁裁决执行时均有保护第三人合法权利的法律措施,这与我国民事诉讼中对诉讼第三人保护的措施较为类似。

---

① 参见仇学敏:《论仲裁第三人制度在我国的引入》,华东政法大学2015年硕士学位论文,第31~32页。

② 参见李昌超、霍柯言:《仲裁案外人权利救济体系探赜》,载《山西大学学报》(社会科学版)2014年第3期。

③ 四种异议之诉为:一是阻止让与的异议之诉。对于强制执行的标的物,第三人若根据法律规定有权阻止该标的物进行让与,那么可向执行此让与的地区法院提起此类异议之诉。二是禁止让与的异议之诉。若某项标的物的让与或交付符合民法规定的禁止让与的情形,则债权或因该禁止而无效的权利不能成为强制执行的根据,第三人可据此提起异议之诉。三是后顺位继承人的异议之诉。在后顺位继承程序中,若属于先顺位继承财产的标的物在继承开始时对后顺位的继承人无效,不得通过强制执行让与或交付此项标的物。后顺位继承人可对让与或交付该标的物的强制执行行为提出异议。四是配偶的异议之诉。对夫妻共同财产执行时,配偶一方在另一方所谓的关于该财产的判决对其自身无效的情况下,可提出异议。参见李昌超、霍柯言:《仲裁案外人权利救济体系探赜》,载《山西大学学报》(社会科学版)2014年第3期。

三、完善我国仲裁第三人权利保护的制度框架

借鉴外国做法,并参照《民事诉讼法》关于诉讼第三人保护的规定,我国完善仲裁第三人的权利保护,建议建立以下三个制度:

(一)第三人有条件地加入仲裁程序制度

让第三人有条件地加入仲裁程序,一是有利于从源头上防止和减少损害第三人合法权益情况的发生。这比仲裁裁决作出后再去救济第三人受损的权利要主动得多,社会效果也要好得多,它不仅有利于第三人降低维权成本,而且有利于维护仲裁机构的声誉,有利于当事人避免以后的波折。二是有利于提高仲裁案件质量。第三人加入仲裁程序,有利于仲裁庭实现"兼听",在全面了解案件事实证据的基础上作出较为客观准确的判断,从而防止裁决出现错误以致产生新的纠纷。三是有利于一次性解决纠纷,实现案结事了。允许第三人有条件地加入仲裁程序,在个案上虽然可能会多花点时间,但有利于将现有的争议和潜在的纠纷合并解决,实现案结事了。在不至于拖延的前提下,一次性综合解决纠纷总比零敲碎打地分次解决纠纷节省人力物力。四是有利于防止产生不协调甚至相互矛盾的裁决、判决。第三人如不能加入仲裁,那完全可能另行提请仲裁或向法院起诉,这样,密切关联的两个案件就被分割在两个仲裁机构或一个仲裁机构、一个法院处理,这就很可能作出两个不相协调甚至相互矛盾的裁决、判决。

同时,我们还要看到,出于实践的需要,我国一些仲裁机构的仲裁规则早在10多年前就已经对第三人加入仲裁作出规定,现今仍在不断探索完善。如《中国海事仲裁委员会仲裁规则》《天津仲裁委员会仲裁规则》《烟台仲裁委员会仲裁规则》《贵阳仲裁委员会仲裁暂行规则》都对第三人加入仲裁程

序问题作出了规定。[①] 2014 年的《中国(上海)自由贸易试验区仲裁规则》第 37 条、第 38 条也对仲裁协议的他方当事人(第三人)参与仲裁程序和案外人参与仲裁程序进行了规定,并设立了不同条件。可见,对第三人加入仲裁程序问题,我国不仅在理论上有一定的研究,而且早已付诸实践。因此,在法律上规定第三人有条件地加入仲裁程序是完全有必要的。

(二)第三人撤销仲裁裁决之诉制度

第三人撤销仲裁裁决之诉,是指没有参与仲裁程序、有证据证明仲裁裁决部分或全部内容错误、损害了自己合法权益的第三人,向法院提出的撤销仲裁裁决的诉讼。设立该制度的理由在于:首先,第三人加入仲裁程序虽有诸多好处,但由于仲裁的自治性和契约性,其加入仲裁有较高的条件要求,尤其是要让双方当事人都同意其加入,往往比较困难,特别是在当事人恶意串通、虚假仲裁的情况下更是如此。加上仲裁的保密性,使第三人很难获悉他人提起仲裁的信息,因此即使法律规定第三人可以有条件地加入仲裁,也只有少数案件的第三人能够加入仲裁程序,多数第三人仍被挡在仲裁程序之外。其次,裁决执行中的案外人异议制度以及笔者后文要提出的案外人异议之诉,都只有被动防守的作用,而无针对错误裁决进行主动进攻的功能,无法彻底排除仲裁裁决的效力。再次,执行中的案外人异议制度或案外人异议之诉限于对仲裁裁决的执行有异议,而当事人撤销仲裁裁决之诉只要仲裁裁决的部分或全部内容错误,损害了当事人合法权益即可提起,而不限于对执行存在异议,故其适用范围广于案外人异议之诉。最后,《民事诉讼法》赋予了诉讼第三人提起撤销裁判之诉的权利,对于合法权利更容易受到侵害的仲裁第三人,国家法律更应赋予其提起撤销仲裁裁决之诉的权力。

---

① 参见李军:《也论仲裁第三人制度》,载《政法论丛》2013 年第 12 期。

(三)第三人执行异议之诉制度

第三人执行异议之诉，是指未参与仲裁程序的当事人在仲裁裁决执行中，对执行标的提出书面异议被驳回后，认为仲裁裁决错误而向法院提起的诉讼。设立此制度的依据：一是根据现行法律规定，只有仲裁当事人才能提出不予承认和执行的抗辩，第三人不是当事人，无权提出这种抗辩。二是一些第三人往往在法院执行其财产时才知道仲裁裁决，此前无法通过前述的参与仲裁程序或提起撤销仲裁裁决之诉来维护自己的权利；还有的裁决是外国法院作出的，而该国法律没有第三人撤销裁决之诉的规定，因而也无法通过这种诉讼来维护自己的权利。三是依据《民事诉讼法》和最高人民法院有关司法解释的规定，仲裁第三人认为执行行为违反法律规定的，可以依据《民事诉讼法》第225条的规定对执行行为提出书面异议。认为执行标的错误的，可以依据《民事诉讼法》第227条的规定对执行标的提出异议，当异议被法院驳回后，仲裁第三人认为该标的与仲裁裁决无关的，可提起执行异议之诉；认为仲裁裁决错误的，则没有继续救济的渠道。而在民事诉讼中，案外人认为法院判决、裁定错误的，异议被驳回后可通过审判监督程序解决。因此，对后一种情况，需要通过设立执行异议之诉，由法院通过民事审判，在深入审查的基础上对权利义务关系进行判明，从而撤销执行程序，维护第三人的合法权益。

四、第三人加入仲裁程序的制度设计

(一)加入仲裁程序的第三人的实体要件

只要是案件处理结果与其有法律上的利害关系的人，无论在仲裁中有无独立请求，都应允许其加入仲裁程序。因为如不允许其加入仲裁程序，该第三人很可能就其与当事人之间的争议另行申请仲裁或另行起诉。这里有两个问题需要特别说明：

第一个问题是,必须把仲裁第三人与仲裁协议第三方(也称仲裁协议第三人)严格区别开来。仲裁协议第三方,是指虽然没有在仲裁协议上签字,但根据实际民事法律关系或法律规定,应当承担或继受仲裁协议的人,如公司合并或分立后原公司签订的仲裁条款的继受人,分公司签订仲裁条款中的总公司,"揭开公司面纱"后的母公司,合同转让后的受让人,代为求偿中的代位权人等。因此,仲裁协议的第三方实质上就是民事法律关系的实际承担者或继受者,或者说就是民事法律关系的一方当事人。当仲裁程序启动后,就要让他们进入仲裁程序成为仲裁的当事人。因此,研究仲裁协议第三方要解决的是仲裁协议的承担或继受问题,该第三方承担或继受仲裁协议后,他就成了仲裁中的一方当事人。而仲裁第三人却不同,他即使加入仲裁程序,也始终是双方当事人之外的第三人或第三位当事人。

第二个问题是,仲裁第三人中有独立请求权的第三人(后文详述)加入仲裁,实际上也是仲裁的一种合并。有独立请求权的第三人与仲裁双方当事人之间存在一个独立的商事纠纷,且该纠纷与仲裁案件有关联,为有利于全面认识案情,提高解纷效率,防止对第三人合法权益造成不当损害,才让第三人进入仲裁,使第三人与仲裁案件双方当事人间的案件与正在进行仲裁的案件进行合并审理并作出裁决。因此,有独立请求权的第三人参与仲裁与仲裁合并的原理完全相同。

(二)第三人加入仲裁程序的程序要件

第三人加入仲裁程序,必须恪守仲裁的自治性、自愿性和保密性。我国《仲裁法》规定,当事人采用仲裁方式解决纠纷,应当双方自愿,达成仲裁协议;仲裁协议应当采用书面方法,并具有请求仲裁的意思表示、仲裁事项和选定的仲裁机构这三方面内容。据此,第三人加入仲裁的程序要件为:

1. 当事人、第三方、仲裁庭三方均同意。首先,第三人要明示同意,否则,就违反了仲裁自愿性原则。其次,双方当事人都应同意。因为仲裁协议是双方当事人合意的结果,在当事人不同意第三人加入的情况下,如果强行让第三人加入仲裁程序,就违反了仲裁协议的合意性和意思自治性,当事人就可能在仲裁裁决作出后,根据我国《仲裁法》的有关规定,以“仲裁程序违反法定程序”或者“仲裁程序与仲裁规则不符”为由,提出不予执行的抗辩。当前,有的国家的法律或仲裁规则只要求一方当事人同意就可以由仲裁庭决定将第三人引入仲裁程序。笔者认为,这不符合仲裁的意思自治原则,我国不宜仿效。

当然,当事人对第三人加入仲裁程序往往各怀心思,想通过仲裁从第三人处获得不当利益的当事人,特别是恶意串通虚假仲裁的当事人,一般不会同意第三人加入仲裁程序。因此,当事人的“同意”既包括明示同意,也应包括默示同意,即仲裁庭就第三人要求参与仲裁之事征求其意见时,其不提出反对意见,并继续参加后续的仲裁活动。

经第三人和双方当事人同意后,还应取得仲裁庭同意,并由仲裁庭决定。因为仲裁庭是仲裁的主持者和纠纷的解决者,应当以同意接受第三人这一新的工作对象为前提,各国的立法和仲裁机构的规则,也都以仲裁庭同意为要件。

至于谁有权提出让第三人加入仲裁程序的问题,笔者认为,既可以由第三人提出书面申请,也可以由当事人中的一方提出书面申请,但一般不宜先由仲裁庭提议。因为仲裁庭握有仲裁权,如其主动提议,可能会使当事人违心屈从。但是,仲裁庭可以提出案件所涉第三人,并就第三人是否加入仲裁的问题解释法律精神,帮助分析利弊,然后让双方当事人自主权衡后提出自己的意见。

这里需要说明的是,第三人加入仲裁程序,既可能在仲裁庭组成之后,也可能在仲裁庭组成之前。在仲裁庭组成前加入的,由仲裁机构的秘书处代行原应由仲裁庭行使的职权,由其最终决定第三人是否加入仲裁程序。

2. 以书面方式达成仲裁协议。在第三方、双方当事人同意的前提下,应当以书面方式达成同意第三方加入仲裁程序的协议。至于协议的形式，既可以是正式的书面协议，也可以是以信件、数据电文（包括电报、电传、传真、电子数据交换和电子邮件）等形式达成的仲裁协议，但有关信件和数据电文必须能固定为证据。

（三）第三人加入仲裁程序后的权利

研究第三人的权利，需要先对第三人进行分类。虽然仲裁第三人与诉讼第三人存在区别，但借鉴诉讼第三人的分类，仲裁第三人也可以是否具有独立请求权为标准分为两类，即有独立请求权的第三人和无独立请求权的第三人。有独立请求权的第三人由于在程序上经过双方当事人同意，因而其加入仲裁实质上是仲裁的合并，该第三人是仲裁的当事人，应当享有当事人的权利；没有独立请求权的第三人加入仲裁程序，不是仲裁的当事人，其仲裁地位既具有一定的从属性，又具有相对的独立性，因而不完全享有当事人的诉讼权利。据此，法律规定只能由当事人享有的权利，如选定仲裁机构、议定仲裁庭组成的人数和方式、选择仲裁规则和仲裁程序等权利，有独立请求权的第三人应当享有，无独立请求权的第三人则不享有。但是，对一些会影响到第三人实体权利义务的程序性权利，如申请回避权、陈述权、举证权、发表意见权等，则无论是哪种第三人都应得到保障。

有独立请求权的第三人虽在理论上应享有当事人的所有权利，但有时有些权利却不一定能享受到。例如，选定仲裁机构、约定仲裁员人数、选定仲裁员、选定仲裁程序等权利，这要看第三人是在仲裁庭组成前加入的还是在仲裁庭组成后加入的：在仲裁庭组成前加入的，第三人有权与当事人一起约定仲裁员人数，约定三名仲裁员的，可由第三人和两名当事人一起采取每人选择一至数名仲裁员的方式，在得票多的仲裁员中产生，其中得票最多的仲裁员为首席仲裁员。至于仲裁程序，第三人也有权与两名当事人一起选定。第三人在仲裁庭组成后加入仲裁程序的，只能放弃选定仲裁员的权力并认可已经进行的仲裁程序。但是如果遇到仲裁员需要回避的情况,则在仲裁员回避后,第三人有权与另两名当事人一起议定新的仲裁员。

这里需要说明的是,根据我国《仲裁法》规定,当事人约定由三名仲裁员组成仲裁庭的,应当各自选定或各自委托仲裁委员会主任指定一名仲裁员,现采取每人选择一至数名仲裁员的方法产生仲裁员是否违反《仲裁法》规定?笔者认为不违反,因为《仲裁法》是根据两名当事人的常规情况来设计和规定的,现当事人已不止两人,采取该方法体现了意思自治与民主、平等的有机统一,是符合《仲裁法》精神的,一些仲裁机构对有多名当事人的案件,也是采取这种方法来选定仲裁员的。

五、第三人撤销仲裁裁决之诉的制度设计

参考我国《民事诉讼法》第 56 条关于诉讼第三人提起撤销裁判之诉的规定,仲裁第三人撤销仲裁裁决之诉制度拟作如下设计:①

(一)第三人撤销仲裁裁决之诉的主体与客体

有权提起撤销仲裁裁决之诉的第三人限于虽然没有加入仲裁程序,但因仲裁裁决的错误使其合法权益受到损害的人,故其要件一是没有加入仲裁程序。如果加入了仲裁程序,但对仲裁裁决不服,只能根据我国《仲裁法》的有关规定,申请法院撤销或不予执行仲裁裁决,而不能提起撤销仲裁裁决之诉。二是合法权益受到错误仲裁裁决的损害。我国《民事诉讼法》第 56 条规定的第三人撤销裁判之诉的实体要件也是“判决、裁定、调解书的部分或者全部内容错误,损害其合法权益”。

第三人撤销仲裁裁决之诉,一般以因仲裁裁决错误而享有债权的当事人为被告。撤销仲裁裁决之诉的客体为仲裁裁决书和调解书。之所以把仲

---

① 参见龙克琼:《论仲裁案外人利益的法律保护》,载《华中师范大学研究生学报》2015 年第 4 期;李昌超、霍柯言:《仲裁案外人权利救济体系探赜》,载《山西大学学报》(社会科学版)2014 年第 3 期。

裁调解书也列入撤销之诉的客体,有如下理由:一是因为在仲裁中以调解方式结案的占较大比例。[①] 二是因为《仲裁法》第51条第2款规定:“调解书与裁决书具有同等法律效力”;《民事诉讼法》第56条关于诉讼第三人撤销裁判之诉的客体,也包括调解书。三是因为在当事人恶意串通、虚假仲裁的案件中,以“调解”结案的居多,而这类案件是当事人侵害第三人合法权益和公共利益的重点。因此,应当把仲裁裁决、调解书一并列为第三人撤销之诉的客体。

(二)第三人撤销仲裁之诉的时限和管辖

借鉴我国《民事诉讼法》第56条关于诉讼第三人撤销裁判之诉中起诉时限的规定,仲裁第三人提起撤销仲裁裁决之诉的时限,也应“自知道或者应当知道其民事权益受到损害之日起6个月内”提起为宜。

借鉴我国《仲裁法》第58条关于当事人“可以向仲裁委员会所在地的中级人民法院申请撤销裁决”的规定,第三人撤销国内仲裁机构作出的涉外裁决之诉,也宜由仲裁机构所在地的中级人民法院管辖;对于外国仲裁机构作出的裁决,裁决作出地有提起撤销仲裁裁决之诉这一法律制度的,可向仲裁裁决作出地的国家法院提起该诉讼;裁决作出地没有该法律制度的,则无法向有关国家法院提起该诉讼,而只能在承认和执行外国仲裁裁决程序中,提起第三人异议之诉。

(三)第三人撤销仲裁裁决之诉的审理和裁判

我国《仲裁法》规定的国际商事仲裁当事人申请撤销仲裁裁决的事由,仅限《仲裁法》、《民事诉讼法》和《纽约公约》规定的事由,这些事由除“违背社会公共利益”和“不具有可仲裁性”外,都是程序性事项。而第三人撤销仲

① 2014年和2015年,我国仲裁机构以调解和解方式结案的案件数分别占该年度受案总数的65%和41%。参见中国仲裁法学研究会:《中国国际商事仲裁制度报告》(2014),第9页。

裁裁决之诉审理的主要是实体内容,法院只有通过对案件有关实体内容的审理,才能维护第三人的合法权益。这就提出了一个问题:受诉法院审理仲裁案件的实体内容是否违反仲裁原理和《仲裁法》的有关规定?笔者认为不违反,因为程序审查为主的原则和仲裁法等法律关于撤销或不予执行仲裁裁决的规定,仅适用于仲裁案件的当事人,仲裁第三人并未加入仲裁程序,是仲裁的案外人,其提起诉讼的案件自然不受程序审查为主这一原则的约束;法院对第三人为维护自身合法权益而提起的撤销仲裁裁决之诉,应当适用诉讼的程序和标准,而不应适用当事人申请撤销仲裁裁决的标准,这也是第三人撤销仲裁裁决之诉与当事人申请撤销仲裁裁决的主要区别。

对第三人撤销仲裁裁决之诉,法院经审理,如认为诉讼理由成立,应当作出撤销仲裁裁决的判决,并对第三人与仲裁当事人之间的法律关系进行重新确认,使第三人被损害的合法权益得到恢复。这里需要说明的是,法院撤销仲裁裁决只撤销其错误的内容(全部错误全部撤销,部分错误部分撤销),如有未撤销的部分,则仍然有效。第三人和原仲裁案件的当事人如不服法院判决的,可以上诉。

六、第三人执行异议之诉的制度设计

(一)执行异议之诉的主体

提起第三人执行异议之诉的原告为没有参与仲裁程序、对执行标的存在异议,且认为仲裁裁决错误的仲裁第三人。第三人表面上是对执行标的存在异议,但实际上是对执行该标的的依据即仲裁裁决存在异议。当事人是根据仲裁裁决申请执行的,执行人员也是根据仲裁裁决执行该标的的,执行人员根据裁决所确定的第三人应承担的给付义务,不是执行这一标的就是执行另一标的。因此,第三人起诉应以仲裁裁决执行中的债权人(一般为申请执行人)为被告,其目的是排除对仲裁裁决的执行。

(二)执行异议之诉的程序

第三人执行异议之诉应在执行中向负责执行的法院提起,之所以向执行法院提起,是因为它有利于及时对抗法院的执行行为,并便于该法院统筹协调执行与审理之间的关系,在综合考虑全案情况的基础上作出正确裁判。对该诉讼,法院应由审判庭审理。

借鉴我国《民事诉讼法》第227条的规定,仲裁第三人应采取提出执行异议和提起执行异议之诉两步走的方法寻求救济:第一步,第三人先对执行标的提出异议,法院执行部门审查后,认为理由成立的,裁定中止执行;理由不成立的,裁定驳回。第二步,仲裁第三人对法院驳回的裁定不服,认为仲裁裁决错误的,提起执行异议之诉。法院审判庭对执行异议之诉进行审理后,对理由成立的,判决撤销执行程序;理由不成立的,裁定驳回。对法院的裁判,第三人和申请执行人如不服,可以上诉。

本章小结

1. 仲裁程序由当事人约定,在当事人没有约定的情况下,仲裁庭有权决定,但必须遵守有关国家法律的强制性规定。仲裁程序为仲裁活动确定了"时间表"和"路线图",是衡量和检验仲裁案件质量的一个基本依据,也是法院对仲裁进行司法审查的重要内容和依据,它在仲裁中的地位比诉讼程序在诉讼中的地位更为重要和突出。仲裁程序应当遵循当事人"意思自治、正当程序、诚实信用"这三项基本原则。仲裁程序与民事诉讼程序在性质、价值追求、受案范围、确定权归属、审理方式、审理主体的权力等方面均有所不同。明确仲裁程序的意义、基本原则及仲裁程序与诉讼程序的区别,对于仲裁司法审查人员理解和把握仲裁的特点和规律,更好地谋划仲裁司法审查制度的完善,具有重要意义。

2. 我国《仲裁法》和《民事诉讼法》对仲裁中的保全制度作出了规定,但仍有近一步完善的必要。建议:赋予仲裁庭保全措施决定权,以增强仲裁的自足性;设立紧急仲裁员制度,用以处理紧急的保全申请;规定当事人可直接向法院申请保全,以便利当事人。

3. 仲裁实行"谁主张谁举证"原则,当事人应对自己的主张提供证据;必要时仲裁庭也有权收集证据。由于当事人和仲裁庭取证都不具有强制力,当证人拒绝作证、证据持有人拒绝提供证据,需要国家强制力支持时,就需要求助法院协助取证,但我国《仲裁法》未对法院协助仲裁取证问题作出规定。建议设立法院协助取证制度,规定仲裁庭或一方当事人经仲裁庭同意,可申请法院协助取证;法院对申请应作程序审查,同意协助的,按照我国民事诉讼法的规定进行取证活动。

4. 将争议事项具有关联性的案件予以合并仲裁,有利于全面查清案件事实,使关联案件一次性解决,降低解纷成本,并防止关联案件作出相互矛盾的处理。但我国《仲裁法》未对合并仲裁作出规定。笔者建议,设立合并仲裁制度,其要件为:各方当事人都同意合并;争议事项具有关联性;当事人已就合并仲裁后仲裁庭组成问题议定办法;仲裁庭(仲裁机构)同意合并。除非当事人另有约定,合并仲裁案件应当合并至最先开始仲裁程序的仲裁案件。法院应加强对合并仲裁案件的司法审查,在当事人提出的撤销裁决申请或不予执行裁决抗辩的事由中,要特别注意审查合并仲裁及仲裁庭组成是否经各方当事人同意,仲裁程序是否与当事人的约定相符,以确保合并仲裁不偏离仲裁的基本精神。

5. 我国《民事诉讼法》对诉讼第三人的权利保护作了完备的规定,但我国《仲裁法》对仲裁第三人权利保护的规定却非常薄弱,应予以修改完善。建议设立第三人有条件地加入仲裁程序制度、第三人提起撤销仲裁裁决之诉制度、第三人提起执行异议之诉制度,以防止仲裁第三人的合法权益遭受不当侵害。

第五章　仲裁裁决司法审查制度的完善

本章旨在针对我国仲裁裁决司法审查法律制度存在的问题，就如何完善该制度进行探讨，具体就仲裁裁决国籍确定标准、当事人异议权默示放弃、重新仲裁，以及其他制度的完善提出建议。其中当事人异议权默示放弃制度与仲裁协议司法审查、仲裁程序的司法审查也有关，但主要关涉仲裁裁决的司法审查。此外，仲裁裁决撤销和执行中第三人合法权益保护制度的完善问题，已在本书第四章第五节中进行了阐述；裁决司法审查中法院内部请示报告制度的改革完善问题，将在第六章第一节中阐述。

第一节　仲裁裁决司法审查制度概述

在仲裁裁决作出之后，法院对本国裁决有权进行撤销审查；对外国裁决有权进行承认和执行的审查。本节旨在对国际商事仲裁裁决司法审查制度中的几个主要问题进行阐述，以便为后三节研究仲裁裁决司法审查若干制度的完善奠定基础。

一、仲裁裁决的效力

国际商事仲裁裁决，是指“仲裁庭对仲裁当事人争议事项进行审理后作出的终局裁决”。[①] 仲裁实行一裁终局制，仲裁裁决一经作出，就具有必要的效力。对此，国际公约、各国立法都作了明确的规定，但具体的文字表述不尽相同。如《纽约公约》规定：“每一个缔约国应该承认仲裁裁决有约束力，并且依照裁决需其承认与执行的地方程序规则予以执行。”[②]联合国《示范法》规定：“仲裁裁决不论在何国境内作出，均应承认具有约束力，而且经向管辖法院提出书面申请，即应依照本条和第36条的规定予以执行。”[③]可见，《纽约公约》和《示范法》都规定仲裁裁决具有“约束力”和“执行力”。此外，《法国民事诉讼法典》规定仲裁裁决具有“既判力”；[④]《德国民事诉讼法典》规定仲裁裁决具有“等同于终审的具有约束力的法院判决”；[⑤]《比利时司法法典》规定仲裁裁决具有“既判力”；[⑥]《瑞士联邦国际私法法规》规定仲裁裁决具有“终局”。[⑦] 我国《仲裁法》规定：“裁决书自作出之日起发生法律效力。”[⑧]可见，“约束力”“法律效力”“既判力”“执行力”是对仲裁裁决效力的常见表述。综合各国的规定，根据我国的语言表述习惯，笔者认为，仲裁裁决的效力就是仲裁裁决的法律效力，它包括两个方面的内容：一是既判力，又称法律上的确定力，是指裁决“对当事人有关争议事项最终的定案效力”，

---

① 李双元、谢石松：《国际民事诉讼法概论》，武汉大学出版社2001年版，第557页。

② 《纽约公约》第3条。

③ 《示范法》第35条第1款。

④ 1981年《法国民事诉讼法典》第1476条规定：“仲裁裁决一经作出即具有对已决事项的既判力。”

⑤ 1998年《德国民事诉讼法典》第1055条规定：“仲裁裁决在当事人间产生的效力等同于终审的具有约束力的法院判决。”

⑥ 1998年《比利时司法法典》第1073条第1款规定：“除非裁决违反公共秩序或争议不能仲裁者，仲裁裁决被通知即具有既判力。”

⑦ 1987年《瑞士联邦国际司法法规》第190条第1款规定：“裁决自公布时起即为终局。”

⑧ 《仲裁法》第57条。

是“禁止相同的当事人就同一诉求提起第二次诉讼的积极性抗辩”。[①] 具体而言，是指仲裁裁决一经作出，对当事人而言，就不能对同一争议提起仲裁或诉讼；就仲裁机构和法院而言，就不能受理相同的当事人针对同一争议的仲裁或诉讼请求，否则，仲裁庭或法院就违背了一事不再理原则。二是执行力，“是指仲裁裁决对当事人的义务所施加的必须自动履行裁决所确定义务的效力，以及权利人在义务人不自动履行义务时请求法院采取强制执行措施的效力”。[②] 既判力与执行力二者密切关联，既判力解决裁决的确定性问题，执行力解决裁决所确定的权利义务得以实现的问题。判力是执行力的前提和依据，执行力是既判力所要达到的结果，也是仲裁裁决所要达到的结果。

二、仲裁裁决司法审查的类型

“仲裁裁决所具有的既判力和执行力均不是绝对的”，为了弥补仲裁的局限性和可能产生的缺陷，保障仲裁裁决的公正性和公信力，“各国仲裁法无一例外地规定了仲裁裁决异议制度，允许当事人对终局的仲裁裁决向法院提起撤销或其他异议程序，法院甚至可以依据公共政策理由主动否定仲裁裁决的合法性”。[③] 对于在本国执行的外国仲裁裁决，出于维护国家主权的需要，也需要法院通过一定的方式对裁决进行司法审查。

仲裁裁决司法审查的类型，各国不完全相同。有关国际公约和世界各国法律都规定，对本国仲裁裁决，法院有权进行撤销审查和执行许可审查；对外国仲裁裁决，法院有权进行承认和执行的审查。此外，一些国家还规定

---

① Bryan A. Carner, *Black' s law Dictionary*, pocket edition, Thomson West, 1996, p. 546. 转引自于喜福:《国际商事仲裁的司法监督与协助——兼论中国的立法与司法实践》,知识产权出版社 2006 年版,第 360 页、第 416 页。

② 于喜富:《国际商事仲裁的司法监督与协助——兼论中国的立法与司法实践》,知识产权出版社 2006 年版,第 361 页。

③ 同上。

了其他的一些司法审查类型,如荷兰规定了“废除裁决”的审查类型,意大利规定了“废除裁决”的审查类型和“第三人反对”的异议类型,瑞典规定了“裁决无效”和“裁决更正”的审查类型,英国规定了“修改裁决”“宣布裁决无效”的审查类型,还规定了当事人可就法律问题向法院提起上诉的司法监督类型,法国规定了“上诉”“第三人异议”的审查类型,[①]还规定了“取消仲裁裁决之诉”的审查类型,[②]德国、日本也规定了“第三人异议之诉”的审查类型。[③]

在我国,对涉外仲裁裁决,法院有权进行撤销审查和执行审查。对香港、澳门特别行政区、我国台湾地区仲裁裁决,法院仅有权进行认可和执行的审查。对外国仲裁裁决,法院有权进行承认和执行的审查。

三、仲裁裁决司法审查的特点

国际商事仲裁裁决司法审查的特点,一个是纵向特点,即在时间维度上与仲裁协议、仲裁程序司法审查相比所具有的特点;另一个是横向特点,即在空间维度及裁决性质上与纯国内仲裁裁决司法审查相比所具有的特点。

(一)仲裁裁决司法审查的纵向特点

1. 仲裁裁决的司法审查是最后环节的审查。在法院对仲裁协议、仲裁程序、仲裁裁决这三个环节的司法审查中,对仲裁裁决的司法审查是法院对仲裁最后环节的司法审查。在裁决司法审查结束后,即再无对同一案件进

---

① 参见于喜富:《国际商事仲裁的司法监督与协助——兼论中国的立法与司法实践》,知识产权出版社2006年版,第363~365页。需要说明的是,《意大利民事诉讼法》规定,对国际仲裁裁决,除非当事人另有约定,仅适用撤销裁决这种追诉方式;《法国民事诉讼法》也规定,对国际仲裁裁决仅适用撤销裁决这种追诉方式。

② 参见李昌超、霍柯言:《仲裁案外人权利救济体系探赜》,载《山西大学学报》(社会科学版)2014年第3期。

③ 同上。

行司法审查的任务。包括对撤销程序中一些需要重新仲裁的案件,在仲裁庭重新仲裁并作出裁决后,如果当事人对重新仲裁裁决仍提出异议,法院对其审查仍然是对“仲裁裁决”的审查,因而仍然是对仲裁最后环节的审查。

2. 仲裁裁决的司法审查是双类型乃至多类型的审查。如前所述,各国法院既有权对本国仲裁裁决进行撤销审查,还有权对申请在本国承认和执行的裁决进行承认和执行的审查。此外,一些国家还对仲裁裁决规定了其他的司法审查类型。可见,仲裁裁决司法审查是双类型乃至多类型的审查。当然,这里的“双类型乃至多类型的审查”,是把世界各国的法院都作为一个整体而言的,因为裁决无论由哪国法院审查,都是由法院审查。但对于某一具体国家的法院而言,如果裁决国籍国与裁决执行地国为同一国,则该法院对裁决有双类型乃至多类型的审查。如果不在同一国,则法院对裁决不一定有双类型是乃至多类型的审查。

3. 对仲裁裁决的司法审查是内容最全面的、综合性的审查。与其他仲裁环节的司法审查主要是单项性的审查不同,对仲裁裁决的审查是内容最全面的、综合性的审查,它既包括对仲裁协议的审查,又包括对仲裁程序的审查,还包括对裁决本身特定的实体内容的审查(如我国法律规定的“社会公共利益”事项,《纽约公约》规定的“可仲裁性”事项和“公共秩序”事项);既包括对需要当事人举证事项的审查,又包括对法院依职权主动审查事项的审查。总之,所有会影响仲裁裁决正当性和公正性(主要是程序公正),且被法律规定的事项,都是仲裁裁决司法审查的内容。

4. 仲裁裁决的司法审查是可能产生严重法律后果的审查。仲裁裁决是仲裁庭对仲裁案件作出的终局性的结论,它是仲裁庭审理案件的结晶,也承载着当事人的期盼。仲裁当事人将商事争议提请仲裁,就是为了分清是非曲直,并通过执行,实现应得的权利。法院经过审查,对当事人申请撤销裁决的理由或执行异议不能成立的,分别作出驳回撤销申请或驳回执行异议的裁定,这体现了法院对仲裁裁决的认可和支持。对申请撤销的理由和执行异议成立的,分别作出撤销仲裁裁决或不予执行仲裁裁决的裁定,它体现了对仲裁裁决的规制和纠正。这一法律后果与仲裁协议、仲裁程序司法审查所可能产生的法律后果相比,是最严重的,因为撤销裁决是对仲裁全局性的颠覆和否定,它既从根本上否定了仲裁裁决的效力,①还使仲裁庭为此案所做的工作都归于无效,是法院对仲裁最严厉的监督措施;不予执行仲裁裁决,虽没有从根本上否定裁决的效力,但否定了该裁决在法院所在地执行的可能性,这对执行申请人和仲裁庭来说,其法律后果也是严重的。当然,这里的"严重法律后果"是从一方当事人的角度来说的,从国家全局和仲裁事业全局来说,这种"严重法律后果"是对国家仲裁法治的维护,是对社会公平正义的坚守,也是对仲裁裁决正当性的保障,它有利于"增强当事人对仲裁公平公正解决争议的信心,从而推动仲裁业长期有序发展"。②

(二)仲裁裁决司法审查的横向特点

国际商事仲裁裁决司法审查与纯国内仲裁裁决司法审查比较,有如下特点:一是在审查的法律依据上,所涉法律关系复杂,即会涉及不同国家不同法域的法律。由于该问题随后要专门阐述,故这里不予展开。二是在审查内容上,纯国内仲裁裁决的审查内容主要是裁决是否具有撤销或不予执行的情形;涉外仲裁裁决的审查内容与纯国内裁决相同;港、澳、台仲裁裁决的审查的内容主要是裁决是否具有不予认可和执行的情形(其中对香港裁决只进行执行审查,下同);外国仲裁裁决的审查内容是裁决是否具有不予承认和执行的情形。至于具体事由的内容,纯国内裁决审查的是程序和某些实体;而涉外裁决、港澳台裁决和外国裁决的审查内容则主要是程序。三

① 对已被外国法院撤销的仲裁裁决,虽有少数国家规定可以予以执行,并付之司法实践,但它不被主流观点所认可。

② 周强:《亚太新时代的国际仲裁、司法与法治——在2013年亚太区域仲裁组织大会开幕式上的主旨演讲》,载最高人民法院民四庭编:《涉外商事海事审判指导》,人民法院出版社2014年版,第3页。

是在审查类型上,前已述及,对纯国内仲裁裁决,可以进行撤销裁决的审查和执行裁决的审查;对涉外仲裁裁决,可以进行的审查类型与纯国内裁决相同;而对外国仲裁裁决、港澳台仲裁裁决,则作承认(认可)和执行裁决的审查。

四、我国对仲裁裁决司法审查的法律依据

我国对国际商事仲裁裁决的司法审查分为:涉外仲裁裁决的司法审查,香港、澳门特别行政区及我国台湾地区仲裁裁决的司法审查和外国仲裁裁决的司法审查,这三种司法审查的法律依据均有区别,现分别予以阐述。

(一)涉外仲裁裁决司法审查的法律依据

涉外仲裁裁决是我国仲裁机构对具有涉外因素案件所作的仲裁裁决,由于我国以仲裁机构地作为确定仲裁裁决国籍的标准,故涉外仲裁裁决属于中国裁决。对其审查应当以中国法律为依据。具体为:

1. 涉外仲裁裁决司法审查法律依据的渊源主要是我国《仲裁法》《民事诉讼法》等法律,最高人民法院有关司法解释以及有关仲裁规则。

2. 对涉外仲裁裁决进行撤销审查或执行审查的主要法律依据是我国《仲裁法》第 70 条、第 71 条所援引的《民事诉讼法》第 260 条(现第 274 条)。[①]

3. 涉外仲裁裁决中具体事项的审查还要以我国《仲裁法》的其他规定或有关的仲裁规则为依据。例如,如果当事人以"仲裁协议无效"作为撤销裁决或不予执行裁决的事由,司法审查的依据是我国《仲裁法》第 16 条至第 18

---

① 《民事诉讼法》第 274 条规定:"对中华人民共和国涉外仲裁机构作出的裁决,被申请人提出证据证明仲裁裁决有下列情形之一的,经人民法院组成合议庭审查核实裁定不予执行:当事人在合同中没有订有仲裁条款或者事后没有达成书面仲裁协议的;被申请人没有得到指定仲裁员或者进行仲裁程序的通知,或者由于其他不属于被申请人负责的原因未能陈述意见的;仲裁庭的组成或者仲裁的程序与仲裁规则不符的;裁决的事项不属于仲裁协议的范围或者仲裁机构无权仲裁的。人民法院认定执行该裁决违背社会公共利益的,裁定不予执行。"

条关于仲裁协议要件的规定以及《仲裁法解释》的有关规定；如果当事人以“仲裁机构无权仲裁”作为申请撤销或不予执行裁决的事由，司法审查的依据是我国《仲裁法》第 2 条、第 3 条关于可仲裁范围的规定；如果法院在撤销审查中认为需要重新仲裁，司法审查的依据是我国《仲裁法》第 61 条关于重新仲裁的规定；如果当事人以“仲裁庭的组成或者仲裁程序与仲裁规则不符”作为申请撤销裁决或不予执行裁决的事由，司法审查的依据是有关的仲裁规则。此外，有关当事人提出撤销申请或执行异议的程序、法院审查的程序等事项，如当事人提出申请的期限、应提交的法律文件、法院审理期限、撤销裁决与不予执行裁决的协调、对仲裁裁决拟作否定性裁定的案件的内部请示报告程序等，其法律依据仍是我国《仲裁法》及最高人民法院有关司法解释。

（二）港、澳、台仲裁裁决司法审查的法律依据

香港特别行政区、澳门特别行政区及我国台湾地区三地与内地法律制度不同，对该三地仲裁裁决进行司法审查的法律依据，既不同于涉外仲裁裁决，也不同于国外仲裁裁决，主要是：

1. 以最高人民法院司法解释的形式发布的专门法律文件为依据。这几个法律文件为：《关于香港仲裁裁决在内地执行的有关问题的通知》《香港安排》《澳门安排》《台湾规定》。

2. 以香港特别行政区、澳门特别行政区及我国台湾地区法律为依据。根据内地与该三地的上述法律文件规定，香港特别行政区、澳门特别行政区及我国台湾地区仲裁裁决是分别在香港特别行政区、澳门特别行政区、我国台湾地区分别按照香港特别行政区《仲裁条例》、澳门特别行政区仲裁法规、我国台湾地区仲裁规定所作出的仲裁裁决。因此，该三地仲裁裁决主要适用该三地的法律制度。如果当事人以“仲裁庭的组成和仲裁程序与仲裁地的法律不符”等事由提出抗辩，则分别依据港、澳、台地区的法律制度进行司

法审查。

3. 以外国法依据。在香港、澳门特别行政区及我国台湾地区仲裁的有些当事人是外国人，涉及与人有关的争议要适用属人法。因此，如果一方当事人以“签订仲裁协议当事人无行为能力”为由提出抗辩，且该当事人为外国人时，则要以有关外国法为依据审查其在签订仲裁协议时是否有行为能力，其中自然人以其居所地所在国的法律为依据，法人以其注册地法律为依据。如果当事人以“仲裁协议依约定的准据法是无效的”等与仲裁协议有关的理由提出抗辩，且其约定的准据法是外国法时，也要以有关外国法为依据进行司法审查。

4. 以内地法律为依据。对涉及可仲裁性，社会公共利益条款的审查，应以内地法律为依据。此外，对当事人申请认可和执行仲裁裁决所涉程序实务，如提出申请是否在法定期间之内、提交的法律文件是否齐全和符合规定等事项的审查，如果上述法律文件有规定则依照其规定，如果没有规定则依据内地法律。

（三）外国仲裁裁决司法审查的法律依据

对外国仲裁裁决司法审查的法律依据比审查涉外仲裁裁决要复杂许多，既涉及我国缔结或参加的国际条约或者互惠原则，还涉及有关国家的法律及我国的法律。其依据分别如下：

1. 以我国缔结或参加的国际条约或者互惠原则为依据。我国《民事诉讼法》第 283 条规定，承认和执行外国仲裁机构的裁决，受理申请的中级人民法院“应当依照中华人民共和国缔结或者参加的国际条约，或者按照互惠原则办理”。我国加入与仲裁有关的国际公约主要是《纽约公约》；我国还与 100 多个国家或地区签订了双边或多边《贸易协定》《投资保护协定》《司法协助协定》，协定中大多涉及仲裁条款，这些都是我国对外国仲裁裁决进行司法审查的法律依据。在上述法律依据中，最主要的是《纽约公约》，因为目前已有150多个国家和地区加入该公约,分布广泛。对来自《纽约公约》成员国的仲裁裁决的司法审查,主要依据《纽约公约》;对来自非《纽约公约》成员国,但与我国签署了双边或多边协定的国家的仲裁裁决的司法审查,就按这些协定办理;对来自既未加入《纽约公约》又未与我国签订内含仲裁条款的双边、多边协定的国家的仲裁裁决的司法审查,按照互惠原则办理。

2. 以有关国家的法律为依据。法院在对当事人提出的不予承认及执行外国仲裁裁决的事由进行审查的过程中,还往往需要以有关国家的法律作为依据。主要有:(1)审查当事人行为能力的法律依据。如果一方当事人以"签订仲裁协议者无行为能力"为由进行抗辩,则法院应以属人法为依据,其中对自然人应以该人居住地所在国的法律为依据;对法人应以该法人注册地的法律为依据。(2)审查仲裁协议效力的法律依据。如果一方当事人以"仲裁协议无效"进行抗辩,且裁决来自《纽约公约》成员国,则根据《纽约公约》第5条第1款甲项的规定,依次以"当事人约定的法律""裁决作出地国家的法律"作为审查的法律依据;如果裁决来自非《纽约公约》成员国,则根据我国《涉外民事关系法律适用法》第18条的规定,依次以"当事人约定的法律""仲裁地法律""仲裁机构所在地法律"作为审查的法律依据。(3)审查"仲裁庭组成或仲裁程序是否违法"的法律依据。如果一方当事人以"仲裁庭的组成或仲裁程序同进行仲裁的国家的法律不符"进行抗辩,根据《纽约公约》第5条第1款丁项的规定,在当事人未就仲裁庭的组成或仲裁程序进行约定时,"仲裁地法律"就是司法审查的法律依据。①

3. 以我国法律为依据。《纽约公约》第5条第2款规定,根据被申请承认和执行仲裁裁决的国家的法律,"争议事项不具有可仲裁性"或者"承认和执行裁决将违反国家公共政策"是不予承认和执行外国仲裁裁决的两个重

---

① 《纽约公约》第5条第1款丁项规定:"仲裁机关之组成或仲裁程序与各造间之协议不符,或无协议而与仲裁地所在国法律不符者……"

要事由。[1] 据此,对外国仲裁裁决进行司法审查,法院要主动根据我国法律的规定,对该仲裁裁决的争议事项在我国是否属于可仲裁范围、执行该裁决是否违背我国的社会公共利益进行审查,进而决定是否承认和执行该仲裁裁决。此外,法院审查外国仲裁裁决的有关程序事务事项,如申请人应提供的法律文件的范围及认证、译文的要求,当事人提出申请的期限、管辖法院的确定、法院审理的具体程序、时限等,《纽约公约》有规定的依据其规定,[2]《纽约公约》没有规定的,依据我国法律的有关规定或有关司法解释办理。

第二节 仲裁裁决国籍确定标准的完善

人有国籍,国际商事仲裁也有国籍。人的国籍是指"一个人作为特定国家成员而隶属于这个国家的一种法律上的身份"。[3] 国际商事仲裁裁决的国籍,"是指仲裁庭就国际商事仲裁案件作出的裁决与某一特定国家法律秩序的特殊联系"。[4] 对国际商事仲裁裁决是否具有国籍这一问题,理论上虽存在争论,如20世纪五六十年代,一些学者提出了"仲裁裁决非国内化"理论,主张仲裁裁决不具有国籍,因而不受任何国家法律体系的控制和法院的司法监督。[5] 但传统观点和主流观点都认为:国际仲裁裁决应当具有国籍,该项国籍标志着裁决的法律效力的来源,因为仲裁如果不与某一特定国家的国内法相联系,就不会产生法律上的拘束力。[6]"作为主权国家一般都不能

---

① 《纽约公约》第5条第2款规定:"倘声请承认及执行地所在国之主管机关认定有下列情形之一,亦得拒不承认及执行仲裁裁决:(甲)依该国法律,争议事项系不能以仲裁解决者;(乙)承认或执行裁决有违该国公共政策者。"

② 例如,《纽约公约》第4条对当事人应提交的法律文件的范围及认证、译文提出了要求。

③ 李浩培:《国籍问题的比较研究》,商务印书馆1979年版,第5页。

④ 赵秀文主编:《国际商事仲裁法》,中国人民大学出版社2014年版,第247页。

⑤ 参见刘晓红:《非内国仲裁裁决的理论与实证论析》,载《法学杂志》2013年第5期。

⑥ 参见周鲠生:《国际法》(上册),商务印书馆1976年版,第248页。

接受在该主权范围内的仲裁与该国法律毫无关系的观点,也不能接受在其主权范围作出的仲裁裁决被认为无国籍的观点。"①

一、确定仲裁裁决国籍的意义

确定国际商事仲裁裁决国籍,对于当事人、仲裁庭和法院都有重要意义。对当事人和仲裁庭而言,仲裁要受当事人所选定的仲裁国籍国法律支配,要遵守该国的强制性法律规范。对于法院而言,主要有三个意义:一是确定仲裁司法审查权的归属,即只有国籍国的法院才能为仲裁提供保全、取证等协助,才能对裁决行使撤销监督权。二是确定裁决审查的类型,即对本国裁决,法院可以实施撤销和拒绝执行的双类型审查;而对外国裁决,法院只能进行承认和执行的审查,而无权进行撤销审查。三是确定裁决审查的法律依据,如属本国裁决,则主要依据本国法律进行审查;如属外国裁决,则主要依据缔结或参加的国际条约进行审查,而多数国家都对外国仲裁裁决的承认和执行规定了比本国仲裁裁决更低的审查标准。总之,确定国际商事仲裁裁决国籍,是法院对国际商事仲裁裁决进行审查的前提。

二、改革我国仲裁裁决国籍确定标准的理由

我国法律未对确定国际仲裁裁决国籍的标准作出直接明确的规定,但我国《民事诉讼法》有关条文,均使用"中华人民共和国涉外仲裁机构作出的裁决"和"国外仲裁机构的裁决"的措辞,②以区分我国仲裁裁决和外国仲裁裁决,这说明,我国是以仲裁机构所属国(以下简称仲裁机构国)作为确定仲裁裁决国籍标准的,即由我国仲裁机构作出的仲裁裁决是我国仲裁裁决,由外国仲裁机构在中国领域外作出的裁决是外国裁决。

---

① Graig. W. Laurence, "Use and Abuses of Appeal from Awards", *Arbitration International* 3, 1988, p. 180.

② 参见《民事诉讼法》第273条、第274条、第280条、第283条。

然而，我国以仲裁机构国作为确定仲裁裁决国籍的标准（以下简称仲裁机构标准），存在诸多弊端，应当将其修改为仲裁地标准，即以法律上的仲裁裁决作出地作为确定国际仲裁裁决国籍的标准。作此修改的主要理由是：

（一）仲裁机构标准与我国加入的《纽约公约》及世界上多数国家所持的标准相背离

“对于以什么标准识别并确定仲裁裁决国籍问题，国际社会和世界各国立法及实践均有不同特色。”[①]比较重要的国籍确定标准主要有以下四个：一是仲裁地标准。即以仲裁裁决作成地作为确定裁决国籍的标准。因为传统仲裁理论认为，一个仲裁裁决是与特定国家的法律紧密相关联的，“是特定国家的法律确定并控制仲裁裁决的效力，所谓仲裁地法就是这一特定国家的法律”。[②] 根据这一理论，仲裁裁决应当以裁决作成地作为确定国籍的标准。如《奥地利执行令》第79号规定：“在奥地利，仲裁裁决的国籍应当以裁决形成地来决定。”[③]二是仲裁程序适用法律所属国标准（以下简称仲裁程序法标准）。即“根据仲裁程序适用的程序法的归属来判断裁决的国籍”。[④] 如德国曾“主张依德国仲裁法作出的仲裁裁决均为德国裁决，德国法院有权对该裁决进行司法追诉”。[⑤] 三是兼采仲裁地和仲裁程序法标准。其中有的是仲裁地标准和仲裁程序法标准同时具备才能确定为本国裁决，如前南斯拉夫。[⑥] 还有的是两个标准同时具备才能确定为外国裁决，否则就是本国裁

---

① 赵秀文：《国际商事仲裁及其法律适用研究》，北京大学出版社2002年版，第9页。

② 申黎：《国际商事仲裁的司法介入制度研究》，华东政法大学2012年博士学位论文，第109页。

③ 宋航：《国际商事仲裁裁决的承认与执行》，法律出版社2000年版，第29页。

④ 杨弘磊：《中国内地司法实践视角下的〈纽约公约〉问题研究》，法律出版社2006年版，第64页。

⑤ 申黎：《国际商事仲裁的司法介入制度研究》，华东政法大学2012年博士学位论文，第110页。

⑥ 1982年《南斯拉夫法律冲突法》第97条规定：在南斯拉夫境外作出的裁决以及在南斯拉夫境内依据外国程序法作出的裁决都是外国仲裁裁决。

决,如以前的印度。[①] 四是其他标准。如有的以仲裁员的国籍为标准;有的以仲裁所适用的实体法的所属国为标准;还有的以仲裁裁决书签署地为标准。[②]

对仲裁裁决国籍确定问题,《纽约公约》规定:"由于自然人或法人间的争执而引起的仲裁裁决,在一个国家的领土内作成,而在另一个国家请求承认和执行时,适用本公约。在一个国家请求承认和执行这个国家不认为是本国裁决的仲裁裁决时,也适用本公约。"[③]对该规定,有些学者认为:"《纽约公约》设立了两个标准,即仲裁地标准和非内国裁决标准,但仲裁地标准是主要标准,非内国裁决标准是补充标准。"[④]但笔者更倾向于认为:仲裁地标准是《纽约公约》设立的标准,而非内国裁决并不是《纽约公约》设立的一个独立的标准,而仅是为了使公约能够得到各国广泛接受,并最大限度地扩大公约适用范围,而创设的一个解决非内国裁决问题的途径。因为这里的"标准",指的是确定仲裁裁决国籍的标准,但《纽约公约》第 1 条第 1 款后半句关于非内国裁决也适用本公约的表述,并没有指明该类裁决究竟属于哪国国籍,因此很难认为,"非内国裁决"是公约规定的确认仲裁裁决国籍的另一个标准。退一步讲,如果说是标准,那么公约还是以仲裁地标准为基础来考虑非内国裁决问题的,因为根据体系解释的原理,公约第 1 条第 1 款前半句规定的是,在另一个国家领土内作成的裁决即外国仲裁裁决适用本公约,后半句规定的自然是在本国领土内作成的裁决,但由于该国持其他的国籍标准,因而不认为该裁决是本国裁决。《纽约公约》之所以规定对该裁决"也适

---

① 1961 年《印度外国裁决法》规定:"外国裁决"不仅仅是在外国领土上作出,还要求裁决所依据的仲裁协议所适用的法律不是印度法;依据受印度法所支配的仲裁协议作出的仲裁裁决,尽管在印度境外作出,仍受印度法院的管辖和印度法律的支配。但该国 1996 年通过的《印度仲裁法》,已改采仲裁地标准。

② 参见赵秀文:《国际经济贸易仲裁法教学参考资料》,法律出版社 1999 年版,第 321 页、第 324 页。

③ 《纽约公约》采用的标准被规定在公约的第 1 条第 1 款。

④ 赵秀文:《国际商事仲裁及其法律适用研究》,北京大学出版社 2002 年版,第 199 页;刘晓红:《非内国仲裁裁决的理论与实证论析》,载《法学杂志》2013 年第 5 期。

用本公约"予以执行,就是因为根据仲裁地标准,该裁决就是被申请执行国本国的裁决。因此,笔者认为,公约作此规定是着眼于解决问题,其思路似乎是跳过对裁决国籍的确定,而直接要求把在本国进行仲裁,但既不是外国裁决又不认为是本国裁决的"非内国裁决"问题给予解决掉。跳过对裁决国籍的确定,并不等于否认其国籍或认为其没有国籍。至于公约提出非内国裁决的直接原因,是因为在公约制订过程中,"来自英美法系和东欧国家的代表坚持采用仲裁地标准,而一些包括法国和德国在内的大陆法系国家的代表则因袭其国内法传统,以仲裁程序适用法来决定仲裁裁决的国籍。因此,《公约》起草工作小组采取妥协的办法,将仲裁地标准和'非内国裁决'都包含于公约之中"。[①] 这样,公约就把包含大陆法系国家的代表提出的仲裁程序法标准在内的既非在外国领土内作成,受理国又不认为是本国裁决的仲裁裁决,都纳入了公约适用的范围。

联合国国际贸法会《示范法》则采取单一的仲裁地标准,该法规定:"裁决应具明其日期和依照第20(1)条确定的仲裁地点。该裁决应视为是在该地点作出的。"[②]

由于有《纽约公约》和《示范法》的带动,世界上多数国家均采仲裁地标准,如美国、奥地利、瑞典、荷兰、埃及、波兰、保加利亚等。[③] 特别耐人寻味的是,在制定《纽约公约》时坚持仲裁程序适用法标准的法国、德国,在其后修改法律时,也改采仲裁地标准。[④] 德国在解释《德国民事诉讼法典》的备忘录中写道:"《德国民事诉讼法典》第十编的变更是必要的,因为新法遵循了地域原则。今后,在德国作出的裁决受德国法律支配,无论裁决根据哪一个国家的法律作出。在外国作出的裁决为外国裁决,而在德国作出的裁决均为

① 刘晓红:《非内国仲裁裁决的理论与实证论析》,载《法学杂志》2013年第5期。

② 《示范法》第31条第3款。

③ 参见赵秀文主编:《国际商事仲裁法》,人民大学出版社2014年版,第250页;杨弘磊:《中国内地司法实践视角下的〈纽约公约〉问题研究》,法律出版社2006年版,第64页。

④ 修改后的法律即1980年《法国民事诉讼法典》和1998年《德国民事诉讼法典》。

德国裁决。”[①]这说明，仲裁地标准正在为越来越多的国家所接受，“由仲裁地决定仲裁裁决的国籍，已经成为各国立法与实践普遍适用的标准”，“几乎所有国家均采用了地域原则作为确定国际商事仲裁裁决国籍的原则”。[②]

《纽约公约》《示范法》和世界上绝大多数国家之所以以仲裁地作为确定仲裁裁决国籍的标准，一是它符合国家主权原则。因为根据国家主权原则，“主权国家对其领土范围内的一切人和物，均可实施管辖。因此，本国法院对在其境内作出的仲裁裁决，享有撤销的权力”。[③] 二是任何仲裁案件进行仲裁总有仲裁地，故以仲裁地为标准简便易行。三是仲裁地一般由当事人约定，以仲裁地为标准贯彻了当事人意思自治原则。四是以仲裁地为标准能够“避免双重标准所带来的管辖权冲突，防止相互矛盾判决的产生”。[④]

我国作为《纽约公约》参加国，根据国际条约高于国内法的原理，我国确定国际仲裁裁决国籍应当实行仲裁地标准。根据国际商事仲裁的特殊性，从与国际潮流和世界上多数国家的做法相适应的角度而言，我国也应改仲裁机构地标准为仲裁地标准。

（二）仲裁机构标准不仅容易发生管辖权冲突，而且难以解决《纽约公约》项下的“非内国裁决”问题

我国是世界上唯一一个以仲裁机构作为确定裁决国籍标准的国家。由于与《纽约公约》和世界上多数国家的标准不同，因而容易发生管辖权的积极冲突或消极冲突。所谓积极冲突，是指两个或两个以上国家均认为仲裁

---

① Albert Jan Van den Berg, "The German Arbitration Act 1998 and the New York Convention 1958", in Robert Briner et al., eds., *Law of International Business and Dispute Settlement in the 21st Century*, Köln, Carl Heymanns Verlay, 2001, p.789.

② 赵秀文主编：《国际商事仲裁法》，中国人民大学出版社2014年版，第252页。

③ 同上。

④ 参见于喜富：《国际商事仲裁的司法监督与协助——兼论中国的立法与司法实践》，知识产权出版社2006年版，第376页。

裁决是本国裁决的情况。比如,我国某仲裁机构对一仲裁案在埃及作成裁决,根据我国规定的仲裁机构标准,该裁决为中国裁决,中国法院具有异议管辖权;埃及依其仲裁地标准也认为是本国裁决,其法院也享有管辖权,这就发生了管辖权的积极冲突。所谓消极冲突,是指适用不同国籍标准的两个国家都不认为一个裁决属于本国裁决。在这种情况下,当事人若要申请法院追诉,就会投诉无门。比如,某外国仲裁机构在中国某城市作成了仲裁裁决,有关国家依其仲裁地标准不认为是他本国的裁决,而中国依仲裁机构标准也不认为是本国裁决,这就发生了仲裁裁决的国籍无法确定,两个国家都不管的消极冲突。

不仅如此,我国实行的仲裁机构标准还难以解决《纽约公约》项下的"非内国裁决"问题。前已述及,"非内国裁决"就是"在裁决执行地法院所在国作出,但既不是本国裁决又不是外国裁决的裁决"。[①] 例如,国际商会仲裁院根据当事人的约定,在中国北京作成的仲裁裁决,如按照仲裁地标准,该仲裁裁决为中国国籍。但由于中国以仲裁机构所在地作为确定国籍的标准,国际商会仲裁院总部在法国巴黎,因而中国认为该仲裁裁决是法国裁决而不是中国裁决。而对于法国来说,由于其采仲裁地标准,因而认为该裁决是中国裁决而非法国裁决。该仲裁裁决对中国来说,就是非内国裁决。

我国对《纽约公约》项下的非内国裁决能否予以承认和执行,无论理论上还是实践上均有不同认识。在理论界,有的学者认为:"可直接适用《纽约公约》第1条第1款关于'也适用本公约'的规定予以承认和执行。"[②]也有学者认为:"根据我国加入公约时所作的关于'中华人民共和国只在互惠的基础上对在另一缔约国领土内作出的仲裁裁决的承认和执行适用该公约'的

① 刘晓红:《非内国仲裁裁决的理论与实证论析》,载《法学杂志》2013年第5期。

② 参见赵秀文:《中国仲裁市场对外开放研究》,载《政法论坛》2009年第11期。

互惠保留声明,非内国裁决不能在我国承认和执行。”[①]在司法实践中,非内国裁决既有被我国有关法院承认和执行的案例,也有被我国有关法院不予承认和执行的案例。前者如国际商会仲裁院对申请人瑞士德高钢铁公司与被申请人宁波市工艺品进出口有限公司买卖合同纠纷案,在北京作出的仲裁决定。浙江省宁波市中级人民法院在对裁决的承认和执行进行审查后认为,我国已经加入《纽约公约》,在符合公约和我国相关法律规定的情况下,应当承认和执行该仲裁裁决。遂于 2009 年 4 月 22 日裁定承认和执行该仲裁裁决。[②] 后者如国际商会仲裁院对德国旭普林国际有限责任公司与无锡沃可通用工程橡胶有限公司之间的纠纷,在上海作出的仲裁裁决。江苏省无锡市中级人民法院审查后层报最高人民法院审查,认定该案件仲裁条款因未明确约定仲裁机构,而于 2006 年 7 月 19 日裁定驳回旭普林公司申请承认和执行仲裁裁决的请求。[③]

对非内国裁决能否承认和执行的问题虽然存在不同认识,但我国主流观点认为:根据我国在 1986 年 12 月 2 日加入《纽约公约》时所作的关于“中华人民共和国在互惠的基础上对在另一缔约国领土内作出的仲裁裁决的承认和执行适用该公约”的互惠保留声明,非内国裁决并非“在另一缔约国领土内作出的仲裁裁决”,因而我国自然不能予以承认和执行。从前述的由江苏无锡中院审查并报经最高人民法院审定的法院不予承认和执行的旭普林一案中可以看出,最高人民法院持的也是这种观点。

对非内国裁决不能在中国承认和执行的问题,国际仲裁界有关人士早已关注并提出意见。2001 年国际商会仲裁院主席罗伯特 · 布里纳在国际仲

---

① 宋连斌、王珺:《国际商会在中国内地仲裁:准入、裁决国籍及执行——由宁波中院的一份裁定谈起》,载《西北大学学报》(哲学社会科学版)2011 年第 3 期。

② 中华人民共和国浙江省宁波市中级人民法院民事裁定书〔2008〕甬仲鉴字第 4 号。

③ 中华人民共和国江苏省无锡市中级人民法院民事裁定书〔2004〕锡民三仲字第 1 号;最高人民法院《关于德国旭普林国际有限责任公司与江苏沃可通用工程橡胶有限公司申请确认仲裁协议效力一案的请示的复函》〔2003〕民四他字第 23 号。

裁研讨会期间，在接受我国记者采访时说："从全球范围来看，法院对仲裁越来越持宽松、支持的态度，因此国际商会仲裁院作出的仲裁裁决法院都能承认和执行。但在中国，根据中国目前的《仲裁法》，只有《仲裁法》规定的仲裁委员会和中国国务院批准的仲裁委员会作出的仲裁裁决，法院才予以承认和执行。所以，按照国际商会仲裁院仲裁规则组成的仲裁庭在中国大陆如北京所作出的仲裁裁决，中国法院是否承认和执行，一直都不明确，这不仅增加了仲裁成本，而且造成当事人诸多不便。"①我国也有学者早已指出："我国《仲裁法》没有采纳仲裁地这一概念，而是以仲裁机构所在地决定仲裁与特定国家法律制度之间的联系，与国际社会通行实践严重背离，也产生了诸多难以克服的实践难题。"②

我国不能承认和执行非内国裁决，不仅阻碍了外国仲裁机构到我国仲裁，影响我国为仲裁提供服务的第三产业的发展(后文论及)，而且使我国司法机关对外国仲裁机构在我国领域内进行的仲裁丧失统一管控和司法监督的权力。虽然，我国不能承认和执行《纽约公约》项下的非内国裁决的直接原因是我国作的保留声明，但根本原因在于我国采取了与《纽约公约》和绝大多数国家相背离的国籍标准。如果我国改采仲裁地标准，该问题就会迎刃而解：因为根据仲裁地标准，凡在中国领土内作出的仲裁裁决，无论其仲裁机构是哪一国的，都是中国裁决，中国法院都有权予以撤销审查和执行审查。

(三)仲裁机构标准既不利于我国公民就近仲裁，又不利于我国仲裁服务业的繁荣发展

中国早已是对外贸易大国。随着对外开放的扩大和"一带一路"战略的

---

① 高菲：《面向全球的 ICC 国际仲裁院——访国际商会国际仲裁院主席罗伯特·布里纳》，载《法制日报》2001 年 8 月 9 日，第 9 版。

② 万鄂湘、于喜福：《论仲裁地的概念及其法律功能》，载《中国仲裁与司法》2004 年第 2 期。

实施,我国企业走出去的步伐还将加快,国际经济投资贸易纠纷也会增多。因此,中国当事人会越来越多地主动或被动地将涉外的商事纠纷提请国际仲裁机构仲裁,其中不少人会希望把中国作为仲裁地。但是,我国现行的仲裁裁决国籍标准,却对外国仲裁机构到中国仲裁造成了严重阻碍,因为它将造成仲裁裁决不被承认国籍的消极冲突。这对于境外仲裁机构并不造成多大损害,最终损害的是参与仲裁的中国当事人的利益:他们为此不得不远赴境外参与仲裁,增加许多无谓的成本和风险。① 与此同时,仲裁机构标准还不利于我国仲裁服务业的繁荣发展。仲裁作为自治性、民间性纠纷解决机制,当事人可以自愿约定仲裁地,在当事人没有约定的情况下仲裁机构也可以决定仲裁地,许多著名的国际仲裁机构的仲裁规则都有类似规定。② 据此,外国仲裁机构可以根据当事人约定或办案需要,选择在中国仲裁,中国仲裁机构也可以选择到外国仲裁。国际仲裁在全球范围内的这种流通性和一体性,既有利于为当事人提供较多的选择,便利其参与仲裁,也有利于促进相关国际仲裁服务业的繁荣发展。如果我国仲裁法律制度能够为外国仲裁机构到中国仲裁提供便利,则对我国有多方面的益处:一是有利于我国当事人在自己国家仲裁,节省出境的时间和费用;二是有利于增加我国的仲裁服务收入,包括外国仲裁员和外国当事人在我国仲裁期间的吃、住、行、购物等开销;三是有利于改善我国投资贸易环境,并促进我国国际投资和贸易的发展。因为仲裁作为商事纠纷解决机制,它是为商事活动服务的,良好的仲裁条件和环境,是商事活动繁荣发展必不可少的条件,只有具备良好的仲裁条件和环境的地方,商事活动才能进一步繁荣发展。当然,方便外国仲裁机构到中国仲裁,也会导致外国仲裁机构在中国争夺仲裁案源,从而使中国仲

---

① 参见李庆明:《境外仲裁机构在中国内地仲裁的法律问题》,载《环球法律评论》2016 年第 3 期。

② 如 1998 年《国际商会仲裁院仲裁规则》第 14 条、1998 年《伦敦国际仲裁院仲裁规则》第 16 条、2005 年《美国仲裁协会国际仲裁规则》第 13 条、2007 年《新加坡国际仲裁中心仲裁规则》第 18 条、2007 年《瑞典斯德哥尔摩商会仲裁院仲裁规则》第 20 条以及 1976 年《贸法会仲裁规则》第 16 条等,都有类似规定。参见赵秀文:《中国仲裁市场的对外开放》,载《政法论坛》2009 年第 6 期。

裁机构面临案源挑战。但是,如果我国进一步加快仲裁国际化进程,仲裁环境包括法制环境进一步得到改善,那很多外国当事人也会选择中国仲裁机构仲裁。同时,通过国际竞争,还可以提高中国仲裁机构的国际竞争力,中国仲裁机构也可以到外国去仲裁。回顾我国加入WTO以来的历程,正是由于我国参与国际市场的竞争,我国经济才能进一步发展壮大。商贸领域是如此,为商贸服务的仲裁领域也是如此,我们没有必要对此顾虑重重,裹足不前。总之,我国应当顺应全球仲裁制度的发展趋势,修改严重背离国际社会主流实践的仲裁裁决国籍确定标准,使案件当事人和外国仲裁机构都愿意到中国仲裁,从而为我国仲裁服务业的繁荣发展创造良好的制度环境。

三、改革我国裁决国籍确定标准的具体设计

改革我国的国际商事仲裁裁决的国籍确定标准,在法律制度上要作以下修改完善:

(一)明确规定仲裁地为仲裁裁决国籍的确定标准

笔者建议,在《仲裁法》"涉外仲裁的特别规定"这一章中,"增加'裁决国籍条款',明确规定'仲裁地在中华人民共和国领域内的裁决为中国裁决'"。①

(二)修正仲裁裁决分类标准

按照我国现行法律的规定,除香港、澳门特别行政区及我国台湾地区外,我国内地将仲裁裁决分为国内仲裁裁决和国际仲裁裁决,其中国际仲裁裁决又分为我国仲裁机构所作的具有涉外因素的仲裁裁决(涉外裁决)和外国仲裁机构在中国领域外所作的仲裁裁决(外国裁决)。仲裁裁决国籍标准

---

① 宋连斌、王珺:《国际商会在中国内地仲裁:准入、裁决国籍及执行——由宁波中院的一份裁定谈起》,载《西北大学学报》(哲学社会科学版)2011年第3期。

修改后,我国内地应将仲裁裁决分为中国裁决和外国裁决两大类,"凡是在我国境内作出的裁决都应当是我国裁决;凡是在我国境外作出的裁决都应当是外国裁决"。[①] 中国裁决又可分为纯国内裁决和涉外裁决,其中涉外裁决又包括中国裁决机构在内地作的具有涉外因素的裁决和外国仲裁机构在中国作出的裁决。为此,《仲裁法》和《民事诉讼法》中以仲裁机构作为裁决国籍标准的表述,一律改为以地域(仲裁地)为标准的表述,如将2015年《民事诉讼法》第258条(现第274条)中的"中华人民共和国涉外仲裁机构作出的裁决"的表述修改为"涉外仲裁裁决";将第267条(现第283条)中的'国外仲裁机构的裁决'的表述修改为"外国仲裁裁决"。[②]

(三)明确规定法律上仲裁地的确定办法

将裁决国籍标准由仲裁机构地标准改为仲裁地标准,仲裁地的确定就具有重要意义。它决定裁决的国籍,并进而决定哪国法院有权对裁决进行撤销审查,决定法院是依据本国法律还是依据《纽约公约》对裁决进行审查。但是,仲裁地又分为地理上的仲裁地和法律上的仲裁地。地理上的仲裁地,是指仲裁机构进行仲裁实际的地理位置,地理上的仲裁地可能涉及多地;法律上的仲裁地,是指当事人通过仲裁协议约定或仲裁机构确定的作为认定仲裁裁决国籍的仲裁地,它只能有一处。早期的仲裁,由于受交通、通信等条件的限制,法律上的仲裁地与地理上的仲裁地是一致的。随着交通、通信的发展,一个仲裁案件可以在多地分别进行开庭、听取证人证言、专家意见和当事人陈述,进行评议、作出裁决等活动,这就需要确定其中的哪个地方作为认定仲裁国籍依据的法律上的仲裁地。同时,一些当事人为了确保仲裁裁决不被撤销和得到顺利执行,也需要选择一个自己认为比较信得过的国家的法院对裁决实施管辖,这就出现了法律上的仲裁地与地理上的仲裁

① 赵秀文:《民诉法关于国际仲裁规定的不足与完善》,载《法治研究》2013年第9期。

② 同上。

地分离的现象。用于确定仲裁裁决国籍的仲裁地是法律上的仲裁地,而非地理上的仲裁地。当事人或仲裁机构选择确定法律上的仲裁地时,除了考虑便利当事人和仲裁员外,还会考虑该国是不是《纽约公约》成员国,该国的仲裁司法审查制度是否宽松,以便在仲裁活动遇到困难时得到国籍国法院协助,仲裁裁决不被国籍国法院撤销。

既然法律上的仲裁地可以和地理上的仲裁地分离,且法律上的仲裁地可由当事人或仲裁机构选定,就需要由国家法律及仲裁规则对其确定办法作出规定。借鉴联合国《示范法》及多数国家的规定,建议按以下顺序确定我国法律上的仲裁地:

首先,以当事人仲裁协议约定的仲裁地为仲裁地。因为这是国际社会的主流做法,它体现了对当事人意思自治的尊重。如《示范法》规定:"当事各方可以自由地就仲裁地点达成协议。"①可见,以当事人约定的仲裁地作为法律上的仲裁地是首选。1996 年《英国仲裁法》及其他以仲裁地确定国籍的国家的仲裁法,也都以当事人约定作为确定仲裁地的首选。

其次,以仲裁庭确定的仲裁地为仲裁地。其中有些是当事人授权仲裁庭决定仲裁地;有些是在当事人没有选定的情况下,由仲裁庭综合考虑各方面情况来确定仲裁地。如《示范法》、1996 年《英国仲裁法》、1998 年《国际商会仲裁院仲裁规则》都对此作出了规定。②

最后,以仲裁机构的国籍为仲裁地。早期的仲裁由于交通、通信不便,仲裁机构在世界各地设分支机构的情况也不多,仲裁一般在仲裁机构所在

---

① 《示范法》第 20 条第 1 款。

② 《示范法》第 20 条规定:当事各方可以自由地就仲裁地点达成协议。如未达成这种协议,仲裁地点由仲裁庭确定。仲裁庭在确定仲裁地点时应当考虑案件的具体情况,包括对双方当事人的便利……仲裁庭可以在他认为适当的任何地点会面,以便仲裁员之间合议案件,听取证人证言、专家或当事人意见,或者现场勘验货物、其他财产或文件。1996 年《英国仲裁法》第 3 条规定:"仲裁地由仲裁协议的当事人选定,或者由全体当事人授权仲裁机构、其他机构或个人决定。"1998 年《国际商会仲裁院仲裁规则》第 14 条第 1 项规定:"仲裁地点由仲裁院决定,除非当事人之间另有约定。"

地进行并作出裁决,故仲裁机构所在地就是仲裁地。目前,在依据前两项规则仍不能确定仲裁地的情况下,以仲裁机构的国籍作为仲裁裁决的国籍是合理的。

(四)先在自贸区进行改革试点

要对我国《仲裁法》《民事诉讼法》等法律中的仲裁裁决国籍确定标准作上述修改,需要相当时间。在修改法律前,建议先在自贸区进行以仲裁地作为确定仲裁裁决国籍标准的试点,以便为以后法律的修改和全面实行仲裁地标准积累经验。国务院批准的《进一步深化中国(上海)自由贸易试验区改革开放方案》(以下简称《自贸区改革方案》)明确指出:"进一步对接国际商事争议解决规则,优化自贸试验区仲裁规则,支持国际知名商事争议解决机构入驻,提高商事纠纷仲裁国际化程度。探索建立全国性的自贸试验区仲裁法律服务联盟和亚太仲裁机构交流合作机制,加快打造面向全球的亚太仲裁中心。"该《自贸区改革方案》为在自贸区进行有关仲裁改革试点提供了很好的制度条件,在《自贸区改革方案》出台后,香港国际仲裁中心、国际商会仲裁院、新加坡国际仲裁中心等国际知名仲裁机构,已先后在上海自贸区设立代表处或仲裁办公室。因此,作为为"自由贸易"提供解决纠纷服务的仲裁,在"试验区"进行以仲裁地作为仲裁裁决国籍确定标准的试验,不仅是合乎逻辑的,也是必要的。

第三节　当事人异议权默示放弃制度的完善

当事人异议权默示放弃制度,是仲裁中的一项重要制度。我国《仲裁法》对该制度有所涉及,通过《仲裁法解释》的解释和补充,初步形成了制度,但还很不完善。本节就完善该制度进行探讨。

一、当事人异议权默示放弃制度的概念及完善该制度的意义

在仲裁中,根据当事人意思自治原则,当事人对合同项下的纠纷是否提请仲裁、提请何仲裁机构在何地仲裁、仲裁庭的组成、仲裁的程序等,都有约定的权利。当事人约定后,仲裁庭就应按照当事人的约定进行仲裁。如果仲裁庭不遵守约定,当事人有权提出异议。同时,当事人也有权放弃异议。对当事人的约定权、异议权和异议放弃权,法律、仲裁庭和法院都应予以尊重。当事人放弃异议,既包括明示放弃,即用明确的语言或文字表示放弃异议;也包括默示放弃,即在规定的提出异议的期限内没有对与约定不符的情形提出异议,并参加或继续参加与约定不符的仲裁程序(如当事人认为仲裁协议无效、仲裁庭无权仲裁,却参加或继续参加仲裁活动),在这种情况下,法律就推定当事人已默示放弃对该情形提出异议的权利。① 因此,仲裁中的"当事人异议权默示放弃制度",②是指当事人明知自己的约定未被遵守,但不提出或未在规定期限内提出异议,仍参加与约定不符的仲裁程序的,法律将其视为当事人已放弃异议权,此后不得以该异议作为抗辩仲裁程序和仲裁裁决的事由的一种法律制度。③

我国《仲裁法》对当事人异议权默示放弃制度有所涉及,该法第20条第2款规定:"当事人对仲裁协议的效力有异议,应当在仲裁庭首次开庭前提出。"但对于当事人如未在"仲裁庭首次开庭前"提出异议的法律后果,《仲裁法》未作出规定。为了弥补立法缺陷,满足仲裁和仲裁司法审查的需要,《仲

① "默示"的"默"是"缄默不语""不说话、不出声"之意,可见它单指语言;就行为来说,"默示"包括不作为的默示和作为的默示。当事人在规定的期限内不提出异议是不作为的默示,参加有违于约定的仲裁程序是作为的默示。

② 除仲裁外,民商事其他一些领域也存在异议权默示放弃制度,本文仅指仲裁中的"异议权默示放弃制度"。

③ 一些国家的法律规定的异议权默示放弃的范围还包括对"法律未被遵守"的异议权的放弃,但笔者主张,根据我国现阶段实际,暂不将其列入异议权默示放弃的范围为宜,其理由将在后文阐述。

裁法解释》第13条规定："依照仲裁法第二十条第二款的规定，当事人在仲裁庭首次开庭前没有对仲裁协议的效力提出异议，而后向人民法院申请确认仲裁协议无效的，人民法院不予受理。"我国《仲裁法解释》第27条还规定："当事人在仲裁程序中未对仲裁协议的效力提出异议，在仲裁裁决作出后以仲裁协议无效为由主张撤销仲裁裁决或者提出不予执行抗辩的，人民法院不予支持。"在这里，司法解释是根据当事人不在规定期限内对仲裁协议效力提出异议这一客观事实，认定当事人已默示放弃对仲裁协议效力的异议权，并明确规定了当事人放弃该异议权在仲裁过程中和仲裁裁决作出后这两个阶段的法律后果，即当事人一旦默示放弃了对该事项的异议权，此后就再也不能对该事项提出异议，不能以该异议作为抗辩仲裁庭管辖权或仲裁裁决的理由，否则，人民法院都不予支持。

但是，我国《仲裁法》和《仲裁法解释》对当事人异议权默示放弃制度的规定仍很不完善，因为除了仲裁管辖异议权可能涉及默示放弃外，其他的异议权如我国《民事诉讼法》第274条规定的当事人对仲裁裁决的多项异议事由，如"仲裁庭的组成或仲裁程序与仲裁规则不符的""裁决的事项不属于仲裁协议的范围的"等，同样可能涉及当事人异议权默示放弃问题，但我国《仲裁法》未对它们作出规定。法院在对有关裁决进行司法审查时，也往往不注意当事人用于抗辩仲裁裁决的这些异议在仲裁过程中有没有提出、当事人有无默示放弃，从而影响了对仲裁司法审查案件的正确处理。因此，有必要对我国仲裁中的当事人异议权默示放弃制度加以完善。

完善当事人异议权默示放弃制度具有重要意义：一是使当事人明确在规定的期限内不行使异议权的法律后果，从而督促当事人按规定及时行使异议权，保障仲裁程序快速顺利进行，实现仲裁的效率价值。二是规制异议权的行使，防止少数当事人滥用异议权拖延、干扰仲裁程序的推进和仲裁裁决的执行，防止和减少仲裁程序和裁决执行中的不诚信行为。三是使仲裁庭和法院有章可循，准确认定异议权的默示放弃，正确处理仲裁中的异议事项和仲裁裁决作出后申请撤销裁决或不予执行仲裁裁决抗辩案件。

二、域外当事人异议权默示放弃制度的立法与实践

国际法律文件和一些国家的立法，对仲裁中的当事人异议权默示放弃制度作出了明确规定。如联合国《示范法》第一章“总则”的第 4 条规定了“放弃异议的权利”，该条规定：“一方当事人知道本法中当事人可以背离的任何规定或仲裁协议规定的任何要求未得到遵守，但仍继续进行仲裁而没有不过分迟延地或在为此订有时限的情况下没有在此时限内对此种不遵守情事提出异议的，应视为已放弃其提出异议的权利。”在各国的立法中，1996 年《英国仲裁法》第 73 条专门对“异议权之丧失”作出规定，该条第 1 款规定：“如仲裁程序的一方当事人参与或继续参与仲裁程序，而没有立即或在仲裁协议约定或仲裁庭允许或本编规定的时间内提出下列异议：a. 仲裁庭缺乏实体管辖权；b. 仲裁程序不适当进行；c. 存在不符合仲裁协议约定或本编规定之情事；d. 存在其他影响仲裁庭或仲裁程序的不规范行为，则其后不得向仲裁庭或法院提出异议，除非证据表明在其参与或继续参与仲裁程序时并不知晓且以合理谨慎无法发现得以提出异议的理由。”该条第 2 款规定：“如仲裁庭作出其有实体管辖权的裁定，而有权对此裁定提出质疑的仲裁程序的一方当事人未提出或未在仲裁协议约定或本编规定的期限内提出，则其后不得以该裁定标的为理由对仲裁庭的实体管辖权提出异议：a. 通过可资利用的仲裁上诉或复审程序提出异议；b. 对裁决提出异议。”1998 年《德国民事诉讼法典》“仲裁程序篇”第 1027 条同样对“异议权的丧失”作出了规定：“一方当事人知道本法中任何可以由当事人减损的条款或者由当事人协议达成的要求在仲裁程序未被遵守而继续进行仲裁却未不过分迟延地对此不遵守情形提出异议，或者在有时间限制的情况下，未在期限内提出异议，则不可以在事后提出异议。”1986 年《荷兰民事诉讼法典》第 1052 条第 2 款规定，参加仲裁程序的当事人应在提交答辩前以没有有效的仲裁协议为由抗

辩仲裁庭管辖权，否则，提交答辩后不得在仲裁程序或法院程序中提出此类抗辩。该法典第1065条第1款规定，参加组成仲裁庭的当事人不得以仲裁庭的组成违反适用规则为由，在仲裁程序和法院程序中抗辩仲裁庭没有管辖权；如果当事人参加仲裁程序时知道仲裁庭没有遵守其委任，但没有援引该理由提出异议，则仲裁庭未遵守其委任不构成撤销裁决的理由。2004年《日本仲裁法》第27条“异议权的放弃”规定：“除非当事人之间对仲裁程序另有协议，一方当事人知道本法中的任何条款或当事人就仲裁程序约定的任何规则（在不涉及公共政策的范围内）没有被遵守而未能毫不迟延地就此不遵守情形提出异议（如果已存在关于提出异议的期限，则在这种期限内），则应被视作放弃了提出异议的权利。”此外，《比利时仲裁法典》第1704条、《瑞典仲裁法》第34条、《美国仲裁法》第23条、《瑞士国际仲裁法》第30条、《奥地利民事诉讼法典》第579条等，均有类似的规定。①

有些国家的立法，虽仅规定了当事人应在实体答辩前提出仲裁协议无效或仲裁庭无管辖权的抗辩，而未明确规定违反该规定就构成对异议权的放弃，但在司法实践中法院还是根据当事人异议权默示放弃的一般原理作出裁判。如法国巴黎上诉法院在波亚松（Boisson）一案中指出：一个参加了全部仲裁程序而未对仲裁协议的有效性提出任何异议的当事人，已经以其行为认可了该协议，因而不能以协议无效为由申请撤销裁决。② 除了仲裁管辖权异议外，在法国法院的实践中，仲裁庭的组成、仲裁员的任命、仲裁裁决超过约定时间、违反正当程序等方面的异议，当事人均必须向仲裁庭提出，

---

① 参见于喜富：《国际商事仲裁的司法监督与协助——兼论中国立法与司法实践》，知识产权出版社2006年版，第370页；钟澄：《论在我国〈仲裁法〉中设置“异议权放弃条款”》，载2008全国博士生学术论坛论文，武汉，2008年10月。

② See Boisson et al. v. stè Totem Holding et al., Court of Appeal, Paris, October 19, 1995. 转引自于喜富：《国际商事仲裁的司法监督与协助——兼论中国立法与司法实践》，知识产权出版社2006年版，第369~370页。

以便仲裁庭有机会予以救济，否则，当事人不能援引该理由申请撤销仲裁裁决。①

许多仲裁机构的仲裁规则明确规定了“异议权放弃条款”。如1976年联合国《贸法会仲裁规则》第30条规定，当事一方知道有不遵照本规则的任何规定或要求行事的情况，仍进行仲裁程序而不迅速声明他对此种不遵照规定或要求行事的情况表示反对，则应视为他已放弃提出反对的权利。1998年《国际商会仲裁规则》第33条规定，参与仲裁的当事人，如果对不遵循本规则或不遵守适用于仲裁程序的其他规则的规定、对仲裁庭的任何提示、对仲裁协议中有关仲裁庭组成的要求或对仲裁程序的进行不提出异议，应视为已放弃其异议权。2007年《斯德哥尔摩商会仲裁院仲裁规则》第31条规定，如果一方当事人在仲裁程序进行期间未能毫不迟延地就不符合仲裁协议本规则或仲裁程序应予适用的其他规则之情事提出异议，则应当视为业已放弃就此等不符提出异议的权利。此外，《伦敦国际仲裁院仲裁规则》《美国仲裁协会仲裁规则》《新加坡国际仲裁中心仲裁规则》等均有类似的规定。

梳理有关国家关于异议权默示放弃制度的立法与司法实践，其特点主要是：(1)异议权放弃的范围主要是三个方面：一是对当事人的约定未得到遵守的异议，如仲裁庭的管辖、仲裁庭组成、仲裁员任命、仲裁事项、仲裁程序、仲裁裁决作出的时间等与当事人约定不符的异议；二是对仲裁规则未得到遵守的异议；三是对违反法律或正当程序的异议，如对仲裁程序违法的异议，对仲裁程序违反正当程序的异议等。(2)据以认定异议权默示放弃的当事人行为有两个：一个是当事人没有在规定的期限内提出异议；另一个是当事人参加或继续参加与法律、仲裁规则及当事人约定不符的仲裁程序。(3)规定了异议权放弃的例外情形，如英国规定的是“证据表明其参与或继续参与仲裁程序时并不知晓且以合理谨慎无法得以提出异议的理由”。

① 参见于喜富：《国际商事仲裁的司法监督与协助——兼论中国立法与司法实践》，知识产权出版社2006年版，第371页。

(4)异议权默示放弃的法律后果是:此后不得在仲裁程序和法院程序中以该异议作为抗辩仲裁程序和仲裁裁决的理由。

此处需要研究的一个问题是:《纽约公约》未对异议权默示放弃制度作出规定,在承认和执行外国仲裁裁决的司法审查中,是否适用异议权的默示放弃制度?笔者认为,《纽约公约》之所以未对异议权默示放弃制度作出规定,是因为《纽约公约》的签订时间早于有关国家的规定。[①]《纽约公约》签订于1958年,而规定了异议权放弃制度的有关仲裁立法均修订于20世纪末、21世纪初。例如,联合国《示范法》制定于1985年并修订于2006年,《英国仲裁法》修订于1996年,《德国民事诉讼法典》修订于1998年,《荷兰民事诉讼法典》制订于1986年,2015年又对仲裁法部分作了修订,《比利时仲裁法典》修订于1998年,《瑞典仲裁法》修订于1999年,《美国仲裁法》修订于2000年。尽管《纽约公约》未规定异议权放弃制度,但国际上一般认为,内国法院在审查外国仲裁裁决时,应当适用内国法规定的异议权默示放弃制度,即如果一方当事人没有在仲裁程序中就仲裁管辖权、适当通知、仲裁程序或仲裁庭组成等提出异议,则在承认和执行外国仲裁裁决阶段不允许再就同一事项提出异议。[②] 这从国外法院的司法实践中也能得到印证。比如,俄罗斯西北地区联邦商事法院认为,未在仲裁中提出管辖权异议的,不能在裁决执行程序中首次提出;[③]西班牙最高法院表示,不可以理解被申请人"现在才

---

① 参见杨良宜、莫世杰、杨大明:《仲裁法——从开庭审理到裁决书的作出与执行》,法律出版社2010年版,第715页。

② See Gary B. Born, *International Arbitration: Law and Practice*, 2nd edition, the Netherlands, Kluwer Law International, 2016, p.392.

③ See Russian Federation: Federal Arbitrazh (Commercial) Court, Northwestern District, 9 December 2004 (Dana Feed A/S v. 000 Arctic Salmon) Yearbook Commercial Arbitration XXXIII (2008) pp.658-665 (Russian Federation no.16).

提出其可以在仲裁时就应提出的理由来反对仲裁协议”;[①]德国柏林高等法院认为,尽管《纽约公约》没有对异议权默示放弃作出规定,但禁止反言也适用于对外国裁决的执行;[②]德国慕尼黑上诉法院在否决被申请人根据《纽约公约》第5条第1款丁项提出的抗辩时,指出被申请人明知仲裁庭之组成与原约定不同,但却没有在仲裁过程中提出反对。[③] 总之,凡规定了当事人异议放弃制度的国家,普遍认为该制度同样适用于对外国仲裁裁决的承认和执行。

三、当事人异议权默示放弃制度的理论根据

国际法律文件和一些国家的法律及司法实践认可当事人异议权默示放弃制度,有充分的理论依据。其理论根据主要是:

(一)“禁止反言”原则

“禁止反言”(equitable estoppel)原则是普通法中依托衡平法理念发展起来的一项重要的法律原则,其本质在于不允许一方当事人通过违背其先前所作出的允诺行为而造成对另一方当事人权益的损害。简言之,就是要言行一致,不得出尔反尔。“禁止反言”原则的理论来源之一是诚实信用原则,根据该原则,当事人在国际商事仲裁程序中应当秉持诚实、信守承诺,正确运用约定权、异议权、异议放弃权、申请撤销裁决权和裁决执行抗辩权,而不能违反善意,为了一己之私翻云覆雨、出尔反尔、不择手段,在认为放弃异

---

① See Spain: Tribunal Supremo, Civil Chamber, 11 April 2000 (Union Générale de Cinéma, SA v. X Y Z Desarrollos, SA) Yearbook Commercial Arbitration XXXIII (2007) pp. 525 – 531 (Spain no. 50).

② See Germany: Kammergericht, Berlin, 17 April 2008 (Buyer v. Supplier) Yearbook Commercial Arbitration XXXIV (2009) pp. 510 – 515 (Germany no. 119).

③ See Germany: Oberlandesgericht, Munich, 15 March 2006 (Manufacturer v. Supplier, in Liquidation) Yearbook Commercial Arbitration XXXIV (2009) pp. 499 – 503 (Germany no. 117).

议对己有利时就放弃异议。而后发现放弃异议对己不利时，又重新提出异议，以此作为抗辩仲裁程序或仲裁裁决的理由。

在国际商事仲裁中，当事人对自己就仲裁有关问题的约定是很清楚的，当仲裁庭的有关行为与自己的约定不符时，就能马上感知。当事人在知道仲裁庭存在与约定不符的情形后，就应当在法律规定或其他有关规定的期限内提出异议。但是，当事人非但没有提出异议，还参加或继续参加与约定不符的有关仲裁程序，这就表明了当事人对与自己约定不符的情形的认可。此后，当事人如果为了拖延仲裁程序、抵赖裁决的执行等目的，又提出了此前在规定期限内未提的异议，作为抗辩仲裁庭管辖权或者仲裁裁决的"理由"，这就构成了当事人对自己在此前没有提出异议并参加或继续参加有关仲裁程序这一行为的"反言"。当事人这种为了拖延仲裁程序、抵赖裁决执行等目的，而不惜出尔反尔、自反前言的做法，既违反了常识和诚信道德规范，又违反了逻辑学中的矛盾规律和"禁止反言"原则，法律应当给以否定的评价。因此，规定当事人异议权默示放弃制度，是贯彻"禁止反言"原则的需要。

（二）尊重当事人意愿原则

尊重当事人意愿原则，又称当事人意思自治原则，它是仲裁制度的基石，也是仲裁法最基本的原则。[①] 根据该原则，对当事人的意愿（约定）必须给以充分的尊重；当事人拥有为捍卫自己意愿（约定）而对违反意愿（约定）的行为提出异议的权利。但在仲裁中，当事人的意愿有时是动态的、变化的，当当事人的意愿在新的情况下发生了变化之后，法律对当事人变化了的意愿同样要给予充分尊重。当事人对与自己约定不符的情形没有提出异议，还参加或继续参加与自己约定不符的有关仲裁程序，这就表明该当事人

① 参见黄进、宋连斌、徐前权：《仲裁法学》，中国政法大学出版社 2008 年版，第 24 页。

原先的意愿(约定)已经发生变化,对与自己约定不服的情形已由原先的持有异议转变为认可或同意,原先的异议权已经放弃。在这种情况下,法律就应尊重该当事人新的意愿,认定其已经默示放弃对与自己约定不符的情形的异议权。就当事人而言,也就不能再以其已经放弃了的异议权作为抗辩仲裁庭管辖权或者仲裁裁决的理由。因此,规定当事人异议权默示放弃制度,是尊重当事人意愿的需要。

也许有人会认为,既然尊重当事人意愿是仲裁法最基本的原则,那么,当事人在对某一事项没有提出异议之后,又"回心转意"或者反悔,想再次行使该异议权的,法律也应予以尊重。笔者认为,当事人的意愿如与他人无关,则其意愿不管怎么变化,他人都无权干涉。但其意愿如涉及他人,对其意愿的尊重就应有个限度,而不能任由当事人的意愿无止境地变化下去,因为在民法领域,法律行为一旦实施,就会发生法律效力,当事人如要变更,就必须经对方当事人同意。同时,在仲裁中,如果当事人意愿因一己之私而变化无常,也与诚实信用原则及随后所述的仲裁的效率价值相悖。

(三)仲裁的效率价值

前已述及,公正和效率是仲裁追求的价值,但与诉讼所追求的"公正优先、兼顾效率"相比,仲裁是在实现最低限度公正的前提下最大限度地追求效率。因此,高效率和低费用是仲裁相对于诉讼的优势所在,也是当事人选择仲裁而不选择诉讼解决其纠纷的重要原因。因此,在实现最低限度公正的前提下最大限度地追求效率,是仲裁的价值追求。"防止不必要的迟延和费用",是仲裁"正当程序原则"的一项重要内容,有些国家还将其写入仲裁法。[①] 为了实现效率价值,法律就要求当事人如有异议应立即提出,以便仲裁庭及时补救,从而确保仲裁的效率,并维护仲裁裁决所应具有的法律效

① 如1996年《英国仲裁法》第33条第1款第6项规定:"根据特定案件的具体情况采取合适的程序,避免不必要的延误或开支,以对待决事项提供公平的解决方式。"

力。否则，如果允许当事人慢慢吞吞、拖拖拉拉，该提异议时不提，时过境迁后又提出异议，使已进行的仲裁程序归于无效，已作出的裁决无法执行，那仲裁的效率价值和"防止不必要的拖延和费用"的追求就不可能实现。为此，各国（地区）法律或仲裁机构的仲裁规则都对当事人异议权的行使规定了期限，在规定期限内如不提出异议，即视为放弃提出异议的权利。[①] 因此，规定当事人异议权默示放弃制度，也是实现仲裁的效率价值、维护仲裁程序正当性的需要。

四、完善我国当事人异议权默示放弃制度的建议

（一）在我国《仲裁法》中规定异议权默示放弃制度，并明确其范围

前已述及，根据外国的立法和司法实践，异议权默示放弃的范围，根据异议对象的不同可分为三个方面：一是与当事人约定不符的；二是违反仲裁规则的；三是违反法律或正当程序的。根据我国《仲裁法》和《民事诉讼法》关于当事人申请撤销仲裁裁决和提出不予执行裁决抗辩事由的规定，与当事人约定不符异议的情形包括：(1)管辖权异议；(2)仲裁庭的组成与当事人的约定不符；(3)仲裁程序与当事人的约定不符；(4)仲裁裁决的事项不属于仲裁协议的范围。[②] 违反仲裁规则异议的情形包括：(1)仲裁庭的组成与仲裁规则不符；(2)仲裁程序与仲裁规则不符。违反法律或正当程序异议的情形包括：(1)当事人因没有得到指定仲裁员的通知或其他不属于当事人负责的原因而未能陈述意见；(2)仲裁程序违法。这里需要研究的是，在我国，是否需要将上述三方面的异议都列入当事人默示放弃的范围？笔者认为，违

---

① 参见赵秀文主编：《国际商事仲裁法》，人民大学出版社 2014 年版，第 198 页。

② "裁决的事项不属于仲裁协议的范围"的情况有的要在裁决作出后当事人才能知悉，但更多的是在仲裁程序中当事人就能知悉，因为仲裁庭对拟裁决事项要进行必要的调查，包括了解有关情况、听取双方当事人的陈述和意见、阅看有关材料，有的还要进行庭审调查和辩论等，因而被当事人感知。当事人知悉这一情况后，就有条件提出异议。

反仲裁规则的异议与违反当事人约定的异议本质上同属一类,因为仲裁规则是供当事人选择适用的,当事人选择了某仲裁规则,那该仲裁规则就成了当事人约定的组成部分。如果该仲裁规则未被遵守,其实质就是当事人的约定未被遵守;如果某仲裁规则未被当事人选择适用,那该仲裁规则即使未被遵守,也不会成为当事人异议的内容。因此,需要研究的是,是否需要把与当事人约定不符的异议、违反法律或正当程序的异议这两个方面都列入我国异议权默示放弃的范围。

根据我国现阶段的仲裁实际,特别是我国民众对仲裁基本知识的了解,列入当事人异议权默示放弃的,仅限于违反当事人约定的异议,而不包括违反法律和正当程序的异议为妥。其理由是,法律既然要求当事人及时行使异议权,如不及时行使就要承担不利后果,那么,当事人就必须以明知存在异议情形为必要。而当事人对自己的约定是心知肚明的,仲裁中只要存在与当事人约定不符的情形,当事人就能立即感知。仲裁庭或法院要认定当事人明知仲裁庭的行为违反了当事人的约定,除了证明当事人约定的证据、证明存在与当事人约定不符情形的证据,以及证明当事人跟与约定不符情形交集的证据之外,不需要其他更多的证据加以证明。在这种情况下,法律要求当事人在规定期限内行使异议权,如不行使就推定其放弃异议权,就有了坚实的基础和科学、合理的依据。而仲裁庭违反法律或正当程序的行为,属于规范层面的问题,如果当事人是个从未接触过仲裁法的普通民众,要让他鉴别仲裁程序是否违反法律或正当程序,会有相当的难度;一些知道仲裁程序违反法律或正当程序的当事人,也会推说自己不知道仲裁程序违反法律或正当程序,仲裁庭或法院要根据证据认定当事人“明知”仲裁程序违反法律或正当程序,会遇到不少困难,并可能造成判断失误。故为稳妥起见,在现阶段,仅把与当事人约定不符的情形列入当事人异议权默示放弃的范围,而不将仲裁程序违反法律或正当程序的事项列入当事人异议权默示放弃的范围为宜。

对“与当事人约定不符”情形的异议权默示放弃,我国《仲裁法》仅对其中的仲裁管辖异议权默示放弃有所规定,其他情形包括仲裁庭的组成与当事人的约定不符、仲裁程序与当事人的约定不符、仲裁裁决的事项不属于仲裁协议的范围等,我国《仲裁法》均未有涉及。笔者建议,在修改完善《仲裁法》时,一是在总则中对异议权默示放弃作出总的规定:“一方当事人明知自己的约定未被遵守,不在规定的期限内提出异议,仍参加或继续参加有关仲裁程序的,视为放弃提出该异议的权利。”二是在分则中,除了对管辖异议权默示放弃作出规定外,还对其余的与当事人约定不符情形的异议权默示放弃作出规定。

(二)缩短当事人提出管辖权异议的期限,并对其他异议的期限作出规定

当事人不在规定的期限内提出异议,是认定当事人异议权默示放弃的必要条件,故对当事人提出异议的期限作出明确、合理的规定,十分必要。我国《仲裁法》规定的管辖权异议的期限是“在仲裁庭首次开庭前”,而多数国家(地区)规定的期限是在“实体答辩前”或“提交答辩书时”。如《英国仲裁法》第 31 条规定:“仲裁程序开始时,当事人一方关于仲裁庭缺乏实体管辖权的异议,必须不迟于其在程序中就与所异议之仲裁管辖权有关的任何事项的实体予以抗辩之前提出。”《德国民事诉讼法典》第 1027 条规定:“抗辩仲裁庭管辖权应不迟于在提交答辩书时提出。”我国《澳门核准仲裁制度》第 27 条第 2 项规定:“对无管辖权之抗辩,应在被诉人第一份答辩书内或提交该答辩书前提出。”对照域外国家(地区)的规定,我国《仲裁法》规定的“在仲裁庭首次开庭前”提出管辖权异议有所不当,因为:一是它对于不开庭的案件就无法适用;二是仲裁管辖权问题是仲裁需要解决的首要问题,如果管辖权不能确定,那仲裁庭的组成、实体答辩等都徒费工夫和精力;三是当事人对实体问题进行答辩就已经意味着它承认了仲裁庭对于实体问题的管辖权;四是该期限太长,容易被一些当事人用来拖延程序,并导致仲裁员、当

事人徒劳往返。[①] 故应借鉴一些国家(地区)的规定,当事人应“在实体答辩前”提出管辖权异议。

除了管辖权异议外,还有仲裁庭的组成与当事人约定不符的异议、仲裁程序与当事人约定不符的异议、仲裁裁决的事项不属于仲裁协议范围的异议,我国法律也应对当事人提出这些异议的期限作出规定。难以作出明确规定的,也应规定笼统的期限,如要求当事人在知悉“不符”后“及时”或“毫不迟延”地提出异议,最迟必须在仲裁裁决作出前提出异议。

(三)明确当事人异议权默示放弃的构成要件

异议权是仲裁当事人的一项重要权利,能否准确地认定当事人异议权的默示放弃,是关系到当事人在此后所行使的异议权是否有效、当事人用以抗辩仲裁程序和仲裁裁决的理由是否成立的重大问题。因此,必须明确当事人异议权默示放弃的构成要件。其要件为:

1. 仲裁中存在与当事人约定不符的情形。这是异议权默示放弃的前提条件。如果仲裁中不存在与当事人约定不符的情形,自然不存在异议及异议权默示放弃的问题。

2. 当事人明知自己的约定未被遵守。这是异议权默示放弃的主观要件。其明知的内容主要包括:(1)明知自己未订有仲裁协议或虽订有仲裁协议但协议无效、失效或不能执行,因而仲裁庭没有管辖权,但仲裁庭却实施了管辖;(2)明知仲裁庭的组成与自己的约定不符;(3)明知仲裁程序与自己的约定不符;(4)明知仲裁的事项不属于仲裁协议的范围。

3. 当事人因自身原因未在规定的期限内提出异议,并参加或继续参加与当事人约定不符的有关仲裁程序。这是异议权默示放弃的客观要件。例如,当事人在明知自己没有订立仲裁协议、但仲裁庭却实施管辖、进行仲裁

① 参见王红松:《仲裁法存在的问题及修改建议》,载《北京仲裁》2004 年第 2 期。

活动的情况下,没有提出异议,还参加或继续参加有关仲裁活动;当事人在明知仲裁庭的组成与自己约定不符的情况下,没有提出异议,还向仲裁庭提供材料、陈述意见、参加仲裁庭主持的庭审等活动;当事人在明知仲裁程序与自己的约定不符的情况下,没有提出异议,还参加或继续参加仲裁程序;当事人在明知仲裁事项不属于仲裁协议范围的情况下,没有提出异议,还围绕该事项提交材料,参加对该事项的庭审调查和辩论等。

这里需要研究的是,“当事人因自身原因未在规定的期限内提出异议”与“参加或继续参加与当事人约定不符的有关仲裁程序”是两个行为,前者是不作为,后者是作为。要认定当事人默示放弃异议权,是要两个行为齐备,还是只要一个行为即可?笔者认为,应根据不同情况作出规定:(1)如果规定的当事人行使异议权的期限是明确、具体的,即明确规定了时间节点,如规定“在实体答辩前”“在仲裁庭首次开庭前”等,则在证据能够证明当事人明知自己的约定未被遵守的前提下,只要具有前一个行为,即“因自身原因未在规定的期限内提出异议”即可。因为在这种情况下,只要规定的时点一过,仲裁庭或法院认定其默示放弃异议权,其证据过硬,无可争议。(2)如果规定的当事人行使异议权的期限是模糊、笼统的,如规定“及时提出异议”等,则要根据审查主体的不同区分为两种情形:一种是在法院审查仲裁裁决异议时,在有证据能够证明当事人明知自己的约定未被遵守的前提下,只要当事人因自身原因未在仲裁裁决作出前提出异议,即可认定其默示放弃了异议权。因为在法院审查仲裁裁决异议时,仲裁程序都已成为过去,当事人有无在仲裁程序中提出异议都已清楚,不存在需要进一步观察、查证的问题。另一种是在仲裁庭审查时,由于仲裁程序还在进行中,当事人是否会在后续程序中提出异议还有待观察,如果仅凭当事人前一行为(未提出异议)就认定其放弃异议,证据显得不够充分,而应同时具备两个行为,以确保认定当事人放弃异议权的可靠性。因为在规定的期限笼统、模糊的情况下,仲裁庭必须首先查明当事人“明知”自己的约定未被遵守的确切时间,然后才能判定当事人有无“及时”提出异议,在这种情况下,由于“明知”是主观范畴的内容,如果仅有“当事人因自身原因没有及时提出异议”这一“不作为”行为,而没有“参加或继续参加有关仲裁程序”这一“作为”的行为,就有可能导致认定异议权默示放弃不准。因此,为可靠起见,应同时具有两个行为为宜。

4. 不存在足以推翻认定当事人异议权默示放弃的反证,这是异议权默示放弃的证据要件。认定当事人异议权默示放弃是适用推定的结果,而推定是以推理为基础的间接事实认定,具有“可假性”,因此,适用推定必须符合“无反证推翻”这一条件。虽然,对符合上述三个要件的情形认定为当事人已默示放弃异议权,一般是不会错的,但也不能排除个别例外的情况。例如,仲裁庭的组成虽然违反了当事人的约定,且仲裁庭已进行了由当事人参加的活动,但一方当事人因病未参加该次活动,故该当事人对仲裁庭的组成与当事人约定不符的情况并不明知。当事人明知仲裁庭的行为违反当事人约定后提出过异议,但仲裁庭没有接受,其参加或继续仲裁活动是为了防止仲裁庭偏听偏信或被缺席判决。因此,仲裁庭或法院如要认定当事人默示放弃异议权,就应当听取当事人辩解,并让其提供反证,只有在“无反证推翻”的前提下,才能认定当事人默示放弃异议权。

(四)明确当事人默示放弃异议权的法律后果

我国《仲裁法》仅对当事人提出管辖权异议的期限作出规定,至于当事人在法定期限内不对管辖权提出异议的法律后果,则是由最高人民法院的《仲裁法解释》第 13 条和第 27 条加以明确的。由于该两条的具体内容前面已经叙述,故这里不再重述。笔者认为,司法解释的该两条规定是本应由我国《仲裁法》作出规定的,由司法解释作出该规定有越权之嫌,故建议将司法解释中的该两条内容规定到《仲裁法》中。

同时,对与当事人约定不符的其他事项,当事人没有在规定期限内提出异议,参加或继续参加与自己约定不符的仲裁的程序的,也应明确其法律后果:一是当事人在仲裁程序中逾期提出的异议无效;二是在仲裁裁决作出后,当事人又以其在仲裁程序中没有提的异议,作为申请撤销仲裁裁决或不予执行仲裁裁决抗辩事由的,人民法院不予支持。

(五)明确规定当事人对仲裁裁决行使异议权的条件①

对于当事人可默示放弃的异议,当事人如果要以此作为对裁决申请撤销或提出不予执行抗辩的事由,就必须以当事人在此前的规定期限内提出过异议为前提,因为只有在规定的期限内提出过异议,但仲裁庭没有接受或采纳,那当事人在仲裁裁决作出后申请撤销裁决或提出不予执行裁决抗辩才有理由。因此,在仲裁裁决作出后,当事人申请撤销裁决或提出不予执行裁决抗辩的,必须向法院提供两方面的证据:一是证明当事人的约定未被遵守的证据,这包括证明当事人约定的证据及证明当事人约定未得到遵守的证据。二是证明当事人在规定期限内提出过异议的证据,如向仲裁庭口头提出异议的笔录或电话录音,提出书面异议的复印件,有关电子邮件、传真、短信、微信等。当事人如果提供了上述证据,那说明仲裁庭对当事人的异议没有予以尊重,当事人以此作为抗辩裁决的理由就较为充分。相反,如果当事人不能提供上述证据,那其申请撤销裁决或提出不予执行裁决抗辩就难以得到法院支持。当然,必要时,法院也可以就当事人有无在规定时间内提出过异议、有无参加或继续参加与当事人约定不符的仲裁程序等问题进行核查。

至于对外国仲裁裁决的承认和执行,笔者认为,虽然《纽约公约》因制定、发布的时间较早的原因,未对当事人异议权默示放弃制度作出规定,但是,我国法院在依据《纽约公约》进行司法审查时,仍应适用异议权默示放弃制度。其理由是:首先,无论是本国仲裁裁决还是外国仲裁裁决,当事人异议权默示放弃制度的基本原理是相通的,该制度的理论基础包括"禁止反

① 这里的"对仲裁裁决行使异议权"不是指全部异议权,而仅指仲裁庭的行为违反当事人约定、有可能被当事人默示放弃的那一部分异议权。

言”原则、尊重当事人意愿原则、仲裁的效率价值等也应当是一体适用的，因此，当事人异议权默示放弃制度应同样适用于外国仲裁裁决。其次，《纽约公约》第5条第1款采用了“可以”拒绝(may be refused)承认及执行的措辞，表明法院对存在公约第5条第1款所述情形的仲裁裁决是否拒绝承认和执行拥有裁量权。这是公约贯彻“支持仲裁”理念的一个体现。适用异议权默示放弃制度与《纽约公约》的规定并不相悖，反而有利于体现公约精神，因为适用异议权默示放弃制度有利于裁决的执行。最后，如前所述，域外国家在对外国裁决承认和执行进行司法审查时，也同样适用异议权默示放弃制度。

第四节 重新仲裁制度的完善

重新仲裁，是指“在当事人对仲裁裁决提出异议，经审查认定该仲裁裁决存在瑕疵，且该瑕疵可以通过仲裁庭重新裁决进行弥补修正时，发回仲裁庭进行重新仲裁的制度”。[①] 我国《仲裁法》规定了重新仲裁制度：“人民法院受理撤销裁决的申请后，认为可以由仲裁庭重新仲裁的，通知仲裁庭在一定期限内重新仲裁，并裁定中止撤销程序。仲裁庭拒绝重新仲裁的，人民法院应当裁定恢复撤销程序。”[②]由于法律规定过于原则，最高人民法院《仲裁法解释》第21条至第23条，对重新仲裁的适用范围、重新仲裁与撤销裁决程序的关系、不服重新仲裁的救济等事项作出了规定，[③]增强了重新仲裁的可

---

① 江伟主编：《仲裁法》，人民大学出版社2012年版，第297页。

② 《仲裁法》第61条。

③ 《仲裁法解释》第21条规定：“当事人申请撤销国内仲裁裁决的案件属于下列情形之一，人民法院可以依照仲裁法第六十一条的规定通知仲裁庭在一定期限内重新仲裁：(一)仲裁裁决所根据的证据是伪造的；(二)对方当事人隐瞒了足以影响公正裁决的证据的。人民法院应当在通知中说明要求重新仲裁的具体理由。”第22条规定：“仲裁庭在人民法院指定的期限内开始重新仲裁的，人民法院应当裁定终结撤销程序；未开始重新仲裁的，人民法院应当裁定恢复撤销程序。”第23条规定：“当事人对重新仲裁裁决不服的，可以在重新仲裁裁决书送达之日起六个月内依据仲裁法第五十八条规定向人民法院申请撤销。”

操作性。尽管如此,重新仲裁制度仍然存在一些缺陷:一是在《仲裁法》第七章"涉外仲裁的特别规定"中,没有关于涉外仲裁裁决可以重新仲裁的规定,且《仲裁法解释》第21条规定的可以重新仲裁的两种情形只在纯国内仲裁中才有,涉外仲裁中并不具有,致使仲裁法学界对涉外仲裁裁决是否可以重新仲裁发生争议,需要在立法上加以进一步明确。二是重新仲裁的适用范围仍过于狭小,不符合适于重新仲裁的尽量进行重新仲裁的国际趋势。三是决定重新仲裁的主体限于"人民法院",重新仲裁的主体限于原仲裁庭,[①]都值得斟酌、改进。四是关于重新仲裁的期限为"一定期限"过于模糊,需要进一步明确。因此,重新仲裁制度仍有继续完善的必要。

一、规定重新仲裁优先适用原则

重新仲裁优先适用,是指对存在瑕疵的仲裁裁决应优先适用重新仲裁措施,而不轻易适用撤销仲裁裁决措施。重新仲裁优先适用,是因为重新仲裁与撤销仲裁裁决相比有诸多益处:一是重新仲裁符合纠纷解决机制所应遵循的公正与效率相统一的原则。重新仲裁给予了仲裁庭自我弥补、纠正仲裁裁决中缺陷和错误的机会,维护了仲裁的公正;又避免了撤销裁决所导致的整个仲裁程序无效以及当事人为解决纠纷在时间、经费、精力等方面的再次付出,维护了仲裁的效率,防止了社会资源的浪费。二是重新仲裁有利于维护仲裁的权威和声誉。重新仲裁可以减少仲裁裁决被撤销的机会,使裁决的缺陷由仲裁机构自己弥补,而不是由外力修正,这无疑有利于维护仲裁的权威和声誉。三是重新仲裁有利于维护仲裁的终局性。通过重新仲裁,使仲裁庭产出合格的产品,并使纠纷在仲裁环节得以解决,这对仲裁的终局性是一种维护。[②] 总之,无论是对当事人、仲裁庭还是社会,适用重新仲

---

① 《仲裁法》和《仲裁法解释》规定的是"仲裁庭",但根据文义理解,这里的"仲裁庭"指的是原仲裁庭。

② 参见江伟主编:《仲裁法》,人民大学出版社2012年版,第297~298页;汪一凡:《法院通知重新仲裁的事由及裁量标准》,载《广西政法管理干部学院学报》2015年第2期。

裁措施都优于撤销仲裁裁决措施。这就决定了对既可重新仲裁又可撤销裁决的仲裁案件应优先适用重新裁决。在国际上，联合国《示范法》与一些国家的立法也体现该原则，如《示范法》第34条第4款规定："向法院申请撤销裁决时，如果适当而且一方当事人也提出请求，法院可以在其确定的一段时间内暂时停止进行撤销程序，以便仲裁庭有机会重新进行仲裁程序或采取仲裁庭认为能够消除撤销裁决理由的其他行动。"《英国仲裁法》第68条第3款规定："除非法院认为将裁决发回仲裁庭重新仲裁是不合适的，否则，法院不应行使撤销裁决或宣布裁决全部或部分无效的权力。"我国由宋连斌、黄进起草的《中华人民共和国仲裁法（建议修改稿）》对重新仲裁优先适用原则作了如下规定："法院受理撤销裁决的申请后，除非认为争议事项不适于发回仲裁庭重新仲裁，不应行使全部或部分撤销裁决的权力。"[①]这一建议，反映了仲裁法学界的愿望。

二、进一步明确重新仲裁的适用范围

重新仲裁的适用范围，包括两个方面：一个是重新仲裁适用的案件范围；另一个是重新仲裁适用的事由范围。前者指哪些类型的案件可以适用重新仲裁，后者指仲裁裁决具有哪些情形可以适用重新仲裁。这两方面的适用范围，都有明确或进一步明确的必要。

（一）明确重新仲裁适用的案件范围

我国《仲裁法》第61条对国内仲裁裁决适用重新仲裁作了规定，但在该法第七章"涉外仲裁的特别规定"中，没有关于涉外仲裁裁决可以重新仲裁的规定。据此，有观点认为：涉外仲裁案件是否可以重新仲裁的问题不无疑问。加上最高人民法院《仲裁法解释》第21条仅对国内仲裁裁决的重新仲

① 宋连斌、黄进：《中华人民共和国仲裁法（建议修改稿）》，载《法学评论》2003年第4期。

裁作出解释，而未对涉外仲裁裁决的重新仲裁作出解释，这就更加深了对涉外仲裁案件能否重新仲裁的疑问。

笔者认为，重新仲裁同样适用于涉外仲裁案件，其理由是：

首先，重新仲裁是撤销的替代性措施，凡法院有权撤销的仲裁案件类型，都是重新仲裁适用的案件类型范围。重新仲裁被包含于撤销程序之内，是仲裁裁决被申请撤销而未被撤销之前的一种救济手段，也是撤销的替代性措施。也就是说，重新仲裁案件大多是符合撤销条件的，只是为了维护仲裁的终局性和权威性，提高效率、节约资源，才决定重新仲裁的。法院决定重新仲裁后，仲裁庭如拒绝重新仲裁，该裁决一般会被法院撤销。因此，凡法院有权撤销仲裁裁决的案件类型，都属于重新仲裁适用的案件类型范围。①

其次，《仲裁法》第七章是涉外仲裁有别于国内仲裁的"特别规定"，"特别规定"未涉及的，应适用国内仲裁的一般规定。《仲裁法》第七章的章名是"涉外仲裁的特别规定"，所谓"特别"，就是不同于国内仲裁。故对涉外仲裁而言，有需要作出有别于国内仲裁规定的，才在该章作出规定；不需要作出有别于国内仲裁规定的，就不在该章作出特别规定。因此，没有在第七章作出特别规定的，就应适用一般规定中的相应规定。例如，有关撤销仲裁裁决的程序、期限等内容，第七章"涉外仲裁裁决的特别规定"未予涉及，那就应执行审查国内仲裁裁决的有关规定；而对撤销涉外仲裁裁决的条件，由于它不同于国内仲裁裁决，故需要在第七章第 70 条作出有别于《仲裁法》第 58 条的特别规定。因此，不能认为《仲裁法》第七章未对涉外仲裁的重新仲裁作出规定，就认为涉外仲裁案件不是重新仲裁的适用范围。

最后，在司法实践中也不乏涉外仲裁案件被法院决定重新仲裁的案例。如 1996 年 10 月 4 日北京市第二中级人民法院通知中国国际经济贸易仲裁

① 这里就涉外仲裁这类案件是否可以重新仲裁而言，至于具体个案，则要看其是否符合重新仲裁条件，并不是所有可撤销的案件都可以重新仲裁。

委员会对德国五矿公司案[Minmentals Germany Gmbh V. Ferco Steel Ltd (1991) 1 ALL ER (Comm.) 315]重新仲裁。仲裁庭对法院的裁定表示同意,并依照法院的决定,于1997年3月20日对该案件做出了重新仲裁的裁决。[①]该案被称为我国涉外仲裁案件中重新仲裁第一案。

综上所述,重新仲裁是可以适用于涉外仲裁这类案件的,但是法律对涉外仲裁案件能否重新仲裁未作规定,毕竟容易造成误解,同时,由于涉外仲裁案件重新仲裁的事由与纯国内仲裁案件有所不同,故在以后法律修改时,应对涉外仲裁案件的撤销和重新仲裁的有关内容一并作出规定。

(二)进一步明确重新仲裁的事由范围

我国《仲裁法》第61条对重新仲裁的事由只作了"认为可以由仲裁庭重新仲裁的"这一笼统的规定,至于何为"可以由仲裁庭重新仲裁",未予明确。为此,最高人民法院《仲裁法解释》规定:"当事人申请撤销国内仲裁裁决的案件属于下列情形之一的,人民法院可以依照《仲裁法》第61条的规定通知仲裁庭在一定期限内重新仲裁:(一)仲裁裁决所根据的证据是伪造的;(二)对方当事人隐瞒了足以影响公正裁决的证据的。"[②]笔者认为,最高人民法院的这一规定是恰当的,因为证据问题涉及案件实体,对此类问题由仲裁庭通过重新仲裁自行加以修正,其效果比法院撤销裁决要好得多。但这两项规定都仅适用于国内仲裁,而不适用于涉外仲裁。就涉外仲裁而言,应将我国《民事诉讼法》第274条第1款第2项、第3项即"被申请人没有得到指定仲裁员或者进行仲裁程序的通知,或者由于其他不属于被申请人负责的原因未能陈述意见的","仲裁庭的组成或者仲裁的程序与仲裁规则不符的"作为重新仲裁的事由。

1.关于"仲裁庭的组成与仲裁规则不符的"。对该情形能否作为重新仲

---

① 江伟主编:《仲裁法》,人民大学出版社2012年版,第299~300页。

② 《仲裁法解释》第21条。

裁的事由，理论界有不同的观点。一种观点认为，仲裁裁决是由原仲裁庭作出的，而我国《仲裁法》规定的“由仲裁庭重新仲裁”只能理解为由原仲裁庭重新仲裁。如果仲裁庭组成与仲裁规则不符，则原仲裁庭已不具备重新仲裁的条件。① 另一种观点认为：“仲裁庭组成虽然违反了仲裁规则，但并不完全是不可补救的程序性瑕疵，从尊重当事人选择仲裁解决争议的意思出发，应当按照当事人原先约定的仲裁庭重新仲裁。”②

上述两种观点都有相当的道理，但其基础都建立在《仲裁法》第 61 条规定的由“仲裁庭”重新仲裁上。笔者认为，在该情形下由原仲裁庭重新仲裁确实不可取，但由原仲裁机构根据当事人意愿另行组成仲裁庭仲裁并非不能考虑。根据本文前面建议的“重新仲裁优先适用”原则，当当事人对原仲裁庭失去信任之后，如果同意在原仲裁机构按照自己的意愿另行组成仲裁庭进行重新仲裁，其对社会资源的耗费也明显小于撤销仲裁裁决后另行再次仲裁或向法院提起诉讼对资源的耗费，因为原仲裁机构对该案已经有所了解。重新仲裁有利于维护该仲裁机构的权威性，当事人也不必再付出一笔仲裁费或诉讼费。况且，在司法实践中，法院对需要重新仲裁的案件，也是通知仲裁机构而不是直接通知仲裁庭的。因此，在当事人同意重新仲裁的情况下，对该种情形由原仲裁机构依照当事人的约定另行组成仲裁庭予以重新仲裁，是可行的。

2. 关于“仲裁的程序与仲裁规则不符的”。笔者认为，这里的“仲裁程序与仲裁规则不符”，是指仲裁实际进行的程序与当事人约定的程序、仲裁法规定的强制性程序规范不符。但是，“与仲裁规则不符”，其情节有轻重之分，是否无论情节轻重都是撤销或不予执行仲裁裁决的理由，都是这里所研

---

① 参见张霁爽：《重新仲裁制度运行的实证分析——以北京仲裁委员会重新仲裁的 27 个案件为样本》，载《北京仲裁》，2013 年第 3 期；甘翠平：《国际商事仲裁一裁终局性的困境与出路——以重新仲裁为视角》，载《兰州学刊》2013 年第 1 期；朱萍：《涉外仲裁司法审查中重新仲裁之实践检讨与立法完善》，载《法律适用》2011 年第 4 期。

② 梁闫：《我国商事仲裁制度中重新仲裁的启动事由探讨》，载《经济与法》2015 年第 32 期。

究的重新仲裁的理由？笔者认为,还是要区分情节。最高人民法院《仲裁法解释》第20条在解释《仲裁法》第58条中“违反法定程序”时,解释道:“仲裁法第五十八条规定的‘违反法定程序’,是指违反仲裁法规定的仲裁程序和当事人选择的仲裁规则可能影响案件正确裁决的情形。”可见,“仲裁的程序违反法定程序”不是细枝末节的违反,而是关系到案件正确处理的程序上的违反。该解释体现了从严把握撤销事由、支持仲裁的精神。笔者认为,该精神在理解涉外仲裁裁决中的“与仲裁规则不符”时同样适用,故这里的“与仲裁规则不符”是指不符合仲裁规则可能影响案件正确裁决的情形。仲裁程序与仲裁规则不符,极少数出于故意,绝大多数可能是属于过失;在过失中,极少数是由于严重不负责任(重大过失),更多的可能是出于一时疏忽。重新仲裁的主要价值就在于弥补仲裁裁决中的程序性问题。因此,对其予以重新仲裁的理由比前一种事由(仲裁庭组成与仲裁规则不符)还更多一些,总体上是可以由原仲裁机构或仲裁庭重新仲裁的。当然,对这种情形的重新仲裁,一要征得当事人同意;二要由当事人议定是否变更仲裁员或重新组庭。

3. 关于“被申请人没有得到指定仲裁员或者进行仲裁程序的通知,或者由于其他不属于被申请人负责的原因未能陈述意见的”。该种情形与上一种情形相类似,都属于仲裁程序上的问题,且其中多数的可能属于仲裁庭过失(也不排除极少数可能出于故意或意外原因)。在征得当事人的同意的前提下,发回原仲裁机构重新仲裁,同样是可行的。

三、完善重新仲裁的程序

完善重新仲裁程序,包括完善重新仲裁决定主体、审理主体和明确仲裁期限这三方面内容。

(一)完善重新仲裁的决定主体

按照我国《仲裁法》规定,重新仲裁由人民法院依职权决定,毋须征求当事人同意。对此,理论上也有两种观点:一种观点是认同该做法,其理由是"重新仲裁作为仲裁程序的一部分,尽管这一程序是在司法监督程序上开始的,但它建立在当事人协议提请仲裁解决纠纷的基础上,一经选择,当事人即应受仲裁程序的约束。另外,重新仲裁仅是对仲裁裁决中的瑕疵或者某些失误进行纠正,并非另行仲裁,因此,也无须当事人另行订立仲裁协议。所以,法院决定重新仲裁并不违反当事人的意愿。同时,重新仲裁通过补救程序,可以更有效地彻底解决纠纷,符合当事人订立仲裁协议时的意愿,也符合其利益。"①另一种观点是反对该做法,认为由法院依职权决定重新仲裁,"会严重干涉当事人选择仲裁的本意。当事人知道或者至少应该知道他们的处境,所以应该由他们自己决定。在异议程序中,不应该由法院来评判一个案件应该如何来正确解决,它仅仅应该评判异议的理由是否成立。"②

上述第一种观点从阐释我国《仲裁法》有关规定的角度提出自己观点,第二种观点则从当事人意思自治的角度出发提出自己的观点,都有一定的合理性。在国际上,重新仲裁程序的启动也有两种模式:一种是法院依职权决定重新仲裁。采这种模式的有美国、英国等国。③ 另一种是法院自由裁量和当事人申请相结合启动重新仲裁程序。如联合国《示范法》规定以"适当"和"当事人提出请求"作为启动重新仲裁的条件。④ 此外,1998 年《法国民事

---

① 江伟主编:《仲裁法》,中国人民大学出版社 2012 年版,第 300 ~301 页。

② Stefan Riegler, "The Award and the Courts: Remission of the Case from the State Court to the Arbitral Tribunal", in Christian Klausegger et al., eds., *Austrian Yearbook on International Arbitration* 2012, Verlagsbüro, Manz´sche Verlags-und Universitätsbuchhandlung, 2012, p.242.

③ 《美国联邦仲裁法》第 10 条第 a 款第 5 项规定:"法院可以斟酌指示仲裁员重新仲裁";2000 年《美国统一仲裁法》第 23 条第 3 款规定:"法院可以命令重新仲裁"。1996 年《英国仲裁法》第 68 条第 3 款规定:"除非法院认为将裁决发回仲裁庭重新仲裁是不合适的,否则,法院不应行使撤销裁决或宣布裁决全部或部分无效的权力。"可见,英国除规定由法院决定重新仲裁外,还规定重新仲裁程序优先适用。

④ 《示范法》第 34 条第 4 款规定:"向法院申请撤销裁决时,如果适当而且一方当事人也提出请求,法院可以在其确定的一段时间内暂时停止进行撤销程序,以便仲裁庭有机会重新进行仲裁程序或采取仲裁庭认为能够消除撤销裁决理由的其他行动。"参见王哲:《重新仲裁的若干法律问题研究》,载《武汉理工大学学报》(社会科学版)2016 年第 2 期。

诉讼法典》第1059条第4款、2002年《新加坡仲裁法》第48条第3款、2006年《塞尔维亚仲裁法》第60条、2007年修订的《新西兰仲裁法》表1第34条第4款,我国香港特别行政区2010年《仲裁条例》第81节第1款、《俄罗斯国际商事仲裁联邦法》第34条第4款、1999年《瑞典仲裁法》第35条,也都规定除了法院认为具备"适当性"条件外,还要求以"一方当事人请求"为前提。①

借鉴国际组织及外国的立法例,根据我国实际和仲裁法基本原理,笔者认为,一方面,仲裁裁决国籍国法院对本国仲裁裁决进行撤销审查,是代表国家行使司法监督权的行为,法院作为仲裁裁决的监督者,应当有权决定是否对该仲裁案件重新仲裁,这是仲裁所具有的一定的司法性的要求。另一方面,仲裁作为自治性的纠纷解决机制,必须尊重当事人的意愿,重新仲裁虽是原仲裁程序的继续,但它又是撤销程序中一个相对独立的程序,且该程序直接关系到纠纷的实体解决,仅由法院决定而不考虑当事人意愿,也不妥当。因此,要把仲裁的民间性、自治性与司法性结合起来,把法院依法行使职权与尊重当事人意思自治结合起来,特别是在建议优先适用重新仲裁原则、扩大重新仲裁适用范围的思路下,更应注意这两者的兼顾和结合,而不宜取其一端,由单方决定是否重新仲裁。据此,需要修改《仲裁法》关于由法院依职权单方决定重新仲裁的规定,对于当事人申请、法院认为适于重新仲裁的,或者法院认为适于重新仲裁且经当事人同意的,均可由法院决定重新仲裁。

(二)完善重新仲裁的审理主体

我国《仲裁法》规定重新仲裁案件"由仲裁庭重新仲裁",这里的"仲裁庭"指的自然是原仲裁庭。由原仲裁庭重新仲裁总体上是合理的(理由后

---

① 参见张圣翠:《论我国仲裁裁决撤销制度的完善》,载《上海财经大学学报》2012年第1期;王哲:《重新仲裁的若干法律问题研究》,载《武汉理工大学学报》(社会科学版)2016年第2期。

述)，但在建议优先适用重新仲裁、扩大重新仲裁适用范围的思路下，都由原仲裁庭重新仲裁就不尽合理，如前述的“仲裁庭的组成与仲裁规则不符”“被申请人没有得到指定仲裁员或者进行仲裁程序的通知”，如果当事人认为此系仲裁庭故意所为或严重不负责任，因而对原仲裁庭已经失去信任的，就不宜由原仲裁庭重新审理，而宜更换仲裁员或重新组成仲裁庭。有的案件中，由于仲裁员因病、出国等原因也需更换仲裁员。因此，重新仲裁应以原仲裁庭审理为原则，以更换仲裁员或重新组成仲裁庭审理为例外，[①]具体应由仲裁机构在听取当事人意见后作出决定。如果决定更换仲裁员或重新组成仲裁庭，则应按我国《仲裁法》规定的程序进行。重新仲裁之所以要以原仲裁庭审理为原则，主要有三方面原因：首先，它有利于维护仲裁的效率价值。因为原仲裁庭熟悉案情，有条件较快地进行重新仲裁。而另行组成的新仲裁庭对案件不熟悉，需要重新阅卷、听证、调查、开庭等，会造成仲裁资源的浪费，不符合仲裁的效率价值。其次，它体现了对当事人意愿的尊重。因为原仲裁庭是根据当事人意愿组成的，故除当事人反对由原仲裁庭重新仲裁外，不宜轻易地因为重新仲裁而变更当事人最初的选择。最后，重新仲裁的本意是给予仲裁庭一个弥补自身瑕疵、自我纠错的机会，由原仲裁庭自行补救有利于体现重新仲裁的初衷，[②]也有利于使原仲裁庭组成人员知道自己原来错在哪里、为什么错和怎样纠正，从而提高仲裁水平。

(三)明确重新仲裁期限

我国《仲裁法》第61条只规定仲裁庭要在“一定期限内重新仲裁”，最高人民法院《仲裁法解释》也未对重新仲裁的期限作出规定，这不利于保证重新仲裁的效率，故应对重新仲裁的期限作出规定。

---

① 更换仲裁员与另行组成仲裁庭不同，前者只更换仲裁庭中的一两名仲裁员而不更换全部；如果是独任仲裁庭，那么就只能重新组成而不能更换。

② 参见王哲：《重新仲裁的若干法律问题研究》，载《武汉理工大学学报》(社会科学版)2016年第2期。

根据我国《仲裁法》第60条的规定,人民法院审理申请撤销仲裁裁决案件的期限是2个月。对重新仲裁案件,由原仲裁庭重新仲裁的,由于仲裁庭熟悉案情,以1个月内作出重新仲裁裁决为宜;对于需要更换仲裁员或重新组成仲裁庭的,由于更换和组庭需要时间,新仲裁员或仲裁庭须从头开始熟悉案情,一般要较长时间才能作出裁决。如《中国国际经济贸易仲裁委员会仲裁规则》第48条规定:仲裁庭应在组庭后6个月内作出裁决书。据《中国国际商事仲裁年度报告》(2015)显示,贸仲委2015年每案平均办案时间是组庭后143天。可见由新仲裁庭重新仲裁所需时间确会较长,但考虑到重新仲裁案件前期已经花去不少时间,重新仲裁所占时间以3个月为宜。重新仲裁的期限从仲裁机构收到法院重新仲裁裁定书次日起算。对于仲裁机构拒绝重新仲裁的,仲裁机构应在15日内回复法院,并通知双方当事人。

第五节　仲裁裁决司法审查其他制度的完善

国际商事仲裁裁决司法审查制度的完善,除了前三节的裁决国籍确定标准的完善、当事人异议权默示放弃制度的完善、重新仲裁制度的完善以及安排在其他章节里论述的仲裁第三人合法权益保护制度的完善、法院内部请示报告制度的完善外,还有以下几个具体制度需要完善。

一、明确"违背社会公共利益"属于撤销和不予执行涉外裁决的事由

我国《仲裁法》第70条规定:当事人提出证据证明涉外仲裁裁决有2015年《民事诉讼法》第258条(现第274条)第1款规定的情形之一的,经人民法院组成合议庭审查核实,裁定撤销。第71条规定:被申请人提出证据证明涉外仲裁裁决有2015年《民事诉讼法》第258条(现第274条)第1款规定

的情形之一的,经人民法院组成合议庭审查核实,裁定不予执行。可见,《仲裁法》关于撤销和不予执行涉外仲裁裁决的事由,都只援引了《民事诉讼法》第274条的第1款,而没有援引该条的第2款,即“人民法院认定执行该裁决违背社会公共利益的,裁定不予执行”。据此,“违背社会公共利益”是否属于撤销和不予执行涉外仲裁裁决的事由似乎存在疑问,有观点认为,根据《仲裁法》,人民法院不再具有审查涉外仲裁裁决是否违反“社会公共利益”并据此拒绝执行裁决的权力。理由为:“《仲裁法》作为特别法,其效力大于普通法,《仲裁法》取消了《民事诉讼法》赋予人民法院的这项权能。”①

笔者认为,“违背社会公共利益”应当属于撤销和不予执行涉外仲裁裁决的事由,其理由为:

1. 对违背社会公共利益的裁决可以撤销或不予执行,是各国通用的一项制度。因为“公共政策(我国的‘社会公共利益’)这一概念,自从13世纪面世以来,无论在什么样的历史时期,无论在什么国家,始终被作为各国立法上的一项基本原则。之所以如此,因为它可以直接服务于各国统治阶级需要的政治、经济和法律制度的基本原则。”②故《纽约公约》《示范法》和各国仲裁法等法律,都将公共秩序条款作为不予承认和执行仲裁裁决的事由。如果认为我国对涉外仲裁裁决的撤销和不予执行可以不适用该事由,于理不通。

2. 对涉外仲裁裁决不审查“社会公共利益”事项,会造成对不同种类仲裁裁决司法审查的不平衡。违反社会公共利益的仲裁裁决,外国可能有,我国同样可能有;我国仲裁机构作出的国内裁决可能有,我国仲裁机构作出的涉外仲裁裁决同样可能有。在我国,法院审查国内仲裁裁决要适用社会公共利益条款,审查外国仲裁裁决也要依据《纽约公约》或有关条约适用公共秩序条款,而唯独审查涉外仲裁裁决可以不适用该条款,这也是讲不通的。

---

① 参见高菲:《中国海事仲裁的理论与实践》,中国人民大学出版社1998年版,第463页。

② 赵秀文主编:《国际商事仲裁法》,中国人民大学出版社2014年版,第259页。

如果作此理解，则不仅会造成审查涉外仲裁裁决事由与审查纯国内仲裁裁决事由、外国仲裁裁决事由间的不平衡，而且与《民事诉讼法》第 274 条产生了直接的矛盾，因为我国《民事诉讼法》第 274 条整个条文（包括第 1 款和第 2 款）都是针对涉外仲裁裁决的执行而规定的。

3. 我国 1991 年制定的《民事诉讼法》第 260 条就已经将“违背社会公共利益”规定为不予执行涉外仲裁裁决的事由，然而，3 年后（1994 年）制定的《仲裁法》在规定审查国内仲裁裁决应审查社会公共利益条款的同时，对涉外仲裁裁决排除了对“违背社会公共利益”事由的适用。

综上所述，笔者认为，立法者在规定我国《仲裁法》第 70 条、第 71 条时没有援引 2015 年《民事诉讼法》第 258 条（现第 274 条）第 2 款，其本意并非是对涉外仲裁裁决司法审查时不能适用“违背社会公共利益”事由，而可能是出于疏漏。为此，建议修改《仲裁法》第 70 条、第 71 条的规定，将“社会公共利益”事由规定为人民法院审查涉外仲裁裁决时应当依职权主动予以审查的内容。

二、完善“没有仲裁协议”事由

根据我国《仲裁法》第 70 条、第 71 条援引的我国《民事诉讼法》第 274 条的规定，“当事人在合同中没有仲裁条款或者之后没有达成书面仲裁协议”，是撤销或不予执行仲裁裁决的事由之一。笔者认为，仲裁协议事由除“没有仲裁协议”之外，还应当包括仲裁协议不成立、无效、失效、内容不明确无法执行。因为仲裁协议无效、失效、内容不明确无法执行的前提是有仲裁协议，它与“没有仲裁协议”具有明显区别。在仲裁司法审查实践中，有关仲裁协议的争议，“仲裁协议无效、失效、内容不明确无法执行”的情形也多于“没有仲裁协议”的情形。《纽约公约》第 5 条、联合国《示范法》第 35 条，也都将“仲裁协议无效”规定为拒绝承认和执行仲裁裁决的事由。为了弥补我国《仲裁法》和《民事诉讼法》的上述缺陷，增强法律的可适用性，最高人民法院《仲裁法解释》第 18 条将“没有仲裁协议”解释为“是指当事人没有达成仲裁协议。仲裁协议被认定为无效或者被撤销的,视为没有仲裁协议”。在这里,最高人民法院实际上作了扩大解释,该解释用了“视为”一词,也说明“无效”、“被撤销”与“没有仲裁协议”所存在的区别。最高人民法院《民事诉讼法解释》第 215 条用了“仲裁协议不成立、无效、失效、内容不明确无法执行”的措词,同样是为了弥补《民事诉讼法》第 274 条的缺陷。因此,为了准确用语,使仲裁协议事由完整和周延,建议将“仲裁协议无效、失效、内容不明确无法执行”与“没有仲裁协议”一并规定为撤销和不予执行涉外仲裁裁决的事由。[①]

三、将“仲裁机构无权仲裁”规定为法院主动查明事项

我国《民事诉讼法》第 274 条第 1 款第 4 项将“裁决的事项不属于裁决的范围”和“仲裁机构无权仲裁”规定在一起,作为需由当事人“提出证据证明”不予执行仲裁裁决的事由。但是,“裁决的事项不属于仲裁协议的范围”与“仲裁机构无权仲裁”是性质完全不同的两种情形:前者系当事人约定,即未被当事人授权而不应执行,它需由当事人举证证明;后者系违反国家关于可仲裁范围的强制性规定而不予执行,它应由法院依职权主动进行审查。当今国际法律文件和世界各国都以各自不同的方式规定了本国的可仲裁事项,并将其列入法院依职权主动审查的范围。因此,《纽约公约》与联合国《示范法》都将“仲裁裁决与仲裁协议范围不符的”,与“仲裁裁决不具有可仲裁性的”分别加以规定,前者由当事人举证证明,后者由法院主动查明。世界各国的立法也都将“争议的可仲裁性”问题与“公共政策”问题一并列入法院主动审查的范围。

为此,笔者建议,将我国《民事诉讼法》第 274 条规定的“裁决的事项不

---

① 根据现行法律规定,我国不存在“仲裁协议被撤销”的情形,故“民事诉讼法的解释”没有再用“撤销”一词。

属于裁决的范围”与“仲裁机构无权仲裁”这两种情形分开规定，即将前者仍规定于该条第1款，后者规定于该条第2款，前者应由当事人举证证明，后者与“违背社会公共利益”事由一样，都由法院依职权主动查明。与此同时，我国《仲裁法》第58条、我国《民事诉讼法》第237条规定中，关于撤销和不予执行国内仲裁裁决的这两项内容也应作相应的修改。

四、协调好撤销仲裁裁决与不予执行仲裁裁决的关系

无论是对国内仲裁裁决还是对涉外仲裁裁决，我国法律都分别规定了撤销和不予执行这两道司法监督程序，且两道程序的事由完全相同。据此，一些当事人就采取先后提出撤销申请和不予执行异议的办法，以拖延仲裁裁决的执行；有些仲裁案件还可能因撤销裁决与执行裁决的管辖法院不同而作出相互矛盾的裁定。我国学界也曾就撤销和不予执行两项制度并存问题产生过争议，有观点认为：“同时设置撤销制度和不予执行制度，构成了对仲裁裁决的双重司法监督，且二者没有实质性的差别，二者取其一即可。”①

笔者认为，法院对仲裁裁决进行撤销和不予执行的双重审查，是各国的通行做法，不能“二者取一”，但必须协调好二者的关系。为了防止当事人适用撤销制度和不予执行制度两次对仲裁裁决提出异议，拖延仲裁裁决的执行，浪费国家司法资源，最高人民法院《仲裁法解释》第26条规定：“当事人向人民法院申请撤销仲裁裁决被驳回后，又在执行程序中以相同理由提出不予执行抗辩的，人民法院不予支持。”这一解释弥补了立法的部分缺陷。但是，根据立法和司法解释的权限划分，该解释的内容应当规定到《仲裁法》之中；同时，先申请撤销、被驳回后又提出不予执行抗辩的做法已被司法解释所不许，但对于先提出不予执行抗辩，被驳回后又申请撤销裁决的做法，

① 罗芳：《论仲裁裁决撤销制度与不予执行制度的协调》，载《山西大同大学学报》（社会科学版）2015年第6期。

司法解释尚无规定，一些当事人也会采取这种方法表达不满，故意干扰仲裁和司法审查秩序。为此建议，将最高人民法院已作的上述解释的内容规定到《仲裁法》和《民事诉讼法》之中，同时还应规定："当事人在执行异议被人民法院驳回后，不得以相同理由申请撤销仲裁裁决，否则，人民法院不予受理。"

本章小结

1. 仲裁裁决一经作出，就具有法律效力，包括既判力和执行力。但仲裁裁决的既判力和执行力不是绝对的，为了保障仲裁裁决的公正性和公信力，各国都规定了仲裁裁决的异议制度，允许当事人向法院提出撤销裁决申请或不予执行裁决抗辩，由法院审查后决定对裁决是否予以撤销或不予承认和执行。法院审查国际商事仲裁裁决的重要特点之一是法律关系复杂，它往往涉及国际条约（如《纽约公约》）、外国法（不少案件会涉及多个外国法律）和本国法，需要法院认真、审慎地查明。

2. 确定仲裁裁决国籍对于当事人、仲裁庭、法院都有重要意义。就法院而言，确定了仲裁裁决的国籍，就确定了哪国的法院有权对裁决进行撤销审查，并为仲裁提供保全、取证等协助，还确定了法院司法审查的类型和法律依据。根据我国《仲裁法》《民事诉讼法》规定的精神，我国实际上以仲裁机构所在地作为确定仲裁裁决国籍的标准，该标准与《纽约公约》及世界上多数国家所持标准相背离，产生了诸多弊端，应予修改完善。笔者建议，改仲裁机构所在地标准为仲裁地标准，同时明确仲裁地的确定办法，其顺序依次为当事人约定的仲裁地、仲裁庭确定的仲裁地、仲裁机构地，以便与世界主流立法相协调。在法律修改前，可先在自由贸易区进行以仲裁地作为裁决国籍确定标准的试点。

3. 在仲裁中,当事人对自己的约定未被遵守的情形,有提出异议的权利,也有放弃异议的权利。放弃异议包括明示放弃和默示放弃。如果当事人对自己的约定未被遵守的情形未在规定期限内提出异议,还参加或继续参加与自己约定不符的仲裁程序,根据“禁止反言”原则、尊重当事人意愿原则和仲裁的效率价值,即可认定该当事人已默示放弃提出异议的权利。异议权一旦放弃,就不得再以该异议作为反对有关仲裁程序和仲裁裁决的理由。我国《仲裁法》和《仲裁法解释》仅对管辖权异议规定了默示放弃制度,但对其他异议事项未作规定,应当予以修改完善。笔者建议,将当事人约定未被遵守的情形,包括仲裁庭没有管辖权、仲裁庭的组成与当事人的约定不符、仲裁程序与当事人的约定不符、仲裁裁决的事项不属于仲裁协议的范围等,规定为异议权默示放弃的范围,并规定当事人对各情形提出异议的期限,明确异议权默示放弃的构成要件和法律后果。当事人以可默示放弃的异议作为申请撤销裁决或不予执行裁决抗辩事由的,应以其在规定的期限内提出过异议为前提。

4. 对适于重新仲裁的案件予以重新仲裁,有利于兼顾仲裁公正与效率相统一的价值,维护仲裁的权威性、终局性和仲裁庭声誉。我国《仲裁法》规定了重新仲裁制度,但过于原则。为了增强可操作性,《仲裁法解释》作了些解释,但仍存缺陷,应予修改完善。笔者建议,规定重新仲裁优先适用原则;明确重新仲裁可以适用于涉外仲裁,并适当扩大适用范围;完善重新仲裁的决定主体和审理主体;明确重新仲裁的期限。

5. 除了上述需要完善之处外,我国《仲裁法》关于仲裁裁决司法审查的规定还存在一些缺陷,如没有把“违背社会公共利益”规定为撤销和不予执行涉外仲裁裁决的事由;“没有仲裁协议”事由表述不完整;将“仲裁机构无权仲裁”误规定为需由当事人举证的事由;撤销裁决与不予执行裁决之间的关系也还需要进一步协调等。为此建议:明确规定法院审查涉外仲裁裁决应当审查是否“违背社会公共利益”;将“没有仲裁协议”事由修改为“没有仲裁协议或者仲裁协议无效、失效、内容不明确无法执行”；将“仲裁机构无权仲裁”规定为法院主动审查事项，并协调好撤销仲裁裁决与不予执行仲裁裁决的关系，以增强立法的科学性。

第六章　仲裁司法审查体制机制的完善

要完善仲裁司法审查制度，除了要完善前面第三章、第四章、第五章所阐述的仲裁协议、仲裁程序、仲裁裁决司法审查的法律制度外，还需完善法院自身用于仲裁司法审查的体制、机制，使之更符合司法规律。因为“徒法不足以自行”，“良法”还需“善治”，法院对国际商事仲裁进行司法审查，有赖于一套先进、完善、符合司法规律的司法审查体制、机制；要完善国际商事仲裁司法审查制度，同样需要一套先进、完善、符合司法规律的司法审查体制、机制。这样，国际商事仲裁司法审查才能有效运作，并充分发挥其职能作用，取得好的效果。因此，本章旨在针对法院自身用于仲裁司法审查的体制、机制所存在的问题，从仲裁司法审查办案制度、仲裁司法审查工作机制、仲裁司法审查管理体制三个方面对该问题展开阐述。

第一节　仲裁司法审查办案制度的完善

仲裁司法审查办案制度，是指法院对国际商事仲裁案件进行司法审查的制度。我国国际商事仲裁司法审查办案制度，需要完善的主要有仲裁案件统一归口审查制度、内部请示报告制度，以及外国法查明和研究制度，现分别予以阐述。

一、健全仲裁案件统一归口审查制度

（一）统一归口审查的必要性

前已述及，目前人民法院对国际商事仲裁司法审查案件存在分散审查的情况，除了涉外商事审判庭外，立案庭、民事执行庭均有权审查某些涉外仲裁司法审查案件。对这种分散审查的状况，存在一些弊端，必须予以改革完善。

首先，分散审查造成裁判尺度不统一，难免影响司法审查的质量。国际仲裁司法审查案件具有诸多不同于一般民商事诉讼案件的特点，如涉及外国法律，办案依据复杂；适用不同的标准，即适用《仲裁法》和国际条约规定的标准，而不是适用诉讼审判的标准；适用与诉讼不尽相同的程序等。由于仲裁司法审查案件分散于不同法院不同的业务庭，一些法官对此类案件接触少，对其特殊性不太了解，相关法律也不熟悉，在各级人民法院各业务庭相互之间缺乏沟通的情况下，不同的业务庭对同一个法律问题往往各有各的理解，各有各的把握尺度，从而可能造成不同法院、不同业务庭对同一类案件或同一个法律问题作出不同的认定和处理，裁判尺度很不统一，这难免影响司法审查案件的质量。同时，由于仲裁司法审查案件一审终审，不允许当事人上诉和检察机关抗诉，一旦出现错案，就缺乏有效救济手段，这就使得裁判尺度不统一所造成的案件质量问题无法得到救济，这既不利于保护当事人合法权益，更有损司法公正和公信力。

其次，分散审查造成政出多门或互相推诿，难免影响上级人民法院对国际仲裁司法审查工作的监督指导。上级人民法院负有对下级人民法院审判工作监督指导的职责，这种“监督指导”在很多情况下是要通过上级主管业务部门来实现的。对国际仲裁司法审查案件分散审查，必然影响上级人民法院对该项工作的有效监督指导。一是分散审查造成数据统计难、情况汇总难、综合分析难,这难免影响对国际仲裁案件司法审查工作的综合分析、统筹谋划和综合指导。二是分散审查使各有关部门都有权对国际仲裁司法审查工作提出意见要求,这难免政出多门;在有些情况下,有关部门又可能等待观望、互相推诿,希望其他部门来研究、指导该问题,从而造成好事争着干、难事互推诿的状况。这两种状况,都难免影响对下级人民法院国际仲裁司法审查工作的指导,并造成该指导不指导或政出多门及基层人民法院无所适从的不良后果,这难免影响全国法院仲裁司法审查工作的正确有效开展。

最后,分散审查造成信号不一,难免影响国际仲裁事业健康顺利发展。就需要司法审查的仲裁案件而言,仲裁和司法审查是国际商事纠纷处理中前后相继、相互连接的两个环节,司法机关无论是对仲裁个案的支持还是否定,都会给仲裁部门传递一个信号,仲裁部门就会根据这些信号来调整政策、改进工作,以便在法律理解、政策把握、工作要求等方面主动与法院对接,从而使自己对案件的仲裁结果最大限度地得到法院的肯定和支持。司法审查对仲裁的引导、保障和促进功能,就是通过法院传递的这一个个信号来实现的。但是,法院传递的信号必须正确一致、相互协调,而不能时东时西、相互矛盾。而法院对国际仲裁分散审查所造成的裁判尺度不统一和政出多门,给仲裁部门传递的就很可能是时东时西、互不协调甚至相互矛盾的信号,这难免影响国际仲裁事业的健康顺利发展。

综上所述,法院对国际商事仲裁案件必须改分散审查为统一归口审查,即由涉外商事审判庭统一审查国际商事仲裁案件。

(二)统一归口审查的可能性

前文阐述的是国际仲裁案件实行归口审查的必要性,这里再分析实行归口审查的可能性,因为必要性只有与可能性有机结合,才能进行改革完善。归口审查的可能性主要表现在：

首先，最高人民法院对分散审查所存在的弊端已看得比较清楚，并已进行归口审查的试点。早在2010年，最高人民法院沈德咏常务副院长在第三次全国涉外商事海事审判工作会议上的讲话中就指出：仲裁案件分散审查，“导致各行其是，缺乏统一的裁判标准，这些都严重影响了我国司法在国际国内的公信力……有效利用涉外审判庭在仲裁司法审查中的专业及经验优势，整合仲裁司法审查的审判力量，统一进行国内、国际仲裁的司法审查。”①在2014年沈德咏常务副院长在第四次全国涉外商事海事审判工作会议上，又重申了“探索将国际国内仲裁司法审查案件同一归口涉外商事审判处理”的要求。为了落实领导同志的要求，近几年一些高级人民法院如广东省高级人民法院、江苏省高级人民法院、内蒙古自治区高级人民法院等，已在归口审查方面进行了改革试点，均取得了较好的效果。

其次，归口审查并不增加工作总量，却能解决原分散审查所存在的诸多弊端，实现司法资源的优化配置。因此，改分散审查为归口审查是一项有利无害的改革举措，只要方案合理，认识是容易统一的。

最后，目前各地高级人民法院都设有涉外商事审判庭，各地中级人民法院也基本上设有涉外商事审判庭，且为该审判庭配备了较强的审判力量，这为归口审查提供了组织保证。当然，在归口审查后，法院要根据任务情况，给该部门增配必要的审判力量。

（三）统一归口审查的具体意见

1. 凡需要人民法院进行司法审查的国际商事仲裁案件，均由有关中级

① 沈德咏讲话参见最高人民法院《情况通报》2010年第10期，第9～10页。

人民法院的涉外商事审判庭审查。① 通过归口涉外商事审判庭,可以实现集中管辖与归口管辖的有机结合。②

2. 实行立、审分离。对于涉外仲裁管辖权异议案件,人民法院立案庭受理后,应当转涉外商事审判庭审查,因为此类案件涉及涉外仲裁协议效力的审查认定。对于不涉及仲裁的人民法院管辖权异议案件,仍由立案庭负责审理。

3. 人民法院受理一方当事人起诉后,有关审判庭发现涉外案件中有仲裁协议的,应当将案件转涉外商事审判庭审查。

4. 实行审、执分离。人民法院执行庭办理的当事人申请执行涉外仲裁裁决的案件,被申请人提出不予执行抗辩,或者执行庭认为执行该裁决可能违背社会公共利益的,执行庭应当将案件移送至涉外商事审判庭审查。涉外商事审判庭经审查,裁定予以执行或予以承认(认可)和执行的案件,交执行部门执行。

二、改革仲裁司法审查案件内部请示报告制度

我国《民事诉讼法》第154条规定,人民法院作出的各类裁定,除不予受理、管辖权异议、驳回起诉这三种裁定可以上诉外,其他裁定均不得上诉。据此,人民法院对仲裁司法审查案件作出的裁定,除不予受理的裁定和管辖权异议裁定可以上诉外,其他裁定均不得上诉。对此,最高人民法院曾多次通过司法解释、批复强调,如当事人提出上诉、复议或者申请再审,检察院提

---

① 这里的"有关中级人民法院",是指最高人民法院于2002年2月25日下发的《关于涉外民事案件诉讼管辖若干问题的规定》和2004年12月29日下发的《关于加强涉外民商事案件诉讼管辖工作的通知》中规定的中级人民法院。根据我国法律、司法解释的有关规定,涉外商事仲裁司法审查案件,均由有关中级人民法院审查。最高人民法院的这两个文件,是对有权审查涉外案件包括涉外仲裁司法审查案件的中级人民法院的范围作些限制,以确保案件质量。

② 对国际商事仲裁司法审查案件实行归口审查,并不改变原来关于涉外民商事案件集中管辖的规定,因为"集中管辖"回答的是什么样的中级人民法院有权办理涉外民商事案件,而"归口审查"回答的是在有权办理涉外民商事案件的人民法院中,应由哪个业务部门办理国际商事仲裁司法审查案件。

出抗诉,人民法院均"不予受理"。我国《仲裁法》实施后,为了保证涉外仲裁司法审查案件的质量,防止一些中级人民法院在审查国际仲裁案件中对有关法律政策把握不准,最高人民法院建立了内部请示报告制度,规定受理案件的人民法院对于涉外、涉我国港澳台地区的仲裁司法审查案件,如要作出否定性结论的,即拟认定仲裁协议无效(含失效或内容不明确无法执行)、不予承认(认可)和执行仲裁裁决、撤销仲裁裁决的,均需逐级报请最高人民法院审定。该制度对于保证国际仲裁司法审查案件的质量,统一国际商事仲裁司法审查的标准和尺度,维护我国司法权威和司法公信力,彰显我国支持仲裁的政策取向和认真执行《纽约公约》等国际公约的严肃态度,具有重要意义,因而得到了国内外仲裁法学界的高度评价。有关资料显示:自该制度建立以来,全国各高级人民法院向最高人民法院报请的拟否定仲裁协议和仲裁裁决效力的案件,有 30% ~40% 未得到最高人民法院批准。加上高级人民法院不同意中级人民法院的意见而未向最高人民法院请示的案件,中级人民法院拟否定仲裁协议和仲裁裁决效力的请示未被批准的比例更高。[①]但与此同时,学术及实务界一些同志也对该制度提出了质疑。如有观点认为,该制度:一是缺乏程序法依据,且透明性差,当事人无法在监督程序中行使答辩的权利。二是效率低下。逐级上报耗时很长,拖延了国际商事仲裁裁决的执行周期,延后了当事人权益的实现。三是该制度与司法审查"一裁终局"的原则相悖,是一种司法审判制度的倒退现象,故应取消该制度。[②]

笔者认为,对仲裁司法审查案件内部请示报告制度应当予以改革完善。

---

① 参见于喜富:《国际商事仲裁市场竞争机制下国内法院对国际商事仲裁的支持》,载《东岳论丛》2014 年第 4 期。

② 参见刘想树:《中国涉外仲裁裁决制度与学理研究》,法律出版社 2001 年版,第 239 ~240 页。

（一）内部请示报告制度的缺陷

1. 内部请示报告制度违反审级独立原则。人民法院上下级之间是审判监督关系。人民法院依法独立审判，是我国宪法和法律规定的一项重要原则，而审级独立是人民法院依法独立的重要内容。审级独立表明，上下级人民法院在审判具体案件中是相互独立的关系，法院对于本审级管辖的案件依法独立作出裁判，而不受各方面包括上级人民法院的干预。作为上级人民法院，也无权对其下级管辖的案件发表意见，只有当案件按诉讼程序到了该上级人民法院、并由其管辖时，上级人民法院才有权对该案发表意见并作出裁判。而内部请示报告制度却使上下级人民法院之间审级独立和审判监督关系变为行政性的上下隶属、上命下从关系，它要求有关中级人民法院把本应由该院依法独立作出裁判的案件，逐级请示至最高人民法院，并以最高人民法院的意见作为管辖法院的意见对外作出裁判，这明显违反了审级独立原则和上下级人民法院之间的审判监督关系。

2. 内部请示报告制度不符合诉讼原理。其一，仲裁司法审查适用诉讼程序，而诉讼最显著的特点是两造平等对抗，法官在亲历的基础上居中裁判。故两造平等、法官中立、法官亲历和程序性等，都是诉讼的基本要求。但是，内部请示报告制度却在两造都不得上诉的情况下，客观上免费为可能败诉的一方当事人包揽了上诉和申诉，[①]而对对方当事人却连答辩权也没有赋予；案件在高级人民法院和最高人民法院审查期间，对方当事人没有任何发表意见的机会，这是不符合两造平等原则的。其二，诉讼要求法官亲历，即在亲自听取当事人陈述、证人证言，亲自接触和审查证据并形成心证的基础上作出裁判。根据我国《民事诉讼法》第169条的规定，在二审中，合议庭也要“阅卷、调查和询问当事人”，对有“新的事实、证据或者理由”的，还要开

① 参见夏雩：《国际商事仲裁裁决执行机制比较研究》，华东政法大学2014年博士学位论文，第159页。

庭审查,可见,在二审中,法官亲历的程度虽不像一审那么全面、深入,但法官的亲历性仍为法律所强调。但是在内部请示报告制度中,高级人民法院和最高人民法院都实行书面审查,这是不符合司法亲历性要求的。其三,诉讼的特点是让案件当事人参与其中,通过看得见的方式实现公平正义,"公正不仅应当得到实现,而且要以人们看得见的方式实现",这是程序的独立价值所在。但内部请示报告制度却无透明度可言,当事人既看不见,又无权参与其中,无法发表意见。其四,诉讼要求"诉讼证据出示在法庭,案件事实查明在法庭、诉辩意见发表在法庭、裁判结果形成于法庭",但内部请示报告制度却使裁判结论形成于远离法庭的最高人民法院。其五,诉讼案件应当有审限,但内部请示制度却对最高人民法院审查的期限没有规定,故往往造成案件拖延,与仲裁追求效率的价值相悖。

3. 内部请示报告制度与正在进行的司法改革方向相悖。内部请示报告制度,实质是用行政化的手段处理司法案件,体现了我国司法中较为强烈的行政化思维。当前,全国法院正在进行司法体制改革,如为了体现司法亲历性,完善司法责任制和提高办案质量,要求"司法去行政化",改变"审者不判、判者不审"的现象,实现"让审理者裁判、由裁判者负责";要求"案件事实查明在法庭""裁判结论形成于法庭";连本级人民法院的审判委员会,也"主要讨论案件的法律适用问题"。[①] 显然,内部请示报告制度是与司法改革这些要求背道而驰的。

4. 通过最高人民法院包揽全国个案来保证办案质量的做法,终非长久之计。最高人民法院固然要对部分个案进行诉讼程序上的最后把关,但其主要任务应当是谋划工作思路、研究法律适用、制定司法政策、统一司法尺度,保证国家审判权在全国统一正确行使。即使是个案的把关,也应当在法律程序内进行,而不宜在程序外进行。在我国《仲裁法》实施后,为了保证涉

① 参见最高人民法院《关于全面深化人民法院改革的意见——人民法院第四个五年改革纲要》(2014～2018)。

外仲裁司法审查案件的质量,维护我国司法权威和司法公信力,在法律没有规定救济渠道的情况下,作为权宜之计,规定内部请示制度未尝不可,也彰显了最高人民法院高度负责、勇挑重担的担当精神。但是,“抱着的孩子长不大”,这种通过最高人民法院包揽全国涉外仲裁司法案件来保证办案质量的做法,终非长久之计,甚至会产生“上头包揽过多、下头不负责任”的副作用。故必须在诉讼程序内寻找救济的渠道,特别是在当前全面深化改革包括深化司法改革的大背景下,更有对该制度进行改革和转型的必要。

(二)对仲裁司法审查案件建立有限上诉制度的必要性

内部请示报告制度为确保仲裁司法审查案件质量和维护司法权威和司法公信力而设,如今要对该制度进行改革和转型,就必须对仲裁司法审查案件建立有限上诉制度(有限上诉制度的内涵随后阐述)。建立有限上诉制度的必要性主要为:

首先,建立有限上诉制度是纠正一审错误,彰显程序价值的需要。仲裁司法审查很难保证不出现错误,有错误就应当有救济的渠道。内部请示报告制度就是为了防止一审出现错误而设置的,区别在于内部请示报告制度着眼于判前把关,上诉制度着眼于判后救济;内部请示报告制度在诉讼程序之外,上诉制度则在诉讼程序之中。由于判前把关不符合诉讼原理和司法规律,因而需要改为判后救济这一诉讼的通常做法。因此,通过上诉程序的设置,有利于发现并纠正一审裁判中的错误,从而收内部请示报告制度之利,去内部请示报告制度之弊。同时,上诉还具有独立的程序价值,它给了当事人再次表达诉求的机会,通过审级的上移、二审程序的适用,有利于彰显程序的正当性,提高当事人对裁判的认可度。

其次,允许上诉或有限度地上诉是世界上多数国家的做法。有关资料显示,除爱尔兰等少数国家外,无论是大陆法系国家还是英美法系国家,对仲裁司法审查所作的一审裁定,都允许上诉或有限度地上诉。其中有些是无条件地允许上诉，如《日本国仲裁法》第 44 条规定，法院审查当事人关于撤销仲裁裁决的申请后，认为仲裁裁决存在法定撤销事由的，可以撤销仲裁裁决；当事人如不服法院所作的决定，可以即时抗告。[①]《法国民事诉讼法典》第 1501 条规定，对于拒绝承认或者拒绝执行在外国作出的仲裁裁决或国际仲裁裁决的决定，当事人可以向上诉法院上诉。[②] 1998 年《德国民事商事法典》第 1065 条规定，地区高等法院关于是否交付仲裁的决定，撤销裁决、宣告裁决的可执行性或撤销该宣告的决定，“如果这些裁判是以终局判决作出，而对之可以提起上告时，可以向联邦最高法院提出法律抗告”。[③] 2000 年《美国联邦统一仲裁法》第 28 条第 1 款规定，对法院就仲裁程序和仲裁裁决作出的命令或判决，可以提起上诉。[④] 我国澳门特别行政区的《核准仲裁制度》第 37 条、第 39 条规定，对法院就申请确认仲裁协议无效、申请撤销仲裁裁决所作出的裁判，可以向高等法院提起上诉。[⑤] 还有的国家是允许有条件地上诉，如 1996 年《英国仲裁法》第 67 条第 4 款、第 68 条第 4 款规定，对法院就当事人以实体管辖权和严重不规范行为为由，对仲裁裁决所提出的异议所作的决定，当事人上诉“应取得法院的准许”。[⑥]

最后，建立有限上诉制度有利于提高基层人民法院办案能力和水平。在战争中学习战争、在游泳中学习游泳、在市场搏击中学做生意，这是提高队伍素质、能力的重要途径。事物是辩证的，正如，法院院长、庭长批案，其出发点是为了确保办案质量，但是却出现了一线法官责任心下降、上交矛盾、“大家负责、大家都不负责”的情况。最高人民法院包揽过多，也会使基

① 参见张圣翠：《论我国仲裁裁决撤销制度的完善》，载《上海财经大学学报》2012 年第 1 期；朱挺：《论撤销仲裁裁决司法审查不当的救济制度》，上海交通大学 2007 年硕士学位论文，第 15 页。

② 《法国新民事诉讼法典》，罗结晶译，中国法制出版社 1999 年版，第 317 ~318 页。

③ 《德国民事诉讼法》，丁启明译，厦门大学出版社 2016 年版，第 237 页。

④ 参见宋连斌：《国际商事仲裁资料精选》，知识产权出版社 2004 年版，第 441 页。

⑤ 参见朱挺：《论撤销仲裁裁决司法审查不当的救济制度》，上海交通大学 2007 年硕士学位论文，第 15 页。

⑥ 参见宋连斌：《国际商事仲裁资料精选》，知识产权出版社 2004 年版，第 374 页。

层人民法院产生依赖感，有时还会上交矛盾，不仅不利于增强基层人民法院的责任心，而且不一定有利于提高基层人民法院的能力水平和办案质量。建立有限上诉制度，让有关法院和法官身担其责，才能使基层法官不敢懈怠，以临渊履薄的态度去办理每一个案件，并认真学习钻研有关业务，从而提高办案能力水平。

这里需要提及的是，对国际商事仲裁司法审查案件建立有限上诉制度的同时，为了保证国内仲裁司法审查案件质量，对国内仲裁司法审查案件也应建立相应的有限上诉制度。

（三）有限上诉制度的设计

1. 只设上诉程序，不设再审程序。不设再审程序的理由有三：一是通过设置上诉程序，虽不能完全杜绝仲裁司法审查中的错误，但绝大多数错案能够得到发现和纠正。二是仲裁特别注重效率，法院上诉审已是对案件的第三道审查，审查的道数越多，纠纷解决的效率就越低，当事人司法救济的成本就越高。三是如前所述，仲裁司法审查所体现的是“双重关系”，形成的是“双重构造”，所适用的程序与典型的民事诉讼程序存在一定区别，故不必完全照搬民事诉讼程序，在上诉审后再设一个再审程序。因此，为兼顾公正与效率的平衡，达到法律效益最大化，设置上诉程序就已足，而不必再设再审程序。

2. 上诉只限于一审法院对仲裁作出否定性裁定的案件，而不包括法院一审裁定与仲裁部门意见一致的案件。也就是说，只有内部请示报告制度规定的需要请示报告的案件，才可以提出上诉，对于法院一审裁定与仲裁裁决一致的案件，不允许上诉。这是因为法院一审裁定与仲裁裁决一致的案件，发生错误的可能性小，内部请示报告制度也没有将此类案件列入请示范围。故仅允许原需要内部请示报告的案件上诉，就基本达到替代内部请示报告制度的目的。

3. 二审审查的范围仅限于上诉人提出上诉且法律有规定的事由，审查的标准仍然是我国《仲裁法》等法律规定的特定的标准。二审法院只能就上诉人提出上诉且法律有规定的事由进行审查，对上诉事由以外的内容不能审查。因为在法律赋予上诉权的前提下，当事人是否行使该权利，全凭其自行决定，这是当事人意思自治原则的体现。如果对上诉人上诉事由之外的内容进行审查，就违反了当事人意思自治原则。况且，对仲裁案件特别是涉外仲裁案件，本就不是全面审查，而只审查法律规定的特定事项，因此，对于上诉人提出的事由超出法律规定的特定事项范围的，也不予审查。当然，这里需要提及的是，根据我国法律和有关国际条约的规定，对于可仲裁性和公共秩序条款，法院则应主动审查。同时，前已论述，对仲裁案件进行司法审查的标准不是"事实清楚、适用法律正确"这一诉讼审判的标准，而是《仲裁法》等法律为仲裁特定事项规定的特定标准。

4. 参照民事二审的程序进行审查。即二审法院对上诉案件应当组成合议庭，开庭审查。但根据我国《民事诉讼法》第 169 条之规定，合议庭"经过阅卷、调查和询问当事人，对没有提出新的事实、证据或者理由，合议庭认为不需要开庭审理的"，也可以不开庭审查。另外，根据《民事诉讼法解释》第 333 条之规定，对不服一审不予受理、管辖权异议裁定而提出的上诉，二审也"可以不开庭审查"。

（四）保证内部请示制度改为上诉制度后的案件质量

内部请示制度改为上诉制度后，国际商事仲裁司法审查案件质量难免会受些影响，因为从总体上来说，最高人民法院的审判水平总要高于各高级人民法院。同时，原由最高人民法院一个单位把关改为 30 多个高级人民法院把关，司法的统一性会受到影响，这都会影响案件质量。为此，在改为上诉制度后，为保证国际商事仲裁司法审查上诉审案件质量，一要加强裁判文书说理，通过说理来提高案件质量；二要加强裁判文书公开，以公开促公正；

三要深化司法责任制改革，以增强办案人员的责任心；四是最高人民法院要加强对二审案件质量的巡查和二审裁判文书的监督检查，特别是要运用大数据技术进行巡查，及时发现二审存在的苗头性倾向性问题，及时答疑解惑，加强司法解释、政策法律指导和工作指导，使国际商事仲裁司法审查工作平稳健康发展。

三、健全外国法查明和研究制度

办理国际仲裁司法审查案件，往往涉及外国法的查明。根据我国《涉外民事关系法律适用法》的规定，对涉外民事关系所适用的外国法律，人民法院负有查明的职责。[①] 故人民法院办理国际仲裁司法审查案件所涉及的外国法，除当事人选择适用外国法律的应当由当事人提供外，其余均应由人民法院负责查明。同时，当事人提供的其所选择的外国法，也未必是真实准确的，而可能是片面的、仅对己方有利的甚至是相互矛盾的，人民法院也往往要进行核查。因此，加强外国法查明和研究工作，健全有关制度，是人民法院涉外审判包括涉外仲裁司法审查的一项重要的基础的工作，它“既是适用法律手段维护我国主权、安全、发展利益的客观要求，也是依法平等保护中外当事人合法权益的重要保障”。[②]

但是，长期以来，如何准确查明并正确理解、适用外国法，是困扰涉外审判工作包括涉外仲裁司法审查工作的一个难题。因为外国法浩如烟海，要

---

① 《涉外民事关系法律适用法》第 10 条规定：“涉外民事关系适用的外国法律，由人民法院、仲裁机构或者行政机关查明。当事人选择适用外国法律的，应当提供该国法律。不能查明外国法律或者法律没有规定的，适用中华人民共和国法律。”《法律适用法解释》第 17 条规定：“人民法院通过由当事人提供、已对中华人民共和国生效的国际条约规定的途径、中外法律专家提供等合理途径仍不能获得外国法律的，可以认定为不能查明外国法律。根据涉外民事关系法律适用法第十条第一款的规定，当事人应当提供外国法律，其在人民法院指定的合理期限内无正当理由未提供该外国法律的，可以认定为不能查明外国法律。”

② 贺荣：《加强外国法查明研究，提升涉外审判水平——“外国法查明高端论坛”上的致辞》，载最高人民法院民四庭编：《涉外商事海事审判指导》（2016 年第 1 辑），人民法院出版社 2017 年版，第 1 页。

准确查明本已不易,要正确理解和适用更是不易。有些国家的仲裁法已修订多次,要搞清法律发展变化的脉络和变化所体现的思想更是困难。我们中国的法学家和法官,对中国法律的一些条文,也往往各有各的理解,更何况是外国的法律。目前,最高人民法院虽然已会同中国政法大学、西南政法大学等院校建立了外国法律查明中心和研究基地,但工作刚刚起步,任务还相当繁重艰巨。

加强外国法查明和研究工作,健全该制度,需要重点做好以下工作:

一是法律资料(数据)库建设。要收集、汇编、翻译、出版世界主要国家的有关法律和法学论著,并运用现代信息技术手段在全国建成若干法律资料库或法律数据库,做到一查就能查到。同时,还要统筹国内国际两个方面,加强与外国有关法学研究机构、法律服务机构、司法机关的联系,争取与外国有关资料互联互通和共享。

二是外国法查明和研究人才队伍建设。要依托有关查明中心和研究基地,加强外国法查明和研究人才队伍建设。在建设中,要开阔视野,既要汇集国内有关人才,还要网罗世界有关人才为我所用;既要有专职队伍,又要在国内和国际上有兼职队伍,"不求所有,但求所用",以广泛运用国内外的法律人才为我服务。

三是有关的制度机制建设。无论是进行外国法律资料建设还是外国法律人才队伍建设,都要通过一定的制度、机制来规范和落实,并使之持续运行,而不因法院或有关科研机构领导人看法或注意力的改变而改变。例如,法院与有关查明中心如何进行合作,明确各方的权利义务;如何与外国有关法律研究服务机构及法律人才保持联系,使他们的资料和人才能为我所用;如何保证外国法查明和研究的客观性和准确性等,都要通过一定的制度、机制来规范和落实。

四、完善裁判文书说理和公开制度

加强裁判文书说理,不仅有利于提高裁判的权威性和说服力,有利于加强法制宣传教育，更重要的是有利于促使办案人员把案件办准、办公正，使裁判建立在充分的“理”上。因此，要加强裁判文书说理，特别是对当事人争议较大、社会关注度高或者法院与仲裁部门意见相左的裁定，更要深化裁判文书说理，把理说充分、说透彻、说明白。要重视律师代理意见，对于律师依法提出的代理意见未予采纳的，应当在法律文书中说明理由。“要完善裁判文书说理的刚性约束机制和激励机制，建立裁判文书说理的评价体系，将裁判文书说理作为法官业绩评价和晋级选升的重要因素。”[①]与此同时，也要推进裁判文书繁简分流，对事实清楚、当事人争议不大的司法审查案件，要简化文书制作，提高审判效率。

“阳光是最好的防腐剂。”裁判文书公开，可以把裁判文书置于聚光灯下，接受公众的评判和监督，这有助于促进办案人员把案件办准、办公正，把裁判文书写好。因此，要坚持以公开促公正、以透明促廉洁，认真落实裁判文书上网制度，按照“以公开为原则，以不公开为例外”的要求，使依法应当公开的生效裁判文书统一在中国裁判文书网上公布。

第二节　仲裁司法审查工作机制的完善

本节的“仲裁司法审查工作机制”，是指与仲裁司法审查办案工作密切相关，但又不属于第三节“仲裁司法审查管理”的那些制度、机制。主要包括办案数据统计分析制度、与仲裁部门沟通联系机制、与立法工作部门沟通联系机制、国际交流合作机制。

---

① 最高人民法院《关于全面深化人民法院改革的意见——人民法院第四个五年改革纲要(2014～2018)》第34条。

一、完善仲裁司法审查案件数据统计分析制度

数据是领导机关和领导人员衡量工作成败得失、指导今后工作开展的基本依据,"心中有数"中的"数"首先包括数据。但现行的国际仲裁司法审查案件的数据统计分析是个薄弱环节,不仅数据不全,分析更是薄弱,必须予以加强。

一要完善统计栏目。要为国际商事仲裁司法审查单设栏目,将确认仲裁协议效力、采取保全措施、撤销仲裁裁决、认可我国港澳台地区仲裁裁决、承认和执行外国仲裁裁决等都进入统计栏目,防止将仲裁司法审查数据混同于一般的涉外民商事审判数据。同时要把各类案件的受案、结案情况和审查结果分别统计清楚。

二要加强统计分析。统计分析是使统计所得的"死数据"变为"活思想"的关键环节,有了数据不予统计分析,就无法实现通过数据评价工作、指导工作的功能。要通过数据分析,发现国际仲裁司法审查的发展趋势、变化规律、苗头性倾向性问题和成败得失,及时提出加强和改进该工作的意见建议,报告有关部门和有关领导人员,使之成为领导人员决策的重要依据。要借鉴仲裁法学会的做法,每年编制仲裁司法审查年度报告,既充分肯定成绩,又指出不足,促进仲裁司法审查工作一步一个脚印地向前发展。

三要做好与国内仲裁部门统计数据的交流和分析工作。目前法院统计的司法审查数据与仲裁部门统计的仲裁数据互不交流,仲裁部门不知道有多少仲裁案件进入法院司法审查,及其审查结果如何,法院也不知道司法审查案件在仲裁案件总数中占多大比例,每年有什么发展变化,各类案件占比有什么不同、为什么有这些不同。因此,要做好双方数据交流和对比分析工作,为正确处理司法与仲裁之间关系和进一步改进工作提供依据。

二、健全与仲裁部门沟通联系机制

仲裁与司法审查是同一纠纷解决过程中的两道工序,二者互相衔接、互

相依存，后者又对前者实施监督，关系理应非常紧密。但是，由于二者不属同一系统，故缺乏统一、规范、常态化的沟通联系机制。而这种机制的缺乏，又影响了相互间思想的沟通、信息的传递和执法尺度的协调，也影响司法审查功能在更大范围发挥，故应当建立健全二者之间的沟通联系机制。就国家层面而言，最高人民法院要与国家仲裁主管部门和全国仲裁协会建立沟通联系机制，并下发全国各级法院、各仲裁机构参照执行；基层人民法院则要建立与当地仲裁机构及案件所涉仲裁机构间的沟通联系机制。同时，上级人民法院还应有重点地加强与境外有关仲裁机构的沟通联系。

笔者认为，法院应当与国内仲裁部门建立以下沟通联系机制，使国际商事仲裁与仲裁司法审查这两方面工作互促共进。

一是调阅案卷机制。案卷记载着案件的证据资料和仲裁机构办案的过程，法院在审查涉外商事仲裁裁决撤销、执行案件时，调阅仲裁环节的案卷有其必要。因此，法院在受理案件后，即可向办理此案的仲裁机构去函调阅案卷，司法审查结束后及时归还。

二是"一听取两通报"机制。[①] 所谓"一听取"，就是法院在办案中主动听取仲裁庭的意见。要听取意见的主要有两方面内容：一是法院在审查案件中认为存在某些疑问，需要请仲裁人员解释说明的；二是法院经审查，认为仲裁部门所持意见站不住脚，拟作出与仲裁部门相左结论的。对这两种情形，听取原办案的仲裁部门的意见，只有好处没有坏处，它有利于"兼听则明"，真正把案件办准。同时，听取意见的过程，实际上也是双方互相沟通的过程，有利于互相启发、统一认识、共同提高。至于听取意见的方式，则可根据双方距离远近等情况决定，最好当面听取，有困难的也可采取书面或电子通信等方式。所谓"两通报"，是指法院在受理案件后和案件审结后，把受案和结案情况向仲裁部门通报，其中受案后的通报只要向仲裁部门说明根据

---

① 参见谭振亚：《仲裁案件司法审查实证分析——以重庆市第一中级人民法院司法实务为样本》，载《人民司法》2015 年第 19 期。

当事人申请,本院已经受理此案即可;结案后的通报主要说明审查结果和主要理由,并附裁定书。这两次通报,可与借卷、还卷工作结合起来进行。

三是联席会议机制。即法院与仲裁部门的领导人定期碰头、交流情况、通报问题、提出提请对方注意事项,以解决工作中突出问题的机制。为此,法院事先要加强对司法审查典型个案、类案、苗头性倾向性问题、法律适用中的突出问题的分析,向仲裁部门提出加强和改进工作的意见建议。联席会议一般可一年举行一次,遇有重要情况随时举行。通过联席会议,使双方在一些重要问题上统一认识,减少分歧。

四是业务研讨交流机制。如果说联席会议的参加人员主要是双方领导人员,研究的内容侧重于工作思路、重点、策略、原则等的交流的话,那么业务研讨交流机制的参加人员则主要是办案骨干,研讨交流的内容则侧重于业务,如办案经验的交流、疑难问题的破解、专门问题的研讨、法律条文的理解和法律尺度的把握等。这种研讨交流一般可每半年一次,通过研讨交流,统一对业务问题的认识及法律适用。

除了上述沟通联系机制之外,法院和仲裁部门有关人员还要积极参加仲裁法学会的学术活动,加强仲裁法学理论研究,共同为繁荣仲裁法学作出努力,并增强法律共同体的认同。

三、健全与立法工作部门沟通联系机制

人民法院是司法机关,又是对完善立法负有重要责任的机关。应当加强向立法机关的请示汇报,加强与立法工作部门的沟通联系。这里阐述的是与立法工作部门的沟通联系。一是凡作司法解释或答复法律适用的内容,应当事先征求立法工作部门的意见,使司法解释和答复符合立法精神和立法原意。二是要及时报告完善立法的建议,并提供有关典型案例,为我国《仲裁法》及有关法律的修改完善提供充分而鲜活的依据。三是要加强日常沟通联系,特别要及时报告仲裁司法审查中的法律问题,以听取意见,准确

司法。

四、建立国际交流合作机制

对仲裁，西方发达国家是先行者，他们在几百年的发展中已经积累了丰富的经验。与此同时，我国也有后发优势，改革开放40年已经走过了西方百多年时间走过的道路。但与发达国家相比，仍有很大的差距，因而加强国际交流与合作十分必要，它既是学习先进经验、互相协助的需要，也是参与国际仲裁治理、增加中国在国际仲裁中的话语权的需要。为此，一要加强与国际仲裁界、外国法院的联系，及时了解外国仲裁和司法审查的最新动态和发展趋势，开阔视野和思路，并有重点地在外国法查明和研究方面开展国际合作，互相交换有关法律制度文件，必要时还可委托对方协助查明和研究。二要加强出国访问和来访接待，通过互访，既学习先进经验，又宣传中国、推介中国，以增进了解、取长补短。三要会同有关部门积极参与联合国贸法会和国际商事仲裁理事会等组织工作，积极参加国际仲裁峰会和国际仲裁的其他学术活动，以了解外国目前最新成果，追踪国际仲裁理论前沿，增加中国影响力。四要会同有关部门积极参加仲裁国际公约的修改和制订，提升中国的话语权和影响力，逐步增加国际仲裁规则中的中国成色。

第三节　仲裁司法审查管理体制的完善

国际商事仲裁司法审查活动是在有关管理体制下进行的，必然要受有关管理体制的约束。要保证国际商事仲裁司法审查的准确和公正，就必须改革完善有关的仲裁司法审查管理体制。本节所说的“仲裁司法审查管理体制”，主要包括人财物的外部管理体制、司法人员分类管理体制和司法责任制。通过这三方面体制的完善，以保障仲裁司法审查权依法独立行使，促进仲裁司法人员职业化、专业化，提高国际商事仲裁司法审查案件的质量。

一、推进人财物省级统一管理

长期以来，法院的人事由同级地方党委组织部门管理，对领导干部，上级人民法院也只是"协管"，经费则由同级财政负责。众所周知，人财物管理权是极为重要的权力，可以说，谁掌控了该权力，谁就掌控了有关单位及其工作人员的"命门"。法院的人财物由同级地方管理，为一些地方领导人以言代法、以权压法、不当干预法院依法独立审判提供了便利，也很容易使国家设在地方代表国家行使审判权的法院，异化为地方的法院，从而使审判权地方化。当案件所涉及的国家利益、全局利益与地方利益发生矛盾时，法院就很难抵制地方领导人的意志，去维护国家利益和全局利益；当地方有关领导人对案件进行说情、干预时，法院也很难坚持依法公正审判。可以说，在以往国际商事仲裁裁决承认和执行中，一些地方存在的地方保护主义问题，大多是由于法院人财物由同级地方管理这一体制造成的。因此，要使法院依法独立公正地审查国际商事仲裁案件，就必须改革人财物由同级地方管理的体制。为此中央决定：省级以下各级人民法院的人财物由省级统一管理。目前正在分三批进行改革试点，待条件成熟后全面推行。随着这一改革措施的全面实施，审判权地方化问题能得到相当程度的解决，从而为法院依法独立公正地行使国际仲裁司法审查权提供较好的保障。

针对少数领导干部利用手中权力和影响干预插手具体案件的处理，司法机关的一些内部人员受人之托过问他人办理的案件的情况，还要认真贯彻落实中央办公厅、国务院办公厅印发的《领导干部干预司法活动、插手具体案件处理的记录、通报和责任追究规定》和中央政法委员会印发的《司法机关内部人员过问案件的记录和责任追究规定》，以保证法院依法独立行使仲裁司法审查权，提高仲裁司法审查的公正性和公信力。

二、推进司法人员分类管理

司法权是判断权，该权力的行使，关系到社会秩序和公民权利的维护、法治权威的树立及社会的公平正义。它要求司法人员有深厚的法学功底、娴熟的专业技能、丰富的阅历经验和公正的职业品格。因此，法治发达的国家都以职业化、专业化作为法官队伍建设的目标。但是，长期以来，我国对司法人员的管理，在外部，混同于党政机关的普通公务员；在司法机关内部，对审判人员、行政管理人员、专业技术人员也都不加区分地按照公务员这一统一的模式进行管理。这种行政化的管理模式，产生了明显的弊端：一是不利于对高素质人才的吸引。因为入职司法机关，必须经过公务员考试和司法考试，其“门槛”明显高于行政机关，其工作的责任和压力也明显大于一般的行政机关。但现行的工资制度却与行政人员没有什么区别，这不利于吸引高素质人才包括高学历的法学人才到司法机关工作。一些已经进入司法机关的骨干，也在“羽翼丰满”后跳槽从事其他职业。二是不利于专业人才的培养。在法院内部，各类人员无论从事什么工作，都按一个模式来管理，按一个标准来要求，按同一个工资制度来取酬，这难免影响审判队伍的稳定和专业人才的培养。三是不利于职业化、专业化建设。趋利避害是人的本能，行政化的人事管理模式，使一些法官为了解决职级，离开办案岗位去从事行政管理等非业务的工作，这难免影响一些法官把审判作为自己的终身职业来追求和坚守。

因此，对司法人员必须实行能够体现司法职业特点的有别于普通公务员的管理体制。其重要措施之一，就是对司法人员实行分类管理，即把法院的司法人员分为审判人员（法官）、审判辅助人员、司法行政人员三类。在这三类人员中，审判人员必须具有独立办案能力，但以往任命的审判员和助理审判员，不一定直接从事审判工作，有些不一定具有独立办案能力。为了保证审判人员都有独立办案能力，因此，要实行“员额法官”制度，让原来已被任命为审判员或助理审判员，今后愿意在审判岗位工作的人员，参加法官“入额”考试或考核，从中产生员额法官，从而使他们都具有依法独立履行审判职责的能力。

司法人员分类管理最主要的意义就在于促进司法人员职业化、专业化建设，具体而言：一是有利于司法人员的优化配置，使各人根据其专业特长从事相关工作，防止资源配置错位，避免人力资源浪费，从而提高资源配置的整体效能。二是有利于建立符合司法职业特点的职务保障制度，使各类司法人员的薪酬与其成本投入、劳动付出及风险责任大体相适应，从而安心本职，增强法官的职业光荣感和归属感。三是有利于明确各类人员的任职条件、职责任务和预期目标，激励各类人员安心本职、钻研业务，成为本职工作的行家里手，从而促进各类人员的专业化建设。

因此，对司法人员分类管理，是促进司法人员特别是审判人员职业化、专业化建设的重要措施，通过这一改革，有利于提高审判质量包括国际仲裁司法审查案件的质量。

但是，分类管理即使改革到位，也仅是把审判人员与审判辅助人员、司法行政人员区分开来，实现了专业化的第一次分工。而在审判人员中，由于审判种类繁多，如刑事审判、民商事审判、行政审判；在民商事审判中，又有民事与商事的区分，涉外与非涉外的区分，而不同的审判，就有不同的特点和规律。对审理不同类型案件的审判人员，就应有不同的专业化要求。这就像医生，“医生”这一身份仅是把从事救死扶伤、治病救人职业的人同其他职业的人区分开来。在医生中，除全科医生外，又要实行专业分工，如外科、内科、五官科、骨科等；对各科的医生，又进一步细分为若干专科，对各专科的医生，又有专科的要求。同样，对审判人员包括民商事审判人员，也要实行专业再分工。从事国际仲裁司法审查的审判人员，除了对法官的一般要求外，还应具有国际视野，能熟练使用外语，熟悉国际条约和外国法律制度特别是外国仲裁法律制度，掌握仲裁司法审查的基本原理和特点规律，了解国际贸易基本知识。因此,要借分类管理的东风,“高度重视国际化、专业化审判人员的培养,积极支持办理涉外案件的法官参加境外学习培训,为涉外法官参加国际司法交流进一步创造条件,努力打造一支素质高、能力强、视野宽、能够站在国际司法理论和实践前沿的涉外审判高端人才队伍”,①深入推进国际仲裁司法审查人员的职业化专业化建设。

三、完善司法责任制

前已论及,长期以来,各级人民法院针对办案中说情风盛行、司法腐败比较严重、一些法官办案能力不强的实际,为了保证办案质量,采取了院、庭长对案件审核把关(俗称领导批案)和把较多的案件提请审判委员会讨论决定的做法。实践证明,该做法对于抵制对办案的干扰,抑制司法腐败,保证办案质量,维护司法公正,起到了积极作用。但时间一长,又产生了不少弊端:一是办案人员产生依赖思想,不利于提高独立办案能力。二是办案人员为推卸责任而上交矛盾,把较多的案件报领导人“定夺”和审判委员会讨论,这不仅违反司法的亲历性,造成“审者不判,判者不审”,而且造成“大家负责,大家都不负责”,案件一旦出了问题,往往很难把责任落到实处的不良后果。三是一些领导人利用对案件审核把关的机会,不当干预对案件的处理,造成了虽抑制了一线办案人员腐败,却增加了领导人腐败的结果。四是案件层层审批影响效率。为此,在本次司法体制改革中,提出了“完善司法责任制”的要求。

完善司法责任制,最主要的就是要“让审理者裁判,由裁判者负责”。

之所以要“让审理者裁判”,最根本的原因是司法亲历性的要求。“所谓司法亲历性,是指司法人员应当亲身经历案件审理的全过程,直接接触和审

① 罗东川等:《中国内地法官代表参加2015年香港仲裁峰会总结报告》,载最高人民法院民四庭编:《涉外商事海事审判工作动态》2015年第2期。

查各种证据,并对案件作出裁判,以实现司法公正。”[①]司法之所以必须亲历,是因为案件是真假、是非、曲直的矛盾体,且案件都是已经发生的事,案件事实究竟是怎么样的,司法人员根本没有看到过,他们只能凭收集到的证据去认识案件事实,但这些证据有真有假或者半真半假,有些证据互相矛盾,也有些证据能够互相印证。司法人员只有亲历其中,精心审查、甄别、比对这些证据,包括直接听取人证的言辞陈述包括当面的“察言观色”,才能辨别证据的真伪,从而对案件形成心证,作出正确判断。正因为司法人员只有亲历案件,才能对案件作出正确判断,实现司法公正,所以完善司法责任制就必须让“审理者裁判”。

至于“由裁判者负责”的理由则较为简单,因为裁判权是很重要的权力,它关系到当事人的权利,在刑事案件中甚至关系到被告人的自由和生命。根据权责一致原则,司法人员既然行使这么大的权力,那就应当承担相应的责任。因此,“法官在审判工作中,故意违反法律法规,或者因重大过失导致裁判错误并造成严重后果的,应当依法承担违法审判责任”。[②]

但是,司法责任是司法责任追究与司法责任豁免的有机统一。因为司法权是双刃剑,它既可以用来正确区分是非曲直、公正裁判各类案件、维护社会公平正义,也可以用来颠倒黑白、徇私舞弊、祸害百姓,故对滥用、误用司法权造成严重后果的应当依法追究责任。同时,如前所述,司法人员办案要认识的是业已成为过去的案件,他们只能依靠收集到的证据去“回复”案件事实,这一过程非常复杂,要受多方面因素的制约,稍有不慎就会造成错案,如果对错案不加分析地一概追究司法责任,司法人员就会战战兢兢、畏葸不前,不敢依法独立公正地履行职责。还会使司法人员在判案时首先考虑怎样裁判才能使自己最大限度地避免司法风险,从而使判案背离“以事实为根据,以法律为准绳”原则。因此,对于案件虽被审判监督程序改判,但司

---

① 朱孝清:《司法的亲历性》,载《中外法学》2015 年第 4 期。

② 最高人民法院《关于完善人民法院司法责任制的若干意见》第 25 条。

法人员主观方面没有故意或重大过失，或者客观方面没有实施滥用权力故意违法违规行为或重大失职行为的，对有关司法人员不能追究责任，以保障司法权依法独立公正行使。

本章小结

1. 欲完善国际商事仲裁司法审查制度，除了完善前面第三章、第四章、第五章所阐述的仲裁协议、仲裁程序、仲裁裁决司法审查的法律制度外，还需完善法院自身用于仲裁司法审查的体制、机制。因为“徒法不足以自行”，良法还需善治。如果说前面三章完善的目的是为仲裁司法审查提供“良法”，那么，本章完善的目的是为仲裁司法审查提供“善治”。

2. 完善仲裁司法审查办案制度。(1)将一些地方存在的国际商事仲裁司法审查案件由法院多个部门分散审查改为统一归口审查，以防政出多门、裁判尺度不统一，保证案件质量。(2)将国际商事仲裁司法审查案件内部请示报告制度改为有限上诉制度，以解决其违反审级独立原则、不符合诉讼原理、与当前正在进行的司法改革方向相悖、对基层个案包揽过多的问题，并采取有效措施确保制度修改后仲裁司法审查案件质量。(3)健全外国法查明和研究制度，加强法律资料(数据)库建设、外国法查明和研究人才队伍建设，以及有关制度、机制建设，以切实发挥该制度的功效。(4)完善裁判文书说理和公开制度，以促使司法人员把案件办好、办公正，提高仲裁司法审查的透明度和公信力。

3. 完善仲裁司法审查工作机制。(1)完善仲裁司法审查案件数据统计分析制度，通过完善统计栏目、加强数据分析以及与仲裁部门统计数据的交流，发现仲裁司法审查的特点、规律和苗头性倾向性问题，为仲裁司法审查工作的有效开展提供科学依据。(2)健全与仲裁部门沟通联系机制，定期交流、研究工作开展、法律适用等方面遇到的问题，共同研究仲裁法学理论，使国际商事仲裁与仲裁司法审查这两方面工作互促共进。(3)健全与立法工作部门的沟通联系机制，在制定司法解释、答复法律适用问题时主动征求立法工作部门意见，提高适用法律的准确性，并及时报告立法建议和仲裁司法审查中遇到的在适用法律方面的疑难问题，争取支持。(4)建立国际交流合作机制，通过出国访问、来访接待和参加国际学术活动，加强与国外同行的交流和联系，以交流经验、取长补短、开阔视野和思路，并会同有关部门积极参加仲裁国际公约等方面的修订活动，逐步增加中国在国际仲裁立法中的话语权和影响力。

4. 完善仲裁司法审查管理体制。推进省以下法院人财物省级统一管理，以保证人民法院依法独立行使审判权，防止仲裁司法审查中的地方保护主义。推进司法人员分类管理，促进仲裁司法人员职业化、专业化，打造一支有国际水平的仲裁司法审查队伍；完善司法责任制，“让审理者裁判、裁判者负责”，增强司法的亲历性，以提高案件质量。通过这些改革，使仲裁司法审查更符合司法规律，进一步提高仲裁司法审查的公正性和公信力。

参 考 文 献

一、中文著作、编著类

1. [英]艾伦·雷德芬等:《国际商事仲裁法律与实践》,林一飞、宋连斌译,北京大学出版社2005年版。

2. [英]施米托夫:《国际贸易法文选》,赵秀文选译,中国大百科全书出版社1993年版。

3. [法]孟德斯鸠:《论法的精神》(上),张雁深译,商务印书馆1961年版。

4. [美]汉密尔顿等:《联邦党人文集》,程逢如译,商务印书馆1982年版。

5. 陈安主编:《国际经济法学》,北京大学出版社2004年版。

6. 陈治东:《国际商事仲裁法》,法律出版社1998年版。

7. 陈光中:《陈光中法学文选》(第1卷),中国政法大学出版社2010年版。

8. 高菲:《中国海事仲裁的理论与实践》,中国人民大学出版社1998年版。

9. 韩德培主编:《国际私法》,高等教育出版社2000年版。

10. 韩健:《现代国际商事仲裁法的理论与实践》(修订本),法律出版社2000年版。

11. 韩健、林一飞主编:《商事仲裁法律报告》,中信出版社2005年版。

12. 黄进、宋连斌、徐前权:《仲裁法学》,中国政法大学出版社2008年版。

13. 江伟主编:《仲裁法》,中国人民大学出版社2012年版。

14. 康明:《商事仲裁服务研究》,法律出版社 2005 年版。
15. 寇丽:《现代国际商事仲裁法律适用问题研究》,知识产权出版社 2013 年版。
16. 梁淑英主编:《国际公法》,中国政法大学出版社 2003 年版。
17. 梁堃:《英国 1996 年仲裁法与中国仲裁法的修改:与仲裁协议有关的问题》,法律出版社 2006 年版。
18. 李双元、欧福永主编:《国际私法教学案例》(第 2 版),北京大学出版社 2012 年版。
19. 刘晓红:《国际商事仲裁协议的法理与实证》,商务印书馆 2005 年版。
20. 刘景一:《涉外仲裁实务与案例评析》,人民法院出版社 2001 年版。
21. 李浩培:《国籍问题的比较研究》,商务印书馆 1979 年版。
22. 李双元、谢石松:《国际民事诉讼法概论》,武汉大学出版社 2001 年版。
23. 刘想树:《中国涉外仲裁裁决制度与学理研究》,法律出版社 2001 年版。
24. 罗楚湘:《英国仲裁法研究》,武汉大学出版社 2012 年版。
25. 乔欣:《仲裁权研究——仲裁程序公正与权利保障》,法律出版社 2001 年版。
26. 苏庆、杨振山:《仲裁法及配套规定新释新解》,人民法院出版社 1999 年版。
27. 宋连斌、林一飞译编:《国际商事仲裁新资料选编》,武汉大学出版社 2001 年版。
28. 宋航:《国际商事仲裁裁决的承认与执行》,法律出版社 2000 年版。
29. 宋连斌:《国际商事仲裁资料精选》,知识产权出版社 2004 年版。
30. 宋建立:《涉外仲裁裁决司法审查原理与实践》,法律出版社 2016 年版。
31. 谭兵主编:《中国仲裁制度的改革与完善》,人民出版社 2005 年版。
32. 汪祖兴:《中国仲裁制度的境遇及改革要略》,法律出版社 2010 年版。
33. 杨良宜:《国际商务仲裁》,中国政法大学出版社 1997 年版。

34. 杨良宜、莫世杰、杨大明:《仲裁法——从1996年英国仲裁法到国际商务仲裁》,法律出版社2006年版。
35. 杨宏磊:《中国内地司法实践视角下〈纽约公约〉问题研究》,法律出版社2006年版。
36. 杨秀清:《协议仲裁制度研究》,法律出版社2006年版。
37. 于喜富:《国际商事仲裁的司法监督与协助——兼论中国的立法与司法实践》,知识产权出版社2006年版。
38. 赵健:《国际商事仲裁的司法监督》,法律出版社2000年版。
39. 周永坤:《规范权力——权力的法理研究》,法律出版社2006年版。
40. 赵秀文主编:《国际商事仲裁法》,中国人民大学出版社2014年版。
41. 赵秀文主编:《国际私法学原理与案例教程》,中国人民大学出版社2009年版。
42. 赵秀文:《国际商事仲裁及其法律适用研究》,北京大学出版社2002年版。
43. 朱克鹏:《国际商事仲裁的法律适用》,法律出版社2000年版。
44. 周鲠生:《国际法》(上册),商务印书馆1976年版。
45. 李乾贵、徐柯柯、林巧:《临时仲裁在中国的法制思考》,载韩健主编:《涉外仲裁司法审查》,法律出版社2006年版。
46. 王彦君:《人民法院审查与协助执行涉外商事海事仲裁案件的法律与适用》,载万鄂湘主编:《涉外商事海事审判指导》(2008年第2辑),人民法院出版社2009年版。
47. 周强:《亚太新时代的国际仲裁、司法与法治——在2013年亚太区域仲裁组织大会开幕式上的主旨演讲》,载江必沂主编:《涉外商事海事审判指导》,人民法院出版社2014年版。
48. 贺荣:《加强外国法查明研究,提升涉外审判水平——“外国法查明高端论坛”上的致辞》,载贺荣主编:《涉外商事海事审判工作指导》(2016年第1 辑),人民法院出版社 2017 年版。

二、中文期刊类

49. 陈卫佐:《国际性仲裁协议的准据法确定——以仲裁协议的有效性为中心》,载《比较法研究》2016 年第 2 期。
50. 陈安:《中国涉外仲裁监督机制评析》,载《中国社会科学》1995 年第 4 期。
51. 陈安:《中国涉外仲裁监督机制申论》,载《中国社会科学》1998 年第 2 期。
52. 肖永平:《内国、涉外仲裁监督机制之我见——对〈中国涉外仲裁监督机制评析〉一文的商榷》,载《中国社会科学》1998 年第 2 期。
53. 肖永平:《也谈我国法院对仲裁的监督范围》,载《法学评论》1998 年第 1 期。
54. 汪祖兴:《试论我国仲裁监督体制的完善》,载《华东政法大学学报》2009 年第 6 期。
55. 宋连斌:《论中国仲裁监督机制及其完善》,载《法制与社会发展》2003 年第 2 期。
56. 萧凯、罗骁:《仲裁第三人的法理基础与规则制定》,载《法学评论》2006 年第 5 期。
57. 宁敏、宋连斌:《评国际商事仲裁管辖权原则》,载《法学评论》2000 年第 2 期。
58. 杨敏:《从案例看我国国际商事仲裁协议实质效力准据法的确定规则》,载《贵州民族学院学报》(哲学社会科学版)2008 年第 5 期。
59. 万鄂湘:《〈纽约公约〉在中国的司法实践》,载《法律适用》2009 年第 3 期。
60. 于喜富:《国际商事仲裁市场竞争机制下国内法院对国际商事仲裁的支持》,载《东岳论丛》2014 年第 4 期。

61. 于喜富:《仲裁协议的法律适用问题——涉外民事关系法律适用法第十八条的理解与适用》,载《人民司法》2011 年第 21 期。
62. 万季飞:《在纪念仲裁法颁布十周年座谈会上的讲话》,载《中国仲裁与司法》2004 年第 5 期。
63. 赵健:《回顾与展望:世纪之交的中国国际商事仲裁》,载《仲裁与法律》2000 年第 1 期。
64. 杨玲:《晚近中国仲裁制度的变革与发展趋势》,载《南通大学学报》2016 年第 2 期。
65. 韩健:《仲裁协议中关于仲裁机构的约定》,载《中国对外贸易》2002 年第 2 期。
66. 张茂亮:《临时仲裁应当缓行》,载《北京仲裁》2005 年第 2 期。
67. 熊小芳:《我国仲裁管辖权异议若干问题探析》,载《北京仲裁》2015 年第 2 期。
68. 宁敏、宋连斌:《评国际商事仲裁管辖权原则》,载《法学评论》2000 年第 2 期。
69. 赵巍健:《紧急仲裁员制度之浅探》,载《法制与社会》2015 年第 9 期。
70. 王欣:《国际商事仲裁的紧急仲裁员制度之探究》,载《法制博览》2015 年第 18 期。
71. 龙克琼:《论仲裁案外人利益的法律保护》,载《华中师范大学研究生学报》2015 年第 4 期。
72. 李昌超、霍柯言:《仲裁案外人权利救济体系探赜》,载《山西大学学报》(社会科学版)2014 年第 3 期。
73. 李军:《也论仲裁第三人制度》,载《政法论丛》2013 年第 12 期。
74. 刘晓红:《非内国仲裁裁决的理论与实证论析》,载《法学杂志》2013 年第 5 期。
75. 赵秀文:《中国仲裁市场对外开放研究》,载《政法论坛》2009 年第 11 期。

76. 宋连斌、王珺:《国际商会在中国内地仲裁:准入、裁决国籍及执行——由宁波中院的一份裁定谈起》,载《西北大学学报》(哲学社会科学版)2011年第3期。
77. 宋连斌、董海洲:《国际商会仲裁裁决国籍研究——从最高人民法院的一份复函谈起》,载《北京科技大学学报》(社会科学版)2009年第3期。
78. 万鄂湘、于喜福:《论仲裁地的概念及其法律功能》,载《中国仲裁与司法》2004年第2期。
79. 李庆明:《境外仲裁机构在中国内地仲裁的法律问题》,载《环球法律评论》2016年第3期。
80. 赵秀文:《中国仲裁市场的对外开放》,载《政法论坛》2009年第6期。
81. 赵秀文:《民诉法关于国际仲裁规定的不足与完善》,载《法治研究》2013年第9期。
82. 王哲:《重新仲裁的若干法律问题研究》,载《武汉理工大学学报》(社会科学版)2016年第2期。
83. 张霁爽:《重新仲裁制度运行的实证分析——以北京仲裁委员会重新仲裁的27个案件为样本》,载《北京仲裁》2013年第3期。
84. 甘翠平:《国际商事仲裁一裁终局性的困境与出路——以重新仲裁为视角》,载《兰州学刊》2013年第1期。
85. 朱萍:《涉外仲裁司法审查中重新仲裁之实践检讨与立法完善》,载《法律适用》2011年第4期。
86. 张圣翠:《论我国仲裁裁决撤销制度的完善》,载《上海财经大学学报》2012年第1期。
87. 罗芳:《论仲裁裁决撤销制度与不予执行制度的协调》,载《山西大同大学学报》(社会科学版)2015年第6期。
88. 谭振亚:《仲裁案件司法审查实证分析——以重庆市第一中级人民法院司法实务为样本》,载《人民司法》2015年第19期。

89. 朱孝清:《司法的亲历性》,载《中外法学》2015 年第 4 期。
90. 孙笑侠:《司法权的本质是判断权——司法权与行政权的十大区别》,载《法学》1998 年第 8 期。
91. 乔欣:《论仲裁独立性原则下的司法支持与监督》,载《中国司法》2009 年第 6 期。
92. 储宁玉:《中国海事仲裁司法审查制度的检讨与完善——“以适度审查原则”为指导》,载《中国海商法研究》2015 年第 1 期。
93. 章杰超:《论仲裁司法审查理念之变迁——以 N 市中院申请撤销国内仲裁裁决裁定为基础》,载《当代法学》2015 年第 4 期。
94. 黄亚英:《解释和适用〈纽约公约〉的国际标准》,载《法学杂志》2010 年第 10 期。
95. Albert Jan van den Berg:《1958 年〈纽约公约〉的现代化——2008 年“新纽约公约”译释》,黄伟、鲍冠艺译,载《仲裁研究》2009 年第 4 期。

三、中文学位论文、论文集类

96. 宋家法:《国际商事仲裁司法审查制度研究》,武汉大学 2014 年博士学位论文。
97. 申黎:《国际商事仲裁的司法介入制度研究》,华东政法大学 2012 年博士学位论文。
98. 郑夏:《国际商事仲裁合意限度研究》,西南政法大学 2015 年博士学位论文。
99. 刘晓红:《国际商事仲裁协议的法理与实证研究》,华东政法学院 2004 年博士学位论文。
100. 夏霁:《国际商事仲裁裁决执行机制比较研究》,华东政法大学 2014 年博士学位论文。
101. 朱伟东:《中国涉外仲裁协议效力的认定:困境和出路》,中国仲裁与司法论坛暨2010年年会论文,重庆,2010年12月。

102. 王琦、王菲:《我国仲裁第三人制度的构建》,中国仲裁与司法论坛暨2010年年会论文,重庆,2010年12月。

103. 唐功远:《紧急仲裁员程序初探》,中国仲裁法学研究会2014年年会暨第七届中国仲裁与司法论坛论文,北京,2014年12月。

四、中文报告、报纸文章类

104. 中国仲裁法学研究会:《中国国际商事仲裁制度报告》(2014)。

105. 中国仲裁法学研究会:《中国国际商事仲裁年度报告》(2015)。

106. 最高人民法院院长周强2016年3月13日在第十二届全国人民大表大会第四次会议上所作的《最高人民法院工作报告》。

107. 高菲:《面向全球的ICC国际仲裁院——访国际商会国际仲裁院主席罗伯特·布里纳》,载《法制日报》2001年8月9日,第9版。

108. 最高人民法院《关于全面深化人民法院改革的意见——人民法院第四个五年改革纲要》(2014~2018)。

109. 最高人民法院《关于完善人民法院司法责任制的若干意见》。

110. 最高人民法院《关于建立健全诉讼与非诉讼相衔接的矛盾纠纷解决机制的若干意见》(法发〔2009〕45号)。

111. 最高人民法院《关于人民法院为"一带一路"建设提供司法服务和保障的若干意见》(法发〔2015〕9号)。

五、英文著作类

112. R. David, *Arbitration in International Trade*, Kluwer Law and Taxation Publishers, 1992.

113. Nigel Blackaby et al. ,*Redfern and Hunter on International Arbitration*,6th ed. , Oxford University Press, 2015.

114. Goode and Royston Miles, *Commercial Arbitration*, Penguin Books/Allen Lane Inc, 1982.

115. Gary B. Born, *International Commercial Arbitration*, Kluwer Law International, 2009.

116. Peter Nygh, *Choice of Forum and Law in International Commercial Arbitration*, Kluwer Law International, 1997.

117. Mauro Rubino-Sammartano, *International Arbitration Law and Practice*, CITIC Publishing House, 2003.

118. Albert Van den Berg, *The New York Arbitration Convention of* 1958: *Towards a Uniform Judicial Interpretation*, Kluwer Law and Taxation Publisher, 2002.

119. Emmanuel Gaillard and John Savage, *Fouchard Gaillard Goldman on International Commercial Arbitration*, Kluwer Law International, 1999.

120. Bryan A. Carner, *Black's law Dictionary*, 7th ed., West Group, 1996.

121. International Council for Commercial Arbitration, *ICCA'S Guide to the Interpretation of the* 1958 *New York Convention*: *A Handbook for Judges*, City University of Hong Kong, 2012.

122. Stavros L. Brekoulakis, *Third Parties in International Commercial Arbitration*, Oxford University Press, 2010.

123. Albert Jan van den Berg (General Editor), *Planning Effective Arbitration Proceedings*, *The Law Applicable in International Arbitration*, Kluwer Law International, 1999.

124. Arthur W. Rovine, *Contemporary Issues in International Arbitration and Mediation*: *The Fordham Papers* 2008, Martinus Nijhoff Publishers, 2009.

125. Carmen Palacean, *Forms of Arbitration in International Trade*, Social

Science Electronic Publishing, 2011.

六、英文期刊、报告类

126. Zhang Tietie, "Enforceability of Ad Hoc Arbitration Agreements in China: China's Incomplete Ad Hoc Arbitration System", *Cornell International Law Journal*,2013(46).

127. Milo Molfa, "Pathological Arbitration Clauses and the Conflict of Laws", Hong Kong Law Journal, 2007(37).

128. MJ Dinkelspeil, M Domke, "International Trade Arbitration", California Law Review, 1958,46(5).

129. Klaus Peter Berger, *International Economic Arbitration*, Kluwer Law and Taxation Publishers, 1993.

130. Robert Merkin, Arbitration Act 1996—An Annotated Guide, 1996.

131. Jan Paulsson, "Accepting International Arbitration in Fact — and Not Only in Words", in Eugene Cotran and Austin Amissah, eds. , *Arbitration in Africa*, Kluwer International, 1996.

132. Albert Jan Van den Berg, "The German Arbitration Act 1998 and the New York Convention 1958", in Rebert Briner et al. eds. , *Law of International Business and Dispute Settlement in the 21st Century*, 2001.

133. Graig. W. Laurence, "Use and Abuses of Appeal from Awards", *Arbitration International* 3,1988.

134. Beijing Arbitration Commission, Beijing International Arbitration Center, Commercial Dispute Resolution in China: An Annual Review and Preview, 2015.

135. Alan Scott Rau, "The Culture of American Arbitration and the Lesson of ADR", *Texas International Law Journal*, 2005.

136. PT Leeson, "One More Time with Feeling: The Law Merchant, Arbitration, and International Trade", *Indian Journal of Economics & Business*, 2007.

137. CB Rosenberg, "The Intersection of International Trade and International Arbitration: The Use of Trade Benefits to Secure Compliance with Arbitral Awards", *Georgetown Journal of International Law* 44, 2013.

138. KM Siig, "Multi-party Arbitration in International Trade: Problems and solutions", *International Journal of Liability & Scientific Enquiry* 1, 2007.

139. United Nations Commission on International Trade Law, Forty-first session, Report on the survey relating to the legislative implementation of the Convention on the Recognition and Enforcement of Foreign Arbitral Awards (New York, 1958), 2008.

后　记

本书是在我博士论文的基础之上修改而成。自从确定以《中国国际商事仲裁司法审查制度完善研究》作为博士学位论文论题以来,我在完成繁重工作任务之余,全身心投入其中,阅读论著、提炼观点、梳理思路、谋篇布局,历经数个寒暑的艰苦理论跋涉,终于成文,并完成了学业。在读博和论文写作期间,我的导师北京师范大学法学院张桂红教授给予了热情关心和悉心指导;院长卢建平教授给予了诸多鼓励和帮助;中国人民大学法学院杜焕芳教授在我向其请教时给予了悉心指导。论文答辩时,中国政法大学史晓丽教授,中国人民大学王立君教授,北京师范大学李滨、黄振中、邢爱芬教授给予了中肯的指点。中国社会科学院国际法所国际经济法室主任刘敬东研究员为本书作序。在此,我向上述尊师表示衷心感谢!同时我还要感谢我单位领导、同事和周围朋友的鼓励和帮助,感谢我父母对我的鞭策和支持!没有他们,我不可能完成在职读博这件甘苦自知的大事。

攻读博士学位期间的收获,不仅在于论文的写就,更在于自身意志的磨炼和智识的提升。通过本书的写作,我深化了对国际商事仲裁司法审查基本理论的理解和掌握,同时也期盼能为完善我国国际商事仲裁司法审查制度,实现把我国建成国际商事仲裁强国与国际商事仲裁中心的目标,尽绵薄之力。

要将我国建设成为国际商事仲裁强国和国际商事仲裁中心，需要多方面的条件和因素：一是国家的综合实力和在国际治理体系中的地位。这里的"综合实力"既包括硬实力，如经济总量、科技水平等，还包括软实力，如制度影响力、文化影响力等。二是国家的法治化程度。法治具有稳定性和可预期性，是国家稳定和长治久安的根本保证。法治更靠得住，也更能使人信任和放心。在国家治理法治化条件下的仲裁，才能更使人信任、更有吸引力。三是完善的国际商事仲裁制度和有关体制、机制（包括国际商事仲裁司法审查法律制度和仲裁司法审查体制、机制），因为它能为发展国际商事仲裁提供"良法"和"善治"。四是该国仲裁品牌机构的影响力和公信力。商品需要品牌，仲裁作为为商事纠纷提供公断服务的商品，同样需要打造品牌。品牌是一个仲裁机构服务质量、服务水平、公正度、公信力的综合反映，它既需要历史的积淀，又需要从每个案件每个环节入手去精心打造，因而需要以"十年磨一剑"的决心和毅力作长期不懈的努力，而绝非一日之功，任何心浮气躁和急功近利都是与品牌战略背道而驰的。五是公众的思想观念和文化传统。仲裁是市场经济的产物，只有在市场经济条件下，才能真正产生主体平等、民主法治、意思自治、开放包容等与国际商事仲裁相适应的理念。只有在自由平等、民主法治等理念深入人心的环境下，国际商事仲裁强国才能建成。

但是，在上述诸多因素中，完善的国际商事仲裁司法审查制度毕竟是建立国际商事仲裁强国和国际商事仲裁中心直接的条件和因素。同时，"现在我国比以往任何时候都更接近中华民族伟大复兴的目标"，[①]随着中华民族伟大复兴征程的不断推进，建成国际商事仲裁强国和国际商事仲裁中心的其他条件也会日臻具备。"长风破浪会有时"，我们有理由相信，只要瞄准目

① 习近平：《实现中华民族伟大复兴是中华民族近代以来的最伟大梦想》，载习近平：《习近平谈治国理政》，外交出版社 2014 年版，第 35 页。

标、矢志不渝，脚踏实地、奋力前行，建设国际商事仲裁强国和国际商事仲裁中心的目标就一定能够实现！

朱　科

2018年2月于北京寓所

图书在版编目(CIP)数据

中国国际商事仲裁司法审查制度完善研究 / 朱科著. -- 北京 : 法律出版社, 2018

ISBN 978 - 7 - 5197 - 2182 - 4

Ⅰ. ①中… Ⅱ. ①朱… Ⅲ. ①国际商事仲裁 - 司法监督 - 研究 - 中国 Ⅳ. ①D997.4

中国版本图书馆 CIP 数据核字(2018)第 077531 号

中国国际商事仲裁司法审查制度完善研究
ZHONGGUO GUOJI SHANGSHI ZHONGCAI SIFA SHENCHA ZHIDU WANSHAN YANJIU

朱 科 著

策划编辑 沈小英
责任编辑 张泽华
装帧设计 李 瞻

出版 法律出版社
总发行 中国法律图书有限公司
经销 新华书店
印刷 北京虎彩文化传播有限公司
责任校对 马 丽
责任印制 吕亚莉

编辑统筹 财经法治出版分社
开本 720 毫米 × 960 毫米 1/16
印张 21
字数 276 千
版本 2018 年 5 月第 1 版
印次 2018 年 5 月第 1 次印刷

法律出版社/北京市丰台区莲花池西里 7 号(100073)
网址/www.lawpress.com.cn
投稿邮箱/info@lawpress.com.cn
举报维权邮箱/jbwq@lawpress.com.cn
销售热线/010 - 63939792
咨询电话/010 - 63939796

中国法律图书有限公司/北京市丰台区莲花池西里 7 号(100073)
全国各地中法图分、子公司销售电话:
统一销售客服/400 - 660 - 6393
第一法律书店/010 - 63939781/9782
西安分公司/029 - 85330678
重庆分公司/023 - 67453036
上海分公司/021 - 62071639/1636
深圳分公司/0755 - 83072995

书号: ISBN 978 - 7 - 5197 - 2182 - 4
定价: 68.00 元